中倫律師事務所
ZHONG LUN LAW FIRM

资本·金融·地产精选案例集

CAPITAL
FINANCE
REAL ESTATE
Select Case Studies

中伦研究院◎编

法律出版社 LAW PRESS · CHINA

图书在版编目(CIP)数据

资本·金融·地产：精选案例集 / 中伦研究院编
.-- 北京：法律出版社，2019
ISBN 978-7-5197-3663-7

Ⅰ.①资… Ⅱ.①中… Ⅲ.①案例-汇编-中国
Ⅳ.①D920.5

中国版本图书馆CIP数据核字(2019)第141315号

资本·金融·地产:精选案例集
ZIBEN·JINRONG·DICHAN:JINGXUAN ANLIJI

中伦研究院 编

责任编辑 张发靖 李 群
装帧设计 汪奇峰

编辑统筹 法规出版分社
出版 法律出版社
开本 710毫米×1000毫米 1/16
总发行 中国法律图书有限公司
印张 22.5
经销 新华书店
字数 332千
印刷 中煤(北京)印务有限公司
版本 2019年12月第1版
责任印制 吕亚莉
印次 2019年12月第1次印刷

法律出版社/北京市丰台区莲花池西里7号(100073)
网址/www.lawpress.com.cn
投稿邮箱/info@lawpress.com.cn
举报维权邮箱/jbwq@lawpress.com.cn
销售热线/400-660-8393
咨询电话/010-63939796

中国法律图书有限公司/北京市丰台区莲花池西里7号(100073)
全国各地中法图分、子公司销售电话：
统一销售客服/400-660-8393/6393
第一法律书店/010-83938432/8433 西安分公司/029-85330678 重庆分公司/023-67453036
上海分公司/021-62071010/1636 深圳分公司/0755-83072995

书号:ISBN 978-7-5197-3663-7 定价:128.00元
(如有缺页或倒装,中国法律图书有限公司负责退换)

编委会

序　言

"变革是法律的生命,那些只关注过去或现在的人必然会错过将来。"社会经济的迅猛发展给律师行业带来了巨大冲击,也潜移默化地影响着律师的生存和发展。新的法律关系、新的交易结构,使律师在不断探索新业务、新领域的同时,也面临着新的职业风险和行业竞争。瞬息万变、颠覆创新的社会变革和发展,容不得律师有一点的"固守旧地",律师的一生都需要不断"创业",只有紧紧跟随时代趋势才能做法律服务行业的先行者。

中伦律师事务所每年年末都会举办案例总结大会,每位律师都要分享自己一年之中最成功或者最有心得的一个案子。这些案例便是中伦合伙人和律师们"创业成果"的体现,其背后也蕴含着一个律师事务所未来五到十年的竞争力。律师案例的总结,不仅是对每一个案件细节的记录,也是律师能力经验的可视化以及检验律师在新领域工作成果的"试金石"。

故而,中伦律师们将其在探索新兴领域过程中积累的所有工作经验、技能与反思都以案例的形式记录了下来,并汇集于《资本·金融·地产:精选案例集》一书。本书囊括了过去一年中伦律师办理的三十余起案例,涵盖了金融、资本以及房产这三大中伦的特色服务领域,具体包括证券发行、房地产与基础设施建设、收购兼并、私募投资、融资交易、资产证券化等专业领域,清楚地展示了每个案例的交易流程和交易细节,以及中伦律师在处理案件时的挑战和难点,并从律师和客户的角度分别给出了针对同类案件的应对方式和风险提示,以期给有需要的人带来一定的借鉴和帮助并获得律师同行的交流和指正。

中伦律师事务所希望借助《资本·金融·地产:精选案例集》的平台,可以有效地向外界传播与交流中伦律师的工作经验与心得,以供律师同行、其他法律职业共同体以及对中伦持续关注的其他社会人士参考和借鉴,为律师提高专业水平、促进沟通交流提供重要途径。对于文章编撰的不足之处,也欢迎广大读者提出批评意见。

目录

1

证券发行

⊙ 招商公路换股吸收合并华北高速实现整体上市案评析

⊙ 近年全球最大的通信基础设施服务提供商H股上市案
——中国铁塔站址类物业权属问题分析

⊙ 香港联交所“Narrowly-Tailored”原则的审核要点与实务
——美团点评上市案分析

招商公路换股吸收合并华北高速实现整体上市案评析*

项目团队主要合伙人**

** 作者简介：

郭克军　合伙人

中伦律师事务所北京办公室

guokejun@ zhonglun. com

薛　熠　合伙人

中伦律师事务所北京办公室

xueyi@ zhonglun. com

贾　琛　合伙人

中伦律师事务所北京办公室

jiachen@ zhonglun. com

魏海涛　合伙人

中伦律师事务所北京办公室

weihaitao@ zhonglun. com

---

* 声明：本案的分析基于华北高速（股票代码：000916）就本次交易在深圳证券交易所公开披露的信息。信息来源主要为：《招商局公路网络科技控股股份有限公司换股吸收合并公司暨关联交易报告书（修订稿）》；《北京市中伦律师事务所关于招商局公路网络科技控股股份有限公司换股吸收合并公司之法律意见书》及系列补充法律意见书。

重点综述:招商公路整体上市是贯彻落实国资国企改革总体部署的一大重要举措,是招商局践行国家"建设交通强国"战略的具体实践。上市后招商公路(股票代码:001965)将借助资本市场的力量,加快创新要素集聚、夯实行业技术创新主体地位、提高企业规范治理水平和综合竞争力,致力于打造中国领先、世界一流的高速公路投资运营服务商和行业领先的交通科技综合服务商。本文将对本次交易总体方案选择、国企实施混合所有制改革、发行上市相关实质条件等重要事项进行阐述。

第一部分　引　　言

2017年12月4日是A股上市公司华北高速公路股份有限公司(以下简称华北高速)的最后一个交易日,至此,在招商局公路网络科技控股股份有限公司(以下简称招商公路)换股吸收合并华北高速暨招商公路整体(以下简称本次交易、本次重组交易、本项目)的申请获得中国证监会核准后,华北高速即将退出历史舞台,随之而来的是承载着招商局集团有限公司(以下简称招商局集团、招商局)旗下公路资产整体上市任务的招商公路登陆深圳证券交易所(以下简称深交所),翻开招商局旗下公路行业巨头的新篇章。2017年12月25日,招商公路换股吸收合并上市公司华北高速暨招商公路整体上市敲钟仪式在深交所举行。

中伦律师事务所自2016年4月起受聘担任本次交易中招商公路的专项法律顾问,为本项目提供了全程法律服务,涵盖招商局华建公路投资有限公司(以下简称华建公路,系招商公路前身)的国有股权划转(引入另一家发起人股东)、股份制改造、重组整合招商局体系内交通科技业务、混合所有制改革即公开挂牌引进战略投资者、境外子公司招商亚太退市及私有化的法律核查、协助招商公路同华北高速其他股东进行协商谈判、换股吸收合并华北高速暨招商公路整体上市、反垄断审查(经营者集中申报)等所有重要环节事项。招商公路整体上市项目的五大创新点如图1所示。

招商公路的增资扩股成为32号令《企业国有资产交易监督管理办法》公布后的首个央企产权市场增资项目。

央企集团所属业务板块在推进A股重组及整体上市过程中，同步操作相同业务板块境外上市公司退市、回购小股东股权即私有化的首个案例。

在论证招商公路首次公开发行并上市的实质性条件（净利润不能主要来自合并财务报表范围以外的投资收益）时，颇具创新性和示范性。

鉴于公路行业的特殊监管体制，高速公路附属的房屋建筑物权属等重要问题的处理方式具有灵活性和前瞻性。

在经营者集中申报方面，本次交易是自2008年《反垄断法》实施以来，商务部审查的首个涉及“收费高速公路运营市场”的经营者集中，对商务部日后审查该领域的案件具有较强的示范性意义。

图1 招商公路整体上市项目五大创新点

第二部分 交易方案和交易流程

一、本次交易双方的主体资格

（一）合并方招商公路

招商公路系本次换股吸收合并的合并方。招商公路的前身为华建交通经济开发中心（以下简称华建中心），于1993年由交通部投资设立，经济性质为全民所有。1999年3月，经国家经济贸易委员会、财政部和交通部批准，华建中心自1999年3月31日起与交通部解除行政隶属关系，无偿划转到招商局集团。2011年6月，华建中心经招商局集团批准整体改制为华建公路，由全民所有制企业改制为有限责任公司，招商局集团为其唯一股东。2016年3月，招商局集团将其所持华建公路0.1%股权无偿划转给深圳市招商蛇口资产管理有限公司（以下简称蛇口资产，系招商局集团的全资子公司），划转完成后招商局集团持有华建公路99.90%的股权。2016年8月，华建公路整体改制变更为招商局公路网络科技控股股份有限公司,注册资本为400,000万元。2016年9月,招商公路依法通过北京产权交易所挂牌公开征集投资者实施并完成混所有制改革,根据招商局集团于2016年9月13日核发的《关于招商局公路网络科技控股股份有限公司增资扩股方案的批复》(招发资运字〔2016〕539号),招商公路引进泰康保险集团股份有限公司(以下简称泰康保险)、重庆中新壹号股权投资中心(有限合伙)(以下简称中新壹号)、四川交投产融控股有限公司(以下简称四川交投)、民信(天津)投资有限公司(以下简称民信投资)、芜湖信石天路投资管理合伙企业(有限合伙)(以下简称信石天路)五家战略投资者,现金增资额度为105亿元;招商局集团同步以招商局重庆交通科研设计院有限公司(以下简称招商交科院)100%股权作价认购招商公路的股份即招商交科院整合注入招商公路。本次混改引入战略投资者之后,招商局集团直接持有招商公路75.4249%的股权,并间接通过蛇口资产持有招商公路0.0711%的股权,为招商公路的控股股东,故华北高速的实际控制人为招商局集团。合并方招商公路的发展历史时间轴如图2所示。

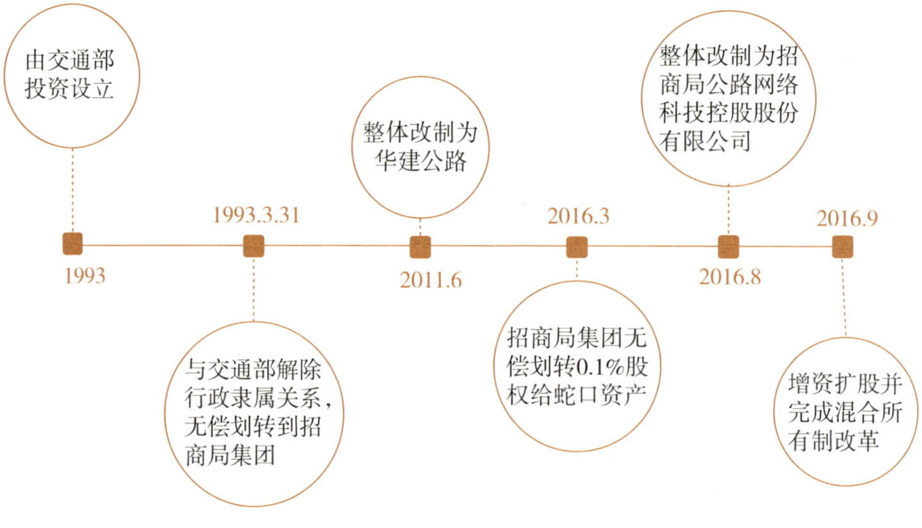

图2　合并方招商公路发展历史时间轴

(二)被合并方华北高速

华北高速系本次合并的被合并方。华北高速系经国家经贸委《关于同意设立华北高速公路股份有限公司的复函》(国经贸企改〔1998〕817号)批准,由华建交通经济开发中心、天津公司(天津市京津塘高速公路公司)、北京公司(原北京公司于2011年4月更名为北京首发京津塘高速公路投资管理有限公司,于2015年4月23日再次更名为北京首发投资控股有限公司)和河北公司(河北省公路开发有限公司)四家企业共同发起,以其共同投资建设的京津塘高速公路的经营性净资产作为出资,于1999年9月6日设立的股份有限公司。经中国证监会于1999年6月25日《关于核准华北高速公路股份有限公司(筹)公开发行股票的通知》(证监发字〔1999〕73号)批准,华北高速向社会公开发行人民币普通股A股34,000万股,发行后的公司总股本为109,000万股。1999年9月27日,华北高速发行的34,000万股社会公众股在深交所上市交易。此后,华北高速的股本并未发生变更。招商公路及其前身一直是华北高速的第一大股东及控股股东,招商局集团为华北高速的实际控制人。

二、交易方案相关内容介绍

(一)交易总体方案选择

为避免招商局集团公路板块管理架构和人事发生重大变更,避免增加管理层级,以顺应国务院国资委关于央企集团压缩管理层级,进行扁平化管理,本次重组交易的总体方案系选择以上市公司大股东招商公路正向吸收合并上市公司华北高速从而实现招商公路整体上市的交易方案,而并未选择上市公司华北高速采取发行股份方式反向收购大股东招商公路的相关资产(含股权资产)的借壳上市的交易方案。

(二)本次交易基本方案概述

招商公路以换股方式吸收合并华北高速,即招商公路以发行A股股份的方式与华北高速换股股东进行换股,华北高速退市并注销,招商公路作为合并方暨存续公司,华北高速全部资产、负债、业务、人员、合同及其他一切权利与义务由招商公路承继和承接,招商公路的全部股份(包括为本次吸收合并发行的A股股份)申请在深交所主板上市流通,从而实现招商公路吸收合并华北高速暨招商公路整体上市。

(三)本次交易的生效要件、实施条件和完成标志

本次交易自下述的所有生效条件均获满足之日起生效:(1)合并双方依法签

署《换股吸收合并协议》;(2)本次换股吸收合并获得招商公路股东大会批准,即经出席招商公路股东大会的股东所持表决权的三分之二以上表决通过;(3)本次换股吸收合并获得华北高速股东大会的批准,即经出席华北高速股东大会的非关联股东所持表决权的三分之二以上表决通过;(4)本次换股吸收合并获得国务院国资委的批准;(5)本次换股吸收合并获得中国证监会的核准。

以本次换股吸收合并的生效为前提,本次换股吸收合并的实施还以下述条件的满足为前提:本次换股吸收合并涉及的经营者集中申报获得中国商务部审查通过。

本次换股吸收合并于存续公司就本次换股吸收合并完成相应的工商变更登记手续之日或华北高速完成工商注销登记手续之日完成,以两者中较晚之日为准。

(四)上市公司异议股东现金选择权

为充分保护华北高速全体股东特别是中小股东的权益,本次换股吸收合并将由招商局集团向华北高速异议股东提供现金选择权。在此情况下,该等华北高速异议股东不得再向华北高速或任何同意本次换股吸收合并的华北高速的股东主张现金选择权。行使现金选择权的华北高速异议股东,可就其有效申报的每一股华北高速股份,在现金选择权实施日,获得由招商局集团按照现金选择权价格支付的现金对价,同时将相对应的股份过户到招商局集团名下。

登记在册的华北高速异议股东行使现金选择权需同时满足以下条件:(1)在本次交易的华北高速股东大会上就关于本次换股吸收合并方案的议案和就关于本次换股吸收合并双方签订合并协议的议案表决时均投出有效反对票;(2)自华北高速审议本次换股吸收合并的股东大会的股权登记日起,作为有效登记在册的华北高速股东,持续保留拟行使现金选择权的股票至现金选择权实施日;(3)在现金选择权申报期内成功履行相关申报程序。

持有以下股份的登记在册的华北高速异议股东无权就其所持股份主张行使现金选择权:(1)存在权利限制的华北高速股份;(2)其合法持有人向华北高速承诺放弃华北高速异议股东现金选择权的股份;(3)其他依法不得行使现金选择权的股份。该等无权主张现金选择权的股份将于换股实施日按照换股比例转换成招商公路本次发行的股票。已提交华北高速股票作为融资融券交易担保物的华北高速异议股东,须在现金选择权申报期截止日前将华北高速股份从证券公司客户信用担保账户划转到其普通证券账户中,方能行使现金选择权。已开展约定购回式证券交易的华北高速异议股东,须在现金选择权申报期截止日前及时办理完提前购回手续,方能行使现金选择权。于换股实施日,未申报、无权申报或无效申报行使现金选择权的华北高速股东持有的华北高速股票,以及现金选择权提供方因提供现金选择权而持有的华北高速股票,将全部按照换股比例转换为招商公路股票。

现金选择权提供方应当于现金选择权实施日受让华北高速异议股东行使现金选择权的全部华北高速股份,并相应支付现金对价。如果本次交易未能获得相关政府部门的批准或核准,导致本次交易最终不能实施,则华北高速异议股东不能行使现金选择权。

(五)招商公路异议股东的退出请求权

招商公路的股东招商局集团、蛇口资产、泰康人寿、交投产融、中新壹号、民信投资、信石天路分别承诺同意本次换股吸收合并,并承诺就本次换股吸收合并放弃主张异议股东退出请求权。

(六)招商公路现有股东持股锁定期安排

招商公路股东招商局集团、蛇口资产承诺:(1)自招商公路A股股票上市交易之日起60个月内,不转让或委托他人管理本集团直接和间接持有的招商公路本次换股吸收合并前已发行的股份,也不由招商公路回购该等股份,不通过证券交易所集中竞价交易或大宗交易方式减持该等股份。(2)自招商公路A股股票上市之日起一年后,出现下列情形之一的,经招商公路申请并经交易所同意,可以豁免遵守上述第(1)条承诺:①转让双方存在实际控制关系,或者均受同一控制人所控制;②因招商公路陷入危机或者面临严重财务困难,受让人提出的挽救公司的重组方案获得股东大会审议通过和有关部门批准,且受让人承诺继续遵守上述承诺;③交易所认定的其他情形。(3)国有资产监督管理机构按照国企改革要求进行的国有股行政划转或者变更、出资等行为,不受上述第(1)条承诺限制。

招商公路股东交投产融、中新壹号、民信投资、信石天路承诺:自招商公路A股股票上市交易之日起36个月内,不转让或委托他人管理本集团直接和间接持有的招商公路本次换股吸收合并前已发行的股份,也不由招商公路回购该等股份。

招商公路股东泰康人寿承诺:自招商公路 A 股股票上市交易之日起 36 个月内,不转让其直接和间接持有的招商公路本次换股吸收合并前已发行的股份,也不得委托除其控股股东所控制的子公司以外的第三方管理前述股份,也不由招商公路回购该等股份。

三、本次交易的流程和交易结构

(一)本次交易前合并方进行股份制改造和混合所有制改革

在本次交易即招商公路换股吸收合并华北高速的重组行为正式实施之前,合并方招商公路实施了内部股权结构调整、股份制改造、混合所有制改革暨挂牌引进战略投资者以及重组整合招商交科院,这一环节是本次交易顺利实施的前提和基础。

2016 年 5 月招商局集团将其持有华建公路的 0.1% 的股权无偿划转至蛇口资产;随后,华建公路整体改制变更为招商局公路网络科技控股股份有限公司。2016 年 8 月,招商公路通过北京产权交易所挂牌公开征集投资方,同时招商局集团完成对招商交科院 100% 股权注资整合。本次增资完成后,招商公路的股权结构如图 3 所示。

(二)招商公路公开发行 A 股股份换股吸收合并华北高速

合并方招商公路实施并完成股份制改造和混合所有制改革后,适时启动了对华北高速的吸收合并重组交易,即招商公路以发行 A 股股份的方式与华北高速换股股东进行换股,同时,为充分保护华北高速全体股东特别是中小股东的权益,换股吸收合并将由招商局集团向华北高速异议股东提供现金选择权。换股完成后,华北高速退市并注销,招商公路作为合并方暨存续公司。招商公路换股吸收合并华北高速后的股权结构图如图 4 所示。

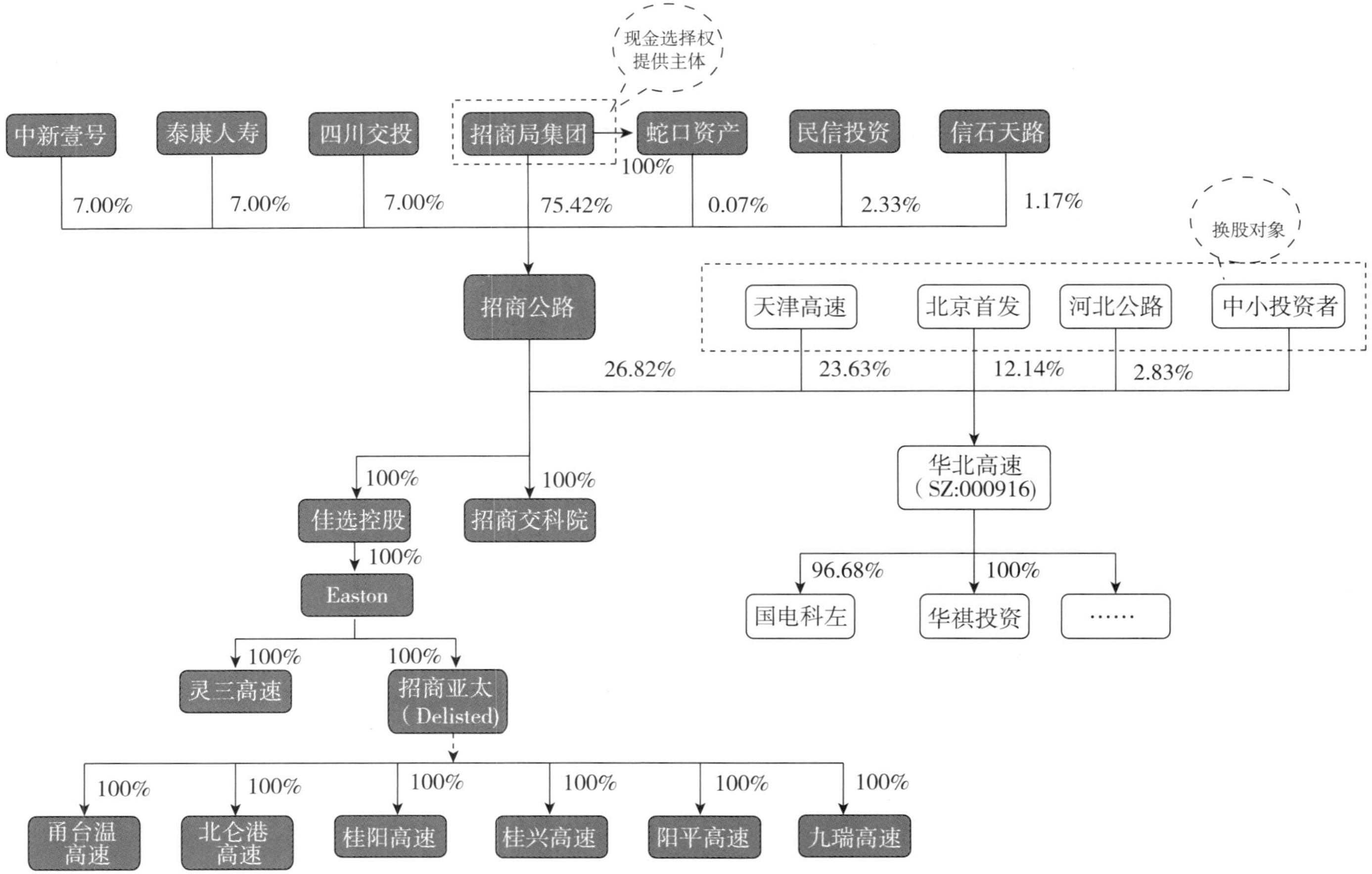

图 3　招商公路完成股份制改造和混合所有制改革后的股权结构图

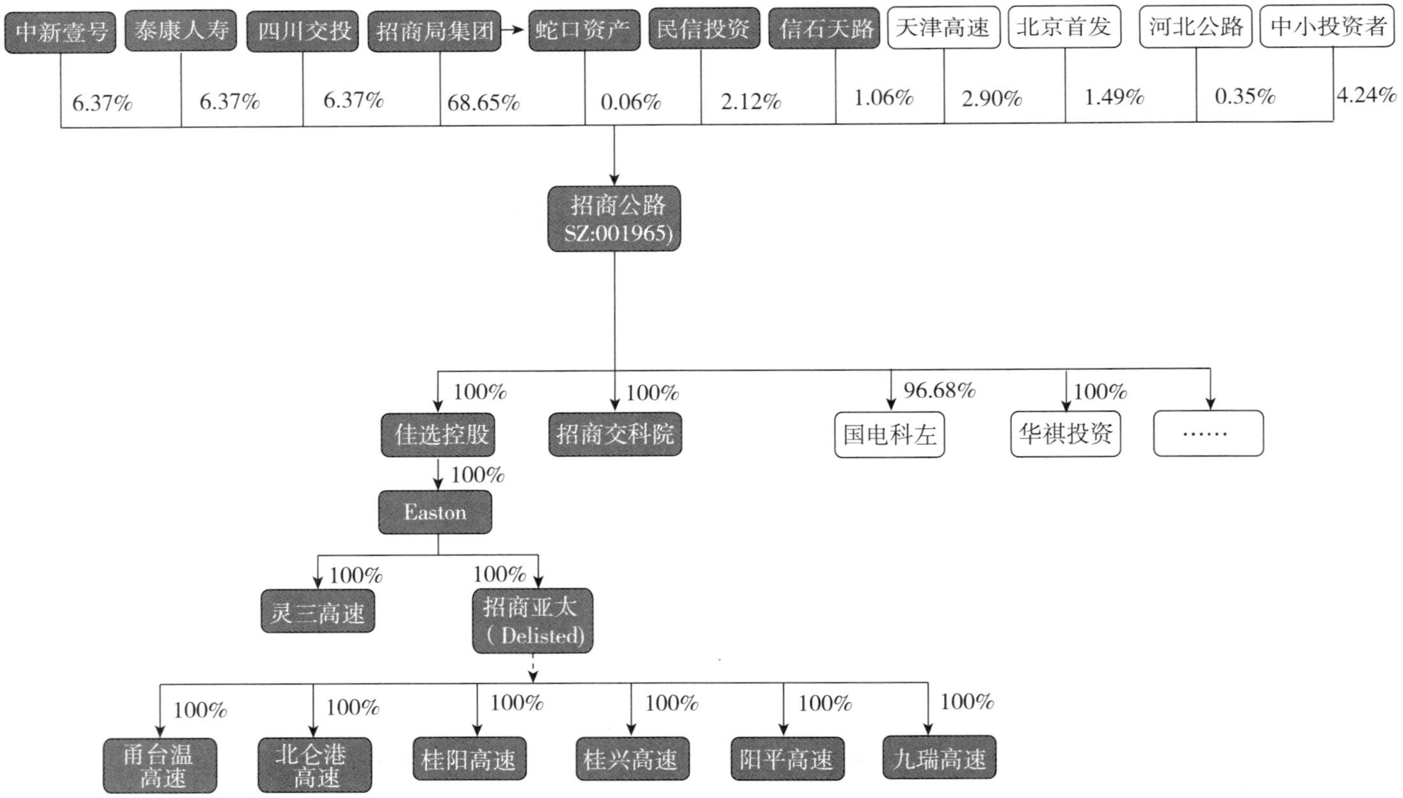

图4　招商公路换股吸收合并华北高速后的股权结构图

（三）本次交易的决策和审批程序

本次交易履行的内部和外部决策审批程序主要包括：

1. 2017 年 6 月 14 日，招商公路与华北高速分别召开董事会，审议并通过了本次交易的方案。

2. 2017 年 6 月 27 日，国务院国资委下发《关于招商局公路网络科技控股股份有限公司吸收合并华北高速公路股份有限公司有关问题的批复》（国资产权〔2017〕508 号），同意招商公路吸收合并华北高速的总体方案。

3. 2017 年 6 月 30 日，招商公路与华北高速分别召开股东大会，审议并通过了本次交易的方案。

4. 2017 年 8 月 7 日，商务部反垄断局出具《不实施进一步审查通知》（商反垄初审函〔2017〕第 204 号），明确对招商公路与华北高速合并案不实施进一步审查。

5. 2017 年 10 月 20 日，招商公路重组上市方案经中国证监会 2017 年第 60 次并购重组委工作会议审核，获得无条件通过。

6. 2017 年 11 月 24 日，中国证监会出具《关于核准招商局公路网络科技控股股份有限公司换股吸收合并华北高速公路股份有限公司的批复》，核准招商公路吸收合并华北高速。

第三部分　本案重要考量因素、项目特点与创新

一、招商公路增资项目具有里程碑式的重大意义

重组交易之前，招商公路拟进行一轮私募融资，其时恰逢国务院国资委、财政部第 32 号令《企业国有资产交易监督管理办法》（以下简称 32 号令）出台。根据 32 号令规定，国有企业、国有控股企业及国有实际控制企业增资引入投资者，被正式纳入公开挂牌进场交易。2016 年 9 月，招商公路通过北京产权交易所公开进场交易方式成功实施了增资引进战略投资者暨完成混合所有制改革。招商公路通过进场交易的方式增资引战过程中，各项程审批序的衔接需要结合《公司法》、32 号令、国有资产管理规定和要求、北京产权交易所交易规则及招商公路的内部治理制度来确定，战略投资者遴选标准和投资人资格的审查需要紧紧结合招商公路增资引战后的重组上市监管审核要求予以提前设定。经过招商局集团和招商公

路的精心部署,以及财务顾问机构和律师的严要求、高标准的审核把关,招商公路最终成功完成增资引进战略投资者,募集资金 105 亿元。

2017 年 11 月 14 日,招商公路增资项目获得中国产权协会“最具影响力增资案例奖”。招商公路增资项目作为 32 号令出台后的首个央企产权市场增资项目,获得中国产权协会的高度认可。对产权市场而言,具有里程碑式的重大意义,意味着产权市场服务国资国企改革又迈出了重要的步伐。

二、就招商公路首次公开发行,并未违反 IPO 的实质性条件——净利润不能主要来自合并财务报表范围以外的投资收益,论证过程具有创新性和示范性

在本次交易项下,招商公路换股吸收合并华北高速的具体实现途径是招商公路以发行 A 股股份的方式与华北高速的全体换股股东进行换股,因此,本次交易对于合并方招商公路而言,也是其首次公开发行股票并上市的行为。为此,招商公路尚需遵守和满足《首次公开发行股票并上市管理办法》中规定的发行人应当符合和满足的相关实质性条件。

根据《首次公开发行股票并上市管理办法》第三十条第四项的规定,发行人不得有下列影响持续盈利能力的情形:“(四)发行人最近 1 个会计年度的净利润主要来自合并财务报表范围以外的投资收益。”

报告期最后一年,招商公路来自非合并报表公司的投资收益占比超过 60%。经充分论证,招商公路并未违反前述 IPO 实质性条件。以下为重要分析要点:(1)投资收益占比多系招商公路的历史原因形成;(2)招商公路现有的主要被投资企业的持续盈利能力充分保证了招商公路投资收益的可持续性;(3)招商公路在主要被投资企业(包含众多的上市高速公路公司)均委派董事,对该等被投资企业的生产经营和决策具备重大影响力;(4)扣除投资收益后,招商公路仍符合首次公开发行的财务指标要求,具备持续盈利能力;(5)招商公路与主要被投资企业在所属行业及主营业务等方面具有密切相关性;(6)招商公路拥有完整的业务经营体系,具有独立性。

基于上述分析和论证,虽然招商公路报告期净利润主要来自合并财务报表范围以外的投资收益,但并未由此而影响其持续经营能力,因此最终获得了中国证监会的认可。

三、高速公路附属的房屋建筑物权属问题的处理方式具有灵活性和前瞻性

根据《公路法》第五十二条第二款的规定，公路附属设施，是指为保护、养护公路和保障公路安全畅通所设置的公路防护、排水、养护、管理、服务、交通安全、渡运、监控、通信、收费等设施、设备以及专用建筑物、构筑物等。招商公路及其控股子公司的无证房产均为招商公路控制的高速公路项目的无证的收费站、服务区建筑物及其他高速公路附属区房产，属于公路附属设施。

在本次交易申报审批过程中，招商公路及其控股子公司拥有的上述房产作为高速公路附属设施未取得权属证书的问题一度成为监管审核中的关注问题。经过充分研究和分析，我们认为，高速公路附属设施未取得权属证书并不影响招商公路及其控股子公司的使用，该情形不会对招商公路的生产经营产生实质不利影响，最终获得了中国证监会审核人员的认可。我们的论证要点包括但不限于如下方面：

（一）高速公路附属设施的建设管理由交通主管部门负责

根据有关法律法规的规定，公路建设作为一类专业工程建设统一由交通主管部门负责。具体到公路建设的各个阶段，高速公路的路网规划、设计方案、概算、施工图、施工许可、交工验收、竣工验收均由交通主管部门主导和管理，高速公路附属设施建设为高速公路建设的一部分，其规划、设计、施工许可、交工验收及竣工验收亦由交通主管部门主导和管理。

（二）房屋使用及登记管理由住建部门及不动产登记机构负责

《不动产登记暂行条例》于 2015 年 3 月 1 日生效之前，我国的房屋权属证书登记由住建部门负责，其在办理房屋权属证书时要求提交建设工程符合规划的证明、房屋已竣工的证明、房屋测绘报告等材料。考虑到高速公路附属设施的建设及竣工由交通主管部门负责，未向住建部门申领施工许可证书且未经住建部门做竣工验收备案，住建部门为高速公路附属设施办理权属证书存在现实的难度。

《不动产登记暂行条例》生效后，房产登记由不动产登记机构负责。在高速公路已完成竣工验收的基础之上，高速公路附属设施办理权属证书，不存在实质性办证障碍。但是，尽管如此，在房屋的权属登记由国土资源部门主管的不动产登

记机构负责、房屋的建设和竣工等统一由住建部门负责的背景下,以交通主管部门主导完成建设和竣工的高速公路附属设施的权属证书办理需要补交的文件类型、补充履行的程序以及补办时间均存在不确定性。

高速公路附属设施的不动产权登记为高速公路行业管理的遗留问题,解决难度较大,不同区县的不动产登记管理部门对该等问题的处理方式、处理流程及所需时间等又有所不同,增加了预估高速公路附属设施办理权属证书所需的时间的难度。

综上,由于高速公路特殊的建设管理体制,负责房屋登记事务的住建部门和不动产管理部门,在实务中并不参与高速公路的规划、建设、施工和竣工验收等事务。因此,高速公路附属的房屋建筑物权属办证存在现实难度,国家亦未颁发专门的协调性管理规定。

过往其他上市公司重组项目中,实际控制人均会做出将在特定期间办理完毕房屋建筑物权属证书的承诺并且履行了信息披露义务,但根据该等上市公司后续披露的信息,实际上实际控制人并未能够如期履行其承诺,承诺反而成了"空头支票"。针对本次交易,如果要求招商公路的实际控制人招商局集团亦参照过往重组项目出具该等承诺,实际上是无法预计未来履行该等承诺的具体时间,其根本原因是受限于我国高速公路特殊的建设管理体制。基于此,尽管《上市公司监管指引第4号——上市公司实际控制人、股东、关联方、收购人以及上市公司承诺及履行》要求实际控制人对其承诺明确履行期限,但考虑本案例的特殊情况,招商局集团并未就房屋权属证书办理的承诺明确办理的期限。

四、本次交易未作业绩补偿和减值测试安排

《上市公司重大资产重组管理办法》(2016年修订)第三十五条第一款规定:"采取收益现值法、假设开发法等基于未来收益预期的方法对拟购买资产进行评估或者估值作为定价参考依据的,上市公司应当在重大资产重组实施完毕后3年内的年度报告中单独披露相关资产的实际盈利数与利润预测数的差异情况,并由会计师事务所对此出具专项审核意见;交易对方应当与上市公司就相关资产实际盈利数不足利润预测数的情况签订明确可行的补偿协议。"

本次交易中,招商公路拟通过向华北高速的所有换股股东发行股票交换该等

股东所持有的华北高速股票,以实现招商公路整体上市。根据本次交易估值机构(非资产评估机构)出具的估值报告(非资产评估报告),招商公路本次发行的A股股票的发行价格主要以可比上市公司并结合可比交易作为估值区间参考,以兼顾合并双方股东的利益为原则,同时充分考虑本次交易背景和目的以及招商公路自身的经营规模、盈利能力、行业地位以及抗风险能力等因素确定,故而并未采用重组办法中规定的"收益现值法、假设开发法等基于未来收益预期的办法",因而不涉及业绩补偿安排。

本次吸收合并完成后,招商公路作为存续方将承继及承接华北高速的全部资产、负债、业务、人员、合同及其他一切权利与义务;华北高速终止上市并注销法人资格;存续公司招商公路附属的所有企业也将通过本次吸收合并即招商公路的整体上市充分实现资源共享和业务整合。在该种情况下,对存续公司招商公路进行资产评估得出的评估结果与此次招商公路估值结果的可比性较弱,难以具备完全的减值测试条件。

五、招商亚太的私有化不构成招商公路整体上市的障碍

招商公路为招商局集团内从事经营性收费公路投资运营管理的专业化公司,直接运营、投资参股和管理20多家经营性高速公路公司,其中包括在新加坡上市的招商局亚太有限公司(以下简称招商亚太)。

招商亚太的前身在设立之初名称为大班酒店私人有限公司(以下简称大班公司),于1981年3月在新加坡注册成立,同年8月在新加坡交易所主板上市,主营业务为酒店业务。1989年8月,大班公司出售主要资产大班酒店,并收购了新西兰奥克兰市的相关住宅资产及业务,并更名为高登控股有限公司(以下简称高登公司)。1993年8月,中国光大集团收购高登公司30%股份成为控股股东,1997年9月,高登公司更名为中国光大亚太有限公司(以下简称光大亚太)。2001年5月,招商局国际有限公司(以下简称招商局国际)从中国光大集团收购光大亚太23.9%股权成为第一大股东,该公司更名为招商亚太。2004年12月,招商局国际将所属收费公路公司的股权注入招商亚太实现对招商亚太的绝对控股。

2009年8月,经国家发改委和商务部批准,华建中心以29.5亿港元收购佳选控股100%股权,从而间接收购招商亚太。招商亚太在2016年退市之前,直接运

营、管理8家经营性高速公路公司,包括贵州贵黄、九瑞高速、阳平高速、桂兴高速、桂阳高速、桂林绕城高速、北仑高速、甬台温高速。

2016年5月30日,招商亚太的控股股东Easton Overseas Limited(佳选控股的全资子公司)向其他股东及可转债持有人发起要约收购。2016年7月18日,Easton Overseas Limited发出强制收购公告。2016年7月19日,SIC(新加坡证券行业委员会)同意招商亚太的退市申请。2016年8月26日,招商亚太从新加坡证券交易所退市,成为Easton Overseas Limited的全资子公司。

招商亚太从新加坡证券交易所退市/私有化暨控股股东回购小股东股权,既是落实国务院国资委关于央企"瘦身健体"要求的具体措施,亦是为了配合本次招商局集团公路业务板块整体上市的重要步骤。我们认为,招商亚太私有化不属于通常意义的中概股回归情形,不构成招商公路整体上市的障碍。主要分析和论证要点如下:(1)招商亚太系招商局集团公路板块重要的境外上市平台,不存在利用境外上市规避国内监管的情形;(2)招商亚太完成私有化后,招商公路换股吸收合并华北高速并实现整体上市,有利于实现国有资产保值增值;(3)招商亚太的私有化有利于避免同业竞争,为招商公路换股吸收合并华北高速实现公路板块整体上市奠定了基础;(4)招商亚太境外股权架较为复杂,其退市后有利于未来整合简化境外股权架构,消除集团双重纳税负担。

六、在经营者集中申报方面,对相关市场界定过程中引入欧盟相关案件中所采用的"特许经营权许可"和"起点与终点(Origin & Destination, O&D)"的分析方式;本次申报是商务部审理的首个涉及公路行业申报,上述相关市场界定方式具有一定的示范意义

本次交易经营者集中申报的难点在于相关市场的界定:一方面,公路本身具有"公共产品"的属性,这使商品市场的界定相对复杂,替代分析(特别是需求替代)的应用空间相对有限;不同于一般的商品与服务,公路具有"天生"的区域性特征,即提供"特定路线上"的快速、安全的道路运输基础设施;从需求者角度来看,每一个起始点和每一个目的点的组合(路线)均应被视为一个独立的市场,这又使相关地域市场的界定变得更加复杂。另一方面,在本次交易申报前,商务部从未审理过涉及公路行业的交易,因此,本次申报的相关市场界定并无任何国内先例

可循，需要借助欧盟竞争机构的类似案件中的界定方法和思路，结合我国公路行业的特征进行论证和分析。通过中伦律师的合理设计，本次申报最终采用的界定方法和结论得到了商务部的充分认可，进而仅在接受申报材料后的第 52 天即作出无条件批准决定。

第四部分 结 语

招商公路换股吸收合并华高速实现整体上市，不但是合并方招商公路和被合并方华北高速之间重大交易，而且关系数量众多的广大中小投资者利益。同时，本次交易关系招商局集团、天津市、北京首发集团和河北交通投资集团的重大利益问题。本次交易的圆满完成，是特大型央企招商局集团与天津市、北京首发集团和河北交通投资集团之间加强合作、拓展合作领域、推动长期合作和实现共赢发展的重要体现。

中伦律师团队代表招商公路从国有股权划转、股份制改造、增资引进战略投资、境外子公司退市私有化直至实现整体上市，提供了全流程的法律服务。在本次交易的整个过程中，我们坚持“客户至上”理念，从本项目实际情况和客户核心目标利益出发，在精准把握法律、法规和监管要求的同时，坚持创新思维思念，积极协助客户攻坚克难，为本项目涉及的相关重大疑难法律问题提供了合适可行的解决方案，最终促成招商公路整体上市。

“受人之托，忠人之事。”中伦律师在法律服务期间始终秉持敬业、专业、细致的执业精神，勇于探索和创新，获得了客户的充分认可和肯定。希望本项目的法律服务实践工作对于相关业务团队承办和执行相关交易项目，能够发挥一定的指导作用和借鉴意义。

近年全球最大的通信基础设施服务提供商H股上市案*
——中国铁塔站址类物业权属问题分析

项目团队主要合伙人**

** 作者简介：

张学兵　合伙人
中伦律师事务所北京办公室
zhangxuebing@ zhonglun. com

郭克军　合伙人
中伦律师事务所北京办公室
guokejun@ zhonglun. com

薛　熠　合伙人
中伦律师事务所北京办公室
xueyi@ zhonglun. com

贾　琛　合伙人
中伦律师事务所北京办公室
jiachen@ zhonglun. com

魏海涛　合伙人
中伦律师事务所北京办公室
weihaitao@ zhonglun. com

* 声明：本案的分析完全基于中国铁塔股份有限公司（股票代码：0788，以下简称中国铁塔或公司）就本次交易在香港证券联合交易所有限公司公开披露的信息。信息来源主要为《中国铁塔股份有限公司上市招股书》。

一、引言

中国铁塔是全球最大的通信基础设施服务提供商，是从三大运营商剥离组建的新生企业，2018 年 8 月于香港联合交易所有限公司（以下简称香港联交所）发行上市（以下简称本上市项目），募集资金规模超过 580 亿港元（行使超额配售权后），成为近两年全球最大 IPO 项目，香港联交所迄今十大 IPO 项目之一。

中国铁塔兼具商业化运营和电信基础设施的特点，由于成立时间较短，针对其站址用地等相关立法工作尚不成熟，就本次公司上市过程中香港联交所上市审核关注的公司物业数量巨大、法律权属复杂的问题，亦完全无可比先例。希望借本文就本项目中站址类物业权属问题进行分享。

二、站址类物业权属问题背景介绍

（一）公司站址基本情况及特征

中国铁塔主要基于其庞大的站址资源面向三大电信运营商提供塔类业务和室分业务。具体服务内容跟包括向股东中国移动、中国联通和中国电信（以下合称三大电信运营商）提供站址空间及其配套设备、维护服务及电力服务。

站址是中国铁塔发展业务和提供服务的基石。截至 2018 年 3 月 31 日，中国铁塔已在全国各地投入使用站址 1,886,454 个，站址数量众多，相互独立，呈点状分布。其中铁塔站址合计 1,868,226 个，此类站址及其站址类物业主要收购自三大电信运营商集团中的香港上市公司及其附属公司，在被转让至公司前已经使用相当长的一段时间。

铁塔站址通常包括站址场地、位于该站址场地的铁塔，以及用于存放三大电信运营商通信设备的机房或机柜、配套设备（以下合成构成要件）。图 1、图 2 为地面铁塔站址与楼面铁塔站址的示意图及主要构成要件。

由于中国铁塔站址数量巨大、散落分布在全国各地，且多数站址来自三大电信运营商，公司的站址类物业类型多样、权属复杂，因而站址类物业权属事宜成为本项目上市过程中的重点法律问题之一。

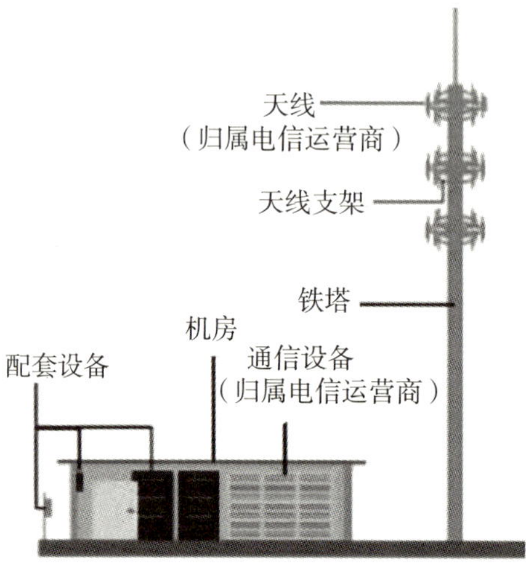

图1　地面塔站址

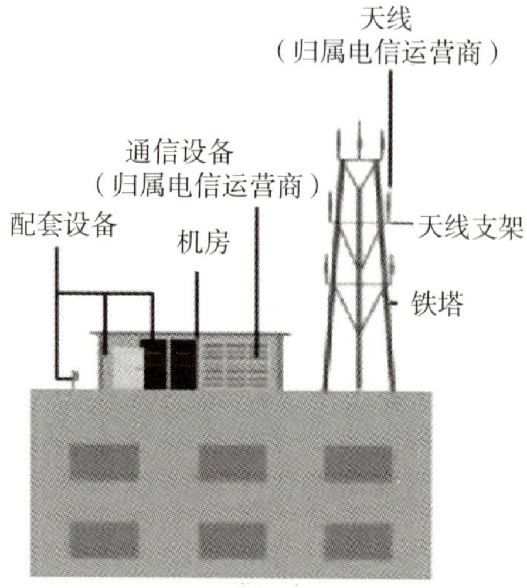

图2　楼面塔站址

（二）公司站址类物业基本情况

从物业来源区分，中国铁塔的站址类物业可以分为公司自建站址类物业和从三大电信运营商收购或受让的站址类物业，其中，公司大部分站址类物业来自收购三大电信运营商的铁塔及相关资产。2015 年 10 月 14 日，中国铁塔分别与中国移动集团公司及其 24 家附属公司、中国联通集团公司及其 7 家附属公司、中国电信集团公司及其 11 家附属公司签订资产收购协议，中国铁塔以现金为对价分别自上述电信运营商集团公司及其附属公司收购存量通信铁塔及相关资产。同日，中国铁塔与中国移动公司及其 31 家附属公司、中国联通公司及其 1 家附属公司、中国电信公司及中国国新签订股份认购及资产收购协议，以现金及/或增发股份向运营商股东及其各自附属公司收购存量通信铁塔及其相关资产，以现金向中国电信及中国国新发行增发股份（以上公司分别与三大电信运营商股东及三大电信运营商集团签订的资产收购合称铁塔资产收购）。

从获得方式区分，中国铁塔站址类物业分为自有站址类物业[①]和通过租赁或其他方式取得使用权的站址类物业。其中，自有站址类物业包括自有的土地使用

① 自有站址类物业包括自有的土地使用权和自有的物业类机房。物业类机房是指站址中与铁塔配套的砖混结构或钢架结构机房，与之相对应的非物业类机房是指一体化机房、一体化机柜以及由彩钢板搭建的机房。

权和自有的物业类机房。

截至2018年3月31日,中国铁塔合计拥有2,298,839处站址类物业,其中已经取得权属证明的自有站址类物业有26,439处,占站址类物业总数的1.2%;已签订租赁合同,且出租方已提供权属证明或已取得物业所有权转租或授权出租的证明文件的物业有265,054处,占站址类物业总数的11.5%;其他类型站址类物业2,007,346处(以下单独或合称相关站址类物业),占站址类物业总数的87.3%,如图3所示。

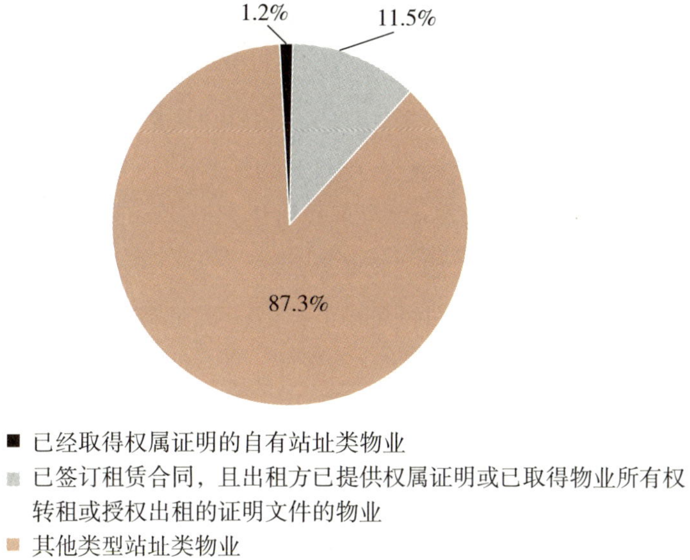

图3 截至2018年3月31日站址类物业情况

三、公司站址类物业权属问题法律分析

> 中国铁塔相关站址类物业在总体站址类物业中占比较高,因而塔站址类物业权属问题成为本上市项目中香港联交所重点关注和各中介机构重点核查的主要法律问题。

中国就公司的物业权属事宜向香港联交所进行A1申请前呈文说明,并在发行上市的招股书中进行充分披露。就站址类物业权属问题,主要从以下方面进行法律分析。

（一）法规及政策保护

根据《电信条例》和《电信建设管理办法》的规定,通信基础设施的安全受法律法规保护,电信线路和其他电信设施未经许可不得擅自改变或迁移。

根据2017年9月工信部、国土资源部、住建部联合发布的《关于加强移动通信铁塔站址用地及规划管理工作的通知》(以下简称234号文)可知:(1)对于新建站址,在编制相关规划时考虑站址的用地需求并纳入相关规划,加强站址用地保障;(2)对于现存站址,相关政府部门应当尊重目前的物业权属现状,并采取合理措施逐步促进相关历史遗留问题的解决;(3)政府将协调完善物业权属问题,并采取措施逐步解决相关问题。

除法规及国家政策支持外,截至2018年3月31日,全国26个省级政府相继颁布有关建设、保护和管理公共电信基础设施的规范性文件;大部分县级政府已将各自区域内的铁塔站址纳入其城乡发展规划并管理。

（二）针对公司站址类物业的法律意见分析

在上述支持性法规、政策文件的基础上,对公司站址类物业进行细分,针对不同的站址类物业类型进行分析并发表法律意见:

1. 已获得权属证书的自有站址类物业有26,439处,占站址类物业总数的1.2%,包括公司经出让获得的土地使用权及自有物业机房,公司有权在权属证书列示的有效期内占有并使用该类自有物业。

2. 已经签署租赁合同,且出租方已经提供权属证书或已取得物业所有权人转租或授权出租的证明文件的物业有265,054处,占站址类物业总数的11.5%,公司有权在合同期限内占有并使用该类物业。

3. 相关站址类物业有2,007,346处,占站址类物业总数的87.3%,由于涉及情形众多,进一步细分为“自有类相关站址类物业”和“通过租赁或其他方式取得使用权的相关站址类物业”。

(1)自有的相关站址类物业

①公司已经取得权属证书的规划用地及自电信运营商收购但尚未办理更名手续的土地使用权及物业类机房有32,691处,占站址类物业的1.4%。(a)鉴于公司已获取该类划拨地的权属证书,且在证书列明的期间内可占有并使用该类土地。此外,电信运营商已获取该类土地使用权和物业类机房的权属证书,且根据

铁塔资产收购，所有权利与义务均转让至中国铁塔。因此，第三方主张该等土地使用权的可能性较低且中国铁塔因该等土地而发生权属纠纷或讼争或不能继续使用该等土地的可能性较低。中国铁塔已制定并实施多项防范物业风险的措施，且通过三大电信运营商当地附属公司的配合，中国铁塔的各地分公司已积极向当地政府机构申请办理更名手续。(b)根据 234 号文，未办理更名手续不会对中国铁塔占有并使用该等物业造成重大不利影响，中国铁塔可以继续占有并使用该等物业。(c)在中国铁塔根据中国法律法规以及行政主管部门要求提供文件材料并支付相关费用后，办理更名手续不存在实质性法律障碍。因此，中国法律顾问经分析认为此类物业的权属问题不会对公司的整体经营造成重大不利影响。

②公司尚未取得权属证书的物业类机房有 384,707 处，占站址类物业的 16.7%。(a)由于此类物业属于中国铁塔主营业务的附属设施，不具有独立的使用价值。(b)其数量多、全国范围内分布、单体面积小、搭建成本低且经济价值小，故发生大规模拆迁或仅因未办理权属证书受到行政处罚的可能性较小。(c)中国铁塔可以其他替代地点建设某项铁塔站址。因此，中国法律意见认为，中国铁塔可以继续占有并使用此类物业，且此类物业的权属问题不会对中国铁塔的整体经营造成重大不利影响。

(2)通过租赁或其他方式取得使用权的相关站址类物业

①公司有租赁合同但出租人无权属证明或转租授权的物业有 674,916 处，占站址类物业的 29.4%。(a)中国铁塔可以在租赁合同订明的期限内继续占有并使用此类物业。(b)如第三方提出异议，中国铁塔对此类物业的占有和使用可能受到影响，但中国铁塔可基于合同关系向出租方主张违约责任并根据出租方的承诺函向其要求损害赔偿。如无法继续占有和使用此类物业，中国铁塔将尽最大努力寻找替代物业。因此，中国法律顾问经分析认为，此类物业的权属问题不会对中国铁塔的整体经营造成重大不利影响。

②处于诸如荒山、戈壁与沙漠地区，无适格主体签署租赁合同的物业有 94,829处，占站址类物业的 4.1%。结合电信条例、电信建设管理办法等规范性法律文件对通信基站、铁塔为公共基础设施的认定以及 234 号文的规定，(a)中国铁塔可以继续占有并使用此类物业，及(b)此类物业被大规模拆除的可能性较小。

因此,中国法律意见认为,此类物业的权属问题不会对中国铁塔整体经营造成重大不利影响。

③电信运营商已将租赁合同的权利义务转让给公司但尚未变更承租人的物业共41,856处,占站址类物业1.8%。根据铁塔资产收购,电信运营商与出租方签署的租赁合同项下的权利义务转让给中国铁塔。中国铁塔并非该等租赁合同的相关方。出租方有权要求电信运营商或者中国铁塔承担租金及相关费用。中国铁塔承担尚未支付完毕的租金及相关费用,通过电信运营商向出租方缴付租金,并可根据电信运营商与出租方订立的租赁合同继续占有并使用有关物业。如中国铁塔与相关业主或者拥有合法权利的第三方重新签署或者补充签署协议,中国铁塔可以依据届时签署的协议继续占有和使用该等物业。因此,中国法律顾问经分析认为,该等物业的权属问题对中国铁塔整体经营造成任何重大不利影响的可能性较小。

④公司无租赁合同,(a)因城乡规划和政府、运营商、公共机构无偿提供使用,或(b)未签署租赁合同但通过行为推定(如支付租金)与物业提供方建立实际物业租赁关系的物业有544,775处,占站址类物业的23.7%。中国法律意见认为,(a)中国铁塔可以继续占有并使用此类物业。(b)如物业提供方或者拥有合法权利的第三方要求与中国铁塔签署租赁协议或达成付款安排,中国铁塔可根据届时的实际需要、收费情况、周边可替代地点,决定是否继续占有使用该等物业,并决定是否就该等物业签署租赁协议或达成付款安排。因继续占有并使用有关物业而发生法律纠纷或讼争的可能性较小。

⑤公司实际占有并使用但无书面租赁证明的物业有233,572处,占站址类物业的10.2%。鉴于中国铁塔实际占有并依现状使用该等物业,如未来物业提供方要求与中国铁塔重新签署租赁合同或作出任何有偿使用安排,中国铁塔将根据届时的实际需要、收费情况与周边可替代地点决定是否继续占有并使用此类物业及订立租赁合同。在与物业提供方达成一致意见后,中国铁塔可以继续占有和使用此类物业。

相关站址类物业分类图如图4所示。

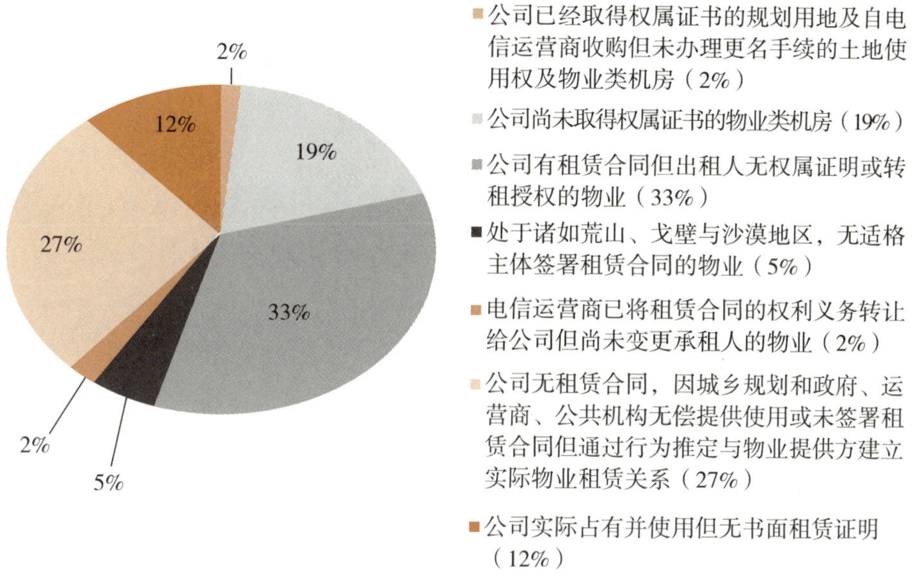

图4　相关站址类物业分类图

四、结语

中国铁塔成立、股东及从事的业务都具有极强的特殊性，其站址类物业权属问题核查及解决尚无先例可比，对后续其他公司相关物业权属问题核查和解决的参考性也尚不可知。但笔者认为，本项目成功上市，也同样说明香港联交所在关注拟发行人合规性的同时也尊重其业务的独特性，在上市申请过程中真实完整的披露及与香港联交所合理充分的沟通至关重要。

香港联交所“Narrowly-Tailored”原则的审核要点与实务*

——美团点评上市案分析

项目团队主要合伙人**

** 作者简介：

赵　靖　合伙人
中伦律师事务所上海办公室
anthonyzhao@ zhonglun. com

周　赟　合伙人
中伦律师事务所上海办公室
zhouyun@ zhonglun. com

贾海波　合伙人
中伦律师事务所上海办公室
jiahaibo@ zhonglun. com

赵昱东　合伙人
中伦律师事务所上海办公室
stevezhao@ zhonglun. com

* 声明：本案的分析基于美团点评（股票代码：3690. HK）在香港联合交易所公开披露的信息，以及以笔者团队为主的中伦律师在参与案件过程中的经验和思考。

一、引言

2018 年 9 月 20 日，美团点评（股票代码：3690. HK）正式在香港联合交易所有限公司（以下简称联交所）挂牌上市，上市当日最高点的总市值达 4000 亿港元，成为市值最高的中国互联网上市公司之一。作为中国领先的生活服务电子商务平台，美团点评集团拥有美团、大众点评、美团外卖、美团打车、摩拜单车等消费者熟知的 APP，服务涵盖餐饮、外卖、打车、共享单车、酒店旅游、休闲娱乐等 200 多个品类。

上市前，美团点评集团通过在境内设立的外商投资企业，以 VIE 协议控制的方式经营美团网、大众点评网等多项集团主要业务。根据联交所上市决策 HKEX – LD43 – 3（2018 年 4 月更新，以下简称《上市决策 – VIE 指引》），采取 VIE 协议控制中国境内企业的上市申请人需符合《上市决策 – VIE 指引》中对于采用 VIE 架构的要求，特别是需满足严格限定适用原则（“Narrowly – Tailored”原则）的要求。因此，美团点评集团在上市申请过程中，对境内业务进行了调整，仅在 VIE 架构内保留据法规或实践中无法由外资直接持有股权的业务，以满足联交所“Narrowly-Tailored”原则的要求。

本文以下内容将主要分析联交所“Narrowly – Tailored”之相关规定，结合美团点评招股书中披露的 VIE 协议控制安排，对香港上市项目中 VIE 协议控制的审核要点与实务进行分析。

二、何为“Narrowly – Tailored”原则

由于 VIE 协议控制方式的稳定性弱于股权控制方式以及存在其固有的法律和道德风险，出于对投资者保护的考虑，联交所长期以来对 VIE 协议控制模式采取了较为严格的审核标准，要求上市申请人所采用的 VIE 协议控制模式应仅用于解决外资所有权的限制。《上市决策 – VIE 指引》作为所有采用 VIE 协议控制模式的上市申请人必须遵守的指引性文件，明确规定了所有上市申请人无一例外，不论采用 VIE 协议控制安排经营业务的收入或盈利或其他方面对上市申请人重要与否，均须严限其 VIE 协议控制安排，必须持有 OPCO 公司（上市申请人通过

VIE 架构控制的境内运营实体,一般为经营证照的持牌公司)的最大许可股权("Narrowly - Tailored"原则)。若相关业务并无外资拥有权的限制,上市申请人不得采用 VIE 协议控制安排方式经营有关业务。

《上市决策 - VIE 指引》第 16A 条至第 16C 条进一步明确了"Narrowly - Tailored"原则的审核要点如图 1 所示。

第16A条

VIE架构仅可适用于外资受限业务,外资(上市申请人)持有OPCO公司的股权应达到监管允许的最高比例。例如,如按法律规定外资持股比例不超过50%,则上市申请人采用VIE协议控制安排仅限于解决无法由外资持有的剩余50%的股权。

第16B条

若OPCO公司因涉及外资所有权而须取得批准及符合额外的资格标准,则上市申请人必须符合该等资格标准。上市申请人应于提交上市申请前先行寻求并取得持有OPCO公司最高比例之权益所需的批准和牌照,除非负责审批的监管机关确认,即使上市申请人符合其他规定,其亦因下列理由而不会或不能发出批准:a. 没有可适用的审批程序或指引;或b. 政策原因。

第16C条

若负责审批的监管机关并无提供明确程序或指引,而上市申请人能令联交所信纳其已按其法律顾问的意见于呈交上市申请前,合理评估所有适用规则的规定、调拨财务及其他资源并实行法律顾问的所有建议,则上市申请人可直接持有少于OPCO 公司的最大许可权益。仅仅有意图、承诺或计划实行有关建议并不足够。

图 1 "Narrow - Tailored"原则审核要点

以上要求,明确了原则上需保证上市申请人最大限度地持有 OPCO 公司的权益,但同时也保留了一定的灵活性,允许上市申请人通过监管访谈等方式,确认实践中因无适用的审批程序或指引或因政策原因无法取得相关批准及牌照,从而维持通过 VIE 架构的方式控制 OPCO 公司的运营模式。

三、"Narrowly - Tailored"原则的适用

为论证上市申请人采用 VIE 协议控制安排已满足"Narrowly - Tailored"原则以及《上市决策 - VIE 指引》中的其他要求,上市申请人会在向联交所提交的招股说明书中以专章论述 VIE 协议控制安排,并详细描述采用 VIE 协议控制安排的必要性。如果上市申请人的部分业务在法律法规层面上允许外资持有一定比例的股权,但上市申请人并未持有 OPCO 公司的权益或持股比例未达允许的上限,VIE

协议控制安排的采用是否符合《上市决策 - VIE 指引》以上第 16B 条及第 16C 条之规定，仍是合约安排专章中的分析重点。

以美团点评集团为例，上市发行人通过 VIE 协议控制的各 OPCO 公司主要从事增值电信业务（互联网信息服务、互联网数据中心业务、互联网接入服务业务、在线数据处理与交易处理业务）、网络文化经营及广播电视节目制作经营业务以及其他依托增值电信业务而开展的食品销售、药品配送、酒店预定、网约车、共享单车、第三方支付服务和出境旅游业务。其中，依据《外商投资产业指导目录》，网络文化经营（音乐除外）及广播电视节目制作经营业务属于禁止外商投资产业，增值电信业务属于限制外商投资产业（外资比例不超过 50%，电子商务除外）。

鉴于依据法律法规，外商可对增值电信业务经营企业进行投资。如仅适用《上市决策 - VIE 指引》第 16A 条之规定，上市申请人需持有增值电信业务许可证持证主体 50% 的股权（如核准的业务种类为电子商务，则持股比例需达 100%）。因此，为论述采用 VIE 协议控制的必要性，上市申请人及境内律师对审核外商投资增值电信企业的主管机关工业和信息化部有关官员进行了访谈，该官员确认了（1）对于《外商投资电信企业管理规定》所明确的"经营增值电信业务的外商投资电信企业的外方主要投资者，应当具有经营增值电信业务的良好业绩和运营经验"，现时并无有关外国投资者如何达致资质要求的明确指引，而认定外国投资者是否符合资质要求的标准较为严格；（2）建立海外公司、逐步建立海外电信业务往来记录并针对在海外市场提供增值电信服务方面累积经验等步骤，通常可能被视为一项证明符合资质要求的因素，但最终仍需取决于工业和信息化部根据中国法律及法规按审批程序进行实质性审查；（3）美团点评集团现时不可能通过中外合营企业或外商独资投资实体取得 ICP 许可证。

工业和信息化部给予的上述确认，为美团点评集团论证采用 VIE 协议控制安排经营增值电信业务（包括依托增值电信业务而开展的其他业务）具有法律上的必要性且满足《上市决策 - VIE 指引》第 16B 条之规定提供了支持，从监管口径的角度确认了上市申请人尽合理努力仍无法达到外资持股 100%。且招股书中进一步披露，在外商投资电信业务资质要求缺乏明确的指引或诠释的情况下，上市申请人已采取的建立并累积海外运营经验所采取的步骤及目的，并由上市申请人的中国法律顾问发表了"上市申请人所采取的步骤属合理、适当并足以证明符合资质要求”的意见,满足了《上市决策 - VIE 指引》第 16C 条规定的要求。

此外,值得注意的是,《上市决策 - VIE 指引》中并未明确,如果一家 OPCO 公司同时从事外商投资限制/禁止类业务及允许类业务,且该等允许类业务一定程度上需依托于限制/禁止类业务而展开,那么该等允许类业务是否需要剥离至上市申请人持有股权的外商投资企业?但美团点评集团在其招股书中披露了其中国法律顾问认为,食品及药品销售、酒店客房预订、互联网地图服务、旅游、叫车及共享单车以及在线平台的第三方支付服务等其他增值电信服务业务方面,涉及提供互联网信息服务,因此根据相关中国法律及法规须取得增值电信业务许可证,故同样适用采用 VIE 协议控制安排具有合理性及法律上的必要性这一结论。以上口径得到了联交所的认可,说明了实践中联交所亦会认可考虑到部分允许类业务与限制类/禁止类业务具有不可分性,相关允许类业务保留在 VIE 协议控制安排之下不违背“Narrowly - Tailored”原则的有关规定。

四、适用“Narrowly - Tailored”原则之启示

近年来,赴港上市成为众多境内企业完成首次公开发行的首选方式。对于众多从事外商投资限制或禁止类产业的公司(特别是 TMT 产业及教育产业的公司)而言,搭建红筹架构、通过 VIE 协议控制安排经营境内业务仍是该类公司境外上市的主流架构。

> 鉴于联交所对 VIE 协议控制模式的审核标准较为严格,拟赴港上市企业在红筹化重组的过程中,应尽可能地按照《上市决策 - VIE 指引》,特别是“Narrowly - Tailored”原则,提早规划业务重组方案和架构设计,最大化地减少未来赴港上市障碍、缩减上市筹备和审核时间。同时,也需密切关注所在行业及地区向外资发放相关业务外资牌照的最新进展及主管部门的监管口径,避免错失申请相关业务外资牌照的时机而耽误上市进程。

2

房地产与基础设施建设

PPP + 总价包干 EPC 项目法律风险及应对*

项目团队主要合伙人**

** 作者简介：

周兰萍　合伙人
中伦律师事务所上海办公室
laurazhou@ zhonglun. com

周月萍　合伙人
中伦律师事务所上海办公室
cindyzhou@ zhonglun. com

* 声明：本文所涉及的分析，是对笔者所在团队参与的某大型 PPP 项目的相关实践进行的提炼和总结，不涉及具体案例信息。

PPP(Public - Private - Partnership,或称政府与社会资本合作)和 EPC(Engineering Procurement Construction,又称交钥匙工程)都是“舶来品”,也都是目前基础设施投融资及建设领域非常热门的模式。诚然,PPP 项目中的工程并非必须采用 EPC 总承包模式实施,EPC 总承包模式的应用也并非仅限于 PPP 项目。但当 PPP 遇上 EPC,其中蕴含的机遇与风险却值得每一个项目参与方重点关注。

一、“PPP + EPC”组合模式的优势与机遇

从 PPP 项目风险分配以及全生命周期风险管理角度来看,PPP 投融资模式与 EPC 总承包模式的组合实施有其必要性和合理性。

1. 有利于实现项目全生命周期价值最大化

推行 PPP 模式的核心目的在于提高公共服务的供给效率,优化项目全生命周期管理及资源配置。因 PPP 项目投资人必须参与项目运营,且其获得的项目收益在很大程度上须与运营绩效相关联,因此,相比传统总承包模式或 BT 模式,PPP 项目投资人更应关注项目设计及工程质量对未来运营成本及收益的影响。EPC 总承包模式有利于 PPP 项目投资人更早地参与项目策划设计环节,并从有利于后续长期运营及提升项目整体收益的角度完善设计方案、管控工程建设质量、优化项目建设及运营成本分布,从而实现项目全生命周期的价值提升。

2. 有利于控制项目总投资超支风险

在 PPP 项目风险分配体系中,政府一般倾向于将项目总投资超支风险分配给 PPP 项目投资人承担。但若 PPP 项目投资人对项目设计环节缺乏必要的管控,则由其承担总投资超支风险将存在较大的风险敞口。而 EPC 总承包模式通常是一种包含设计、采购、施工各个环节,并以总价包干为常见合同条件的工程承包模式,“PPP + EPC”组合模式的实施有利于 PPP 项目投资人通过对项目建设的全过程集成管理和风险管控,在不降低工程项目使用功能的前提下有效控制项目建设成本。因此,EPC 总承包模式有利于发挥 PPP 项目投资人对项目总投资超支风险的管控能力,通过“PPP + EPC”组合模式的实施将设计主导权与总投资超支风险分配给 PPP 项目投资人承担显然更符合 PPP 模式下风险公平分担的原则。因此,国际 PPP 项目中也多采用“PPP + EPC”组合模式实施。

3. 有利于提高项目推进效率，由专业的人做专业的事

根据《招标投标法实施条例》第九条第一款第三项的规定，已通过招标方式选定的特许经营项目投资人依法能够自行建设、生产或者提供工程以及与工程建设有关的货物、服务的，可以不另行招标。虽然目前并没有明确规定 PPP 项目等同于特许经营项目，但目前国内采用"两标并一标"方式招标的项目均以该条例规定作为法律适用依据。"PPP + EPC"组合模式也可基于该法律依据通过一次招标同时选定项目投资人与工程总承包商。此举既可满足大量建筑施工企业通过参与 PPP 项目投资带动其工程主业的目的，也可降低政府方多次招标采购可能带来的风险及成本，有利于提高项目推进效率，并充分发挥企业投资人在后续环节的综合集成及资源整合能力，如图 1 所示。

图 1 "PPP + EPC"组合模式的三大优势

二、"PPP + 总价包干 EPC"组合模式的法律风险及应对策略

虽然 PPP 投融资模式与 EPC 总承包模式有上述诸多共通之处，适宜组合实施，但因 PPP 项目具有长期性特点，且在我国推行时间较短，相关法律体系尚待完善，很多环节仍处于实践摸索阶段；同时，EPC 总承包模式下的固定总价方式，将该项经济活动中事关企业核心利益的价格因素在招标阶段即提前进行了锁定，因此，在实务中采用"PPP + 总价包干 EPC"（为行文方便，下文提及的"EPC"均指"总价包干 EPC"）组合模式运作基础设施项目，仍面临诸多法律风险。笔者结合近年来参与

的多个采用“PPP + EPC”组合模式实施的项目,为客户提供全过程风险管控的服务经验,梳理总结该组合模式下的主要法律风险(如图 2 所示)及应对策略如下。

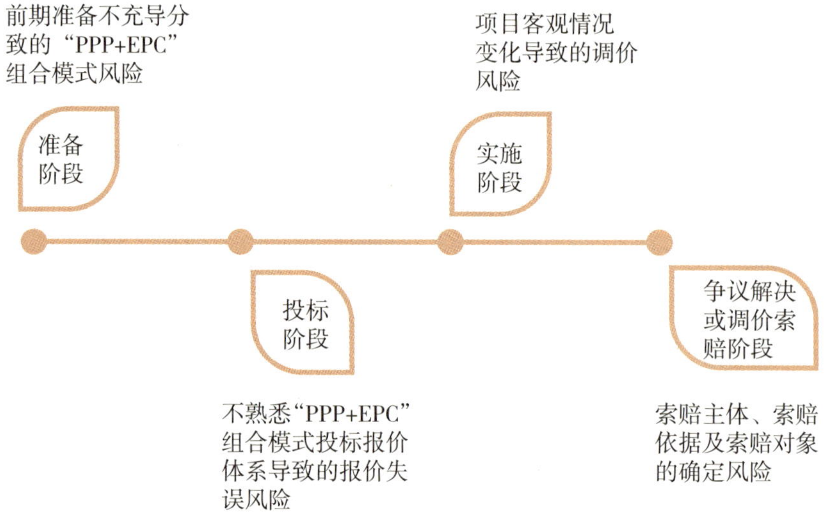

图 2 “PPP + EPC”组合模式不同阶段的主要法律风险

(一)项目准备阶段的风险

1. 表现形式——前期准备不充分导致的“PPP + EPC”组合模式风险

根据现行文件规定,PPP 模式中社会投资人采购主要采用公开招标、竞争性磋商等竞争采购方式。公开招标方式适合于边界条件清晰,经济技术参数明确、完整,且在采购过程中不作更改的项目。而竞争性磋商方式主要适用于技术复杂或者性质特殊,不能确定详细规格或具体要求的采购项目。但实践中,因公开招标方式具备更为有力的“两标并一标”的法律依据,且所涉工程项目无论从规模还是功能、资金来源性质等方面,大多属于必须以招标方式采购的项目,因此,在实践中往往作为首选采购方式。但我们也注意到,有部分 PPP 项目虽然采用公开招标方式,但因项目前期工作不完备,项目实施内容相对复杂等原因,在前期准备阶段实际难以设定明确的边界条件或经济技术参数,因此,难以准确估算项目实际完成投资建设所需总投资金额。在这种情况下,若强行按“PPP + EPC”组合模式进行公开招标,无疑将给投标人带来巨大的潜在风险。此外,即使对于边界条件相对清晰的项目,因项目公开招标阶段时限仅为 1 个月左右,因此投标人对招标人提供的前期资料及项目现状的研究和了解往往不够深入,也极易造成投标报价与实际投资成本存在较大偏差，从而给投标人造成风险与损失。

2. 风险应对建议

“PPP + EPC”组合模式需要结合项目实际情况加以运用。对于前期工作不完善、项目实施边界条件不清晰、投入产出要求不明确或后续可能存在较大变动的项目，应尽量避免采用该模式进行招标或采购。

（1）对于投标人而言，即使对于边界条件相对清晰、技术相对成熟的项目，在报价前也应安排相关专业人员，审慎地对项目前期相关资料（如可研报告、地质水文勘察资料、初步设计文件等）进行研究，有条件的应安排现场查勘，充分预估项目可能隐含的潜在设计及施工风险，以避免因对项目基础条件存在误判，而造成较大的投标报价偏差。另外，投标人如在项目前期资料研究及现场查勘过程中发现项目的可研估算及批复金额不能满足项目实际投资需要的，需及时提醒招标人按相关规定履行可研调整及重新审批工作。

（2）对于招标人而言，若拟采用“PPP + EPC”组合模式进行招标的，建议在满足法定招标时限要求的基础上，预留更为充分的投标时间，并提供投标人所需的相关前期文件，以利于引导投标人形成更为合理且满足充分竞争要求的报价，减少后续因合同调价、项目变更而发生争议、纠纷或项目停滞风险。必要时，还可借鉴“两阶段招标”方式，即先由投标人结合对前期资料及现场条件的研究和了解，对项目的边界条件、经济参数等提出技术方案，供招标人参照确定后，再由投标人按照招标人提出的项目统一边界条件及经济参数提供第二阶段项目投标报价。

（二）项目投标阶段的风险

1. 表现形式——不熟悉“PPP + EPC”组合模式投标报价体系导致的报价失误风险

除上文所述的因投标时间仓促、对项目资料及现状研究不足而导致的投标报价偏差风险外，作为 PPP 项目投资人及工程总承包商的投标人还可能面临因不适应 PPP 项目投标报价体系而造成的投标失误。

与传统工程总承包报价方式相比，PPP 项目的投标报价体系更为复杂。在价格构成方面，“PPP + EPC”组合模式项目的报价既包括在 EPC 总承包模式下基于工程设计、施工、设备采购等需要而提出的工程建设投资报价，还包括因 PPP 项目前期准备、融资、运营等工作需要而提出的其他相关投资运营成本及合理收益报价。在商务标报价要素及指标方面,不同的 PPP 项目采用的商务标评标体系不同。实践中常用的报价要素及指标包括:工程下浮率(或工程费用报价)、投资收益率、政府付费或补贴上限等。无论采用何种报价体系,均需基于项目全生命周期投资—融资—建设—运营活动的需要,拟制特定财务模型,进而根据招标人要求,填报相应报价。在实践中,为了获得更高的投标评分,投标人还可能采用特定的不平衡报价策略。有鉴于此,由于“PPP + EPC”组合模式项目投标报价更具专业复杂性,加之不平衡报价策略的运用,在实践中往往因特定成本费用的少计、漏计而造成投资人损失,或因财务投资人与工程总承包企业投资人存在不同的收益预期而发生收益分配争议。

2. 风险应对建议

投标人在投标时应组建由投资、融资、财务、工程、运营等相关专业人员组成的投标团队,并就各自专业范围内的运作成本及合理收益做出预测及报价,再经统一组价后形成报价方案。对基于投标策略需要而作出的报价调整,需由各方以联合体内部协议、备忘录等方式加以明确,并就后续内部收益分配方式进行协商及书面约定。涉及以固定总价方式计取的成本,应由相应报价方对所填报价格承担相应费用包干风险。

(三)项目实施阶段的风险

1. 表现形式——项目客观条件变化导致的调价风险

“PPP + EPC”组合模式项目在实施阶段最易引起争议的问题主要是基于项目工期延误、建设内容变更、不可预见风险发生(如自然灾害、宏观经济形势变化、建筑材料及人工价格大幅上涨等)等原因而造成投标报价时所依据的基础条件发生较大变动,从而使中标人在原固定总价包干范围内无法承受因客观基础条件变化而造成的经济损失,需要调整合同价格。

2. 风险应对建议

(1)工程企业投资人应积极参与 PPP 项目投标及 PPP 项目合同谈判,并就工程项目在建设期内的可调价因素及可调价范围通过投标或谈判小组向政府方提出相应修改建议。一般而言,PPP 项目合同与 EPC 总承包合同中均会约定调价条款。且基于 PPP 项目风险分配及传导的需要,通常 EPC 总承包合同的关键合同条件(如工期、质量、价格等)均与 PPP 项目合同中的对应条款相关联,并作出原则上不会优于 PPP 项目合同中相应事项合同条件的约定。例如,若 PPP 项目公司就材料调差事项与政府方约定的结算原则为不予调差,则原则上 PPP 项目公司与 EPC 总承包商签订的 EPC 总承包合同的材料调差条款也会相应约定为不予调差。因此,作为后续以 EPC 总承包模式承接项目工程总承包任务的工程企业投资人,应积极参与 PPP 项目投标及 PPP 项目合同谈判,关注 PPP 项目合同中与自身总承包责任及风险相关的合同条款,并就工程项目在建设期内的可调价因素及可调价范围通过投标或谈判小组向政府方提出相应修改建议,切勿因轻易放弃合同谈判或无视 PPP 项目合同中的潜在风险,而在 EPC 总承包合同签订和履行过程中使自身处于极为被动或劣势的地位。

(2)重视合同履约管理及过程风险控制,注意收集和保存因政府方原因导致工期延误、工程变更等后果的相关书面证明文件。一般而言,若发生因政府方原因导致的工期延误或工程变更,则就延误期间或变更部分所导致的额外经济损失,应按约定应由政府方或合同甲方另行承担,而不应计入固定总价包干范围。

(3)就自身无法控制风险而又属于固定总价包干范围的特定费用,应结合实际风险类型在 PPP 项目合同中约定项目公司承担相应费用的上限或约定据实调整项目总投资。

①就政府方负责的前期工作所产生的相关费用如项目前期工作费用、征地拆迁费用等,政府方更有优势控制该等风险,因此,在 PPP 项目合同谈判中就该等实际由政府方负责支出或使用的费用,可以在合理范围内以“反包干”方式交由政府方包干使用并计入总投资,以控制该部分费用超支风险,若实际费用超支,超出部分由政府方承担。

②就因不可抗力、通货膨胀等不可预见风险所造成的损失,除可通过购买保险的方式转移部分风险外,还应注意在 PPP 项目合同谈判时,与政府方确认“工程预备费”等特定科目费用的使用条件,就不可归责于任何一方的风险所导致的损失,项目公司应有权要求将该等支出计入工程预备费,并计入项目总投资。

(四)项目争议解决或调价索赔阶段的风险

1. 表现形式——索赔主体、索赔依据及索赔对象的确定风险

当“PPP + EPC”组合模式项目发生合同争议或索赔时,索赔流程及索赔主体的确定也往往会成为困扰 PPP 项目投资人的难点问题。如前文所述,因总承包企业在“PPP + EPC”组合模式项目中往往既是项目投资人(项目公司股东)又是工程

总承包方,同时PPP项目合同与EPC总承包合同的约定又具有一定的关联性,因此在发生争议或索赔时,投资人往往比较纠结具体以何种身份、以哪份合同为依据以及向何方主张权益。

2. 风险应对建议

就该问题应从基本合同法律关系入手,厘清不同主体之间的合同关系,并严守合同相对性原则。

EPC总承包合同通常由作为甲方的PPP项目公司与作为乙方的工程总承包商之间签订。因此,主张工程款调价或支付时,需以EPC总承包合同的约定为基本依据,由乙方向甲方主张EPC总承包合同权益。

PPP项目合同通常由作为甲方的政府方实施机构与作为乙方的PPP项目公司之间签订。因此,若主张政府方应确认总投资额或要求调整总投资额的,则应以PPP合同的约定作为基本依据,由PPP项目公司向政府方主张。

在具体项目中,兼有双重身份的工程总承包企业投资人可结合对各份合同效力及相关条款约定的分析,以及自身在整个项目中核心利益的判断,选择较为有利的方式提出相应主张。但同时需注意的是,即使作出了选择,在整个索赔及争议解决过程中,以另一主体身份、按另一合同法律关系对索赔事项予以协助和配合也是非常必要的。只有实现核心利益最大化的索赔结果,对总承包企业投资人而言才意味着索赔成功。

因PPP投融资模式与EPC总承包模式皆为创新且合同条件较为复杂的模式,因而当PPP投融资模式与EPC总承包模式组合实施时,无论对政府方而言还是对社会投资人而言,抑或对总承包企业而言都会是机遇与挑战并存。若使用得当,将大大提高项目的管理与资源整合效率;若使用失当,则极有可能在项目执行过程中导致争议频发,从而影响项目实施进度和投资预期。因此,PPP项目各方都应重视此类项目的前期研判、招投标及合同谈判阶段工作,并在PPP项目合同或其他文件中以书面形式约定价格调整及再谈判机制。只有将基础工作做实,才能避免后续项目执行陷入僵局。

中外设计院合作设计模式探析*

——以某大剧院项目为例

项目团队主要合伙人**

** 作者简介：

朱茂元　合伙人

中伦律师事务所北京办公室

zhumaoyuan@ zhonglun. com

张　炯　合伙人

中伦律师事务所北京办公室

zhangjiong@ zhonglun. com

张文靖　授薪合伙人

中伦律师事务所北京办公室

zhangwenjing@ zhonglun. com

* 声明：本文所涉及的案例分析，是对笔者团队参与的某大剧院项目的相关实践进行的提炼和总结，相关分析意见仅供同类项目操作的一般性参考，不作为本所出具的法律意见。

重点综述:设计是建筑的灵魂。在全球化的时代背景下,越发多的业主选择与境外知名的建筑师合作,在设计风格上寻求中外思想的交流与碰撞。本大剧院项目是典型的中外设计院进行合作设计的项目,笔者团队为该项目提供从合约规划、招投标、合同履行、竣工交付至工程结算的全流程法律服务,是笔者团队为重大标志性建筑(特别是文化地标建筑)提供工程法律服务中介入程度深、覆盖范围广的典型业绩。本项目中,业主希望将其打造成国际一流、全国领先、省内规模最大、功能最全的文化艺术中心,对设计成果的美观性要求极高,加之剧院建筑本身对技术要求较为复杂,如何通过合约规划保证中外设计院的合作模式能够满足业主对该项目的服务周期、质量和造价要求,降低实际履行中因工作界面划分模糊、权利义务分配不均衡导致的不利影响,是对该项目合作设计模式的重大挑战。本文以该项目为例,结合中外设计院合作设计模式安排、合同草拟等方面需重点关注的问题,为中外合作设计模式提供一些参考。

一、中外合作设计的定义及模式

起初,外国设计企业在中国境内从事建筑设计活动的,需根据《外商投资建设工程设计企业管理规定》①(2002 年建设部、对外贸易经济合作部令第 114 号)第三条的规定,外国投资者在中华人民共和国设立外商投资建设工程设计企业,并从事建设工程设计活动,应当依法取得对外贸易经济行政主管部门颁发的外商投资企业批准证书,在国家工商行政管理总局或者其授权的地方工商行政管理局注册登记,并取得建设行政主管部门颁发的建设工程设计企业资质证书。通过这种方式在中国境内设立的外方设计企业实际上将外方设计企业的主体资格转换为中国法人,从而在其资质等级范围内承接建筑设计任务。但根据该文件及配套规定的要求,取得相关设计企业资质的条件是该企业需具备一定人数的外国设计人员取得中国注册建筑师、注册工程师的资格,这对外国设计企业而言较难实现。

2004 年,随着中国建筑对世界前沿风格的追逐,已有的资质规定显出滞后的一面,中外合作设计模式应运而生。《关于外国企业在中华人民共和国境内从事

① 该规定已于 2018 年 10 月 31 日废止。

建设工程设计活动的管理暂行规定》第三条第一款(建市〔2004〕78 号,以下简称 78 号文),外国企业以通过跨境交付的方式在中华人民共和国境内提供编制建设工程初步设计(基础设计)、施工图设计(详细设计)文件等建设工程设计服务,但其必须选择至少一家持有建设行政主管部门颁发的建设工程设计资质的中方设计企业进行合作设计,且在所选择的中方设计企业资质许可的范围内承接设计业务。

据此,国家大剧院、鸟巢、首都国际机场 T3 航站楼等众多地标性建筑均向外方设计企业递出橄榄枝,外方设计企业在中国境内的工程设计活动中日渐活跃。经过多年的实践探索,中外合作设计模式主要衍生出标准型和非标准型两种合作方式。

(一)标准型的合作设计

标准型的合作设计主要指中外设计企业共同组成联合体参与业主的设计采购工作,并在中标/中选后,由业主、中方设计企业和外方设计企业三方共同签署三方设计合同,明确中外设计企业各自的服务范围以及在各设计阶段具体的合作模式。该模式的一个变种是,由业主和外方设计企业、中方设计企业分别根据 78 号文的工作范围签订设计合同,再由中方、外方签订合作设计协议。相比而言,三方协议模式由于需要将中方、外方在采购到签约阶段一直捆绑在一起,灵活性较差;分别签约再撮合中方、外方的模式,无论在选择设计单位方面还是在推进设计进度方面都更为灵活,但后期协调工作较多,尤其在中方、外方缺乏合作经验的情况下容易履行不畅。

(二)非标准型的合作设计

非标准型的合作设计指业主与外方设计企业签署咨询合同,由外方设计企业提供"设计咨询"服务,但实质上是由其完成几乎全部的图纸设计工作;同时,业主与中方设计企业再签署一个设计合同,约定由中方设计企业在不违背对外方设计企业的设计意图前提下,对其图纸进行本土化、合规化的审查,并提供出图签章的服务。

在这种合作模式下,外方设计企业仅名义上是咨询单位,但实际上一般同时都在初步设计或施工图设计阶段充当了设计院的角色,这更多的是对设计资质要求和 78 号文的一种规避。并且,在司法实践中,一旦业主和外方设计企业根据此类合同发生争议,业主可能提出该合同“名为咨询,实为设计”,如法院认定外方设计企业确系在没有与中方设计企业的情况下进行了初步设计或施工图设计,则由于其不具备相应的设计资质,“咨询合同”很可能被认定为无效,这将对外方设计企业依据“咨询合同”主张付款或其他权利受到阻碍。

本项目的业主为国有企业,对服务单位采购事宜的监管十分严格,在合作模式设计中,也选择了最典型、合规的合作设计模式,即由外方设计企业和中方设计企业作为联合体进行设计,因为外方设计企业和中方设计企业在中国多个项目上有密切合作,因此双方能够联合投标并在三方协议中妥善约定分工和合作的范围、程序,保障了合作设计的顺利进行。

二、设计招标方案的选择

对于业主而言,虽然通过78号文使外国企业参与设计的资质问题得到解决,但传统招标程序的要求仍可能成为业主与心仪企业合作的障碍。在常规的招标程序下,设计方案是技术标的核心组成部分,占评分权重极大,但常会发生的情况是,业主倾心的设计团队提出的方案并不是最优的,而在依赖设计方案进行评标的条件下又极难调整。2017年1月24日,住房和城乡建设部发布了《建筑工程设计招标投标管理办法》(2017年版)(住房和城乡建设部令第33号,以下简称33号令),为解决这一难题提供了机会。33号令首次规定除设计方案招标外,建筑工程设计招标还可以采用设计团队招标的方式,招标人可以根据项目特点和实际需要选择。设计团队招标则侧重通过对投标人拟派设计团队的综合能力进行评审确定中标人,这对选择标准型中外合作设计模式的业主而言无疑是一大利好。

本项目由于项目启动时间较早,并未赶上33号令的创新,业主虽然希望团队优先,并对某外国设计师事务所有强烈合作意愿,但最终还是采用了传统的设计方案招标的模式,即受邀的设计师事务所均须提报设计方案,根据项目所在地的环境创作作品,并通过由建筑设计领域顶级专家组成的评委会进行评标,方案最优者胜出。事实证明,该方案是优秀和大受欢迎的,同时业主也认为仍有调整的空间,但受限于方案招标的单一性,并没有更多的选择可以提供。而如果采用团队招标的方法，就可以在团队中标后，要求设计师提供更多的风格和方案供选择，更有利于业主对建筑风格期待的准确把握和实现。

三、合作设计合同的核心条款设置

在确定了中外合作设计模式后，如何通过合同约定，平衡中外设计企业各自的利益及风险，使其权利义务形成相互制约，满足业主关于服务周期、质量和造价的要求，是合作设计能否顺利开展的关键。

就本项目合同草拟、谈判、履行过程中，业主及各设计企业的焦点问题，笔者团队作了以下梳理。

（一）工作界面划分

在中外合作设计过程中，一般是由外方设计企业负责艺术创意，中方设计企业负责将外方设计“本土化”，保证其合规性。双方的工作界面看似清晰，但实际上，如何准确、合理地划分中外设计企业的工作界面经常成为合作设计合同草拟的难点以及合同履行过程中的问题多发区。

确定合作方的工作界面一般分为以下两个步骤：

第一步，确定各设计阶段的主导设计单位。

工程项目的设计图纸是由浅及深、逐渐完善细化的过程，一般分为以下几个阶段：概念设计、方案设计、初步设计、施工图设计①。合作设计方的工作界面划分也与各设计阶段相对应，实践中，常见的几种划分方式如下：

模式一：概念设计和方案设计阶段由外方设计企业主导完成，初步设计和施工图设计由中方设计企业主导完成。

模式二：概念设计、方案设计和初步设计阶段由外方设计企业主导完成，施工图设计由中方设计企业主导完成。

模式三：概念设计、方案设计和初步设计阶段的建筑专业主要由外方设计企

① 为便于表述，本文中出现的“施工图设计阶段”，不仅包含了施工图的设计出图工作，同时也包含了设计企业在施工阶段的配合工作。

业完成,建筑专业的施工图设计及结构专业、机电专业等各阶段的专业设计工作均由中方设计企业完成。

详见表1示例:

表1　各设计阶段主导设计单位的常见划分模式

	建筑专业设计				其他专业设计			
	概念设计	方案设计	初步设计	施工图设计	概念设计	方案设计	初步设计	施工图设计
模式一	外方主导		中方主导		外方主导		中方主导	
模式二	外方主导			中方主导	外方主导			中方主导
模式三	外方主导		中方主导					

在符合78号文规定的前提下,前述几种模式的选择主要取决于项目特点和业主自身的商务需求。在本项目中,业主对建筑设计及专业设计的要求都极其严格,既要保证建筑外观具有美感和地标性,又要保证剧院灯光、音响和舞台方面呈现最先进的试听效果。业主最终选择了前述第三种模式划分合作方的工作界面,让外方设计企业集中力量发挥创意,中方设计企业做好配合工作,尽可能让合作方在各自的强项领域发挥优势。

第二步,确定各阶段主导设计单位和辅助设计单位的工作范围。

确定各阶段的主导设计单位只是一个良好的开端,接下来更为关键和重要的是界定各阶段的主导设计单位究竟有哪些权利义务、承担何种风险。这或许是在草拟合作设计合同时,最令业主困扰的问题之一。

以本项目建筑专业初步设计阶段的界面划分为例,外方设计企业作为主导设计单位,主要负责出具效果图、总平面图、建筑单体平面图、立面图、剖面图等设计成果;中方设计企业则负责提供相关的设计规范支持、建筑材料的本土化支持、审核外方设计图纸提供审查意见、同政府部门进行沟通等工作。

可见,即便在外方设计企业主导的设计阶段,其主导地位也受限于中方设计企业在技术和沟通层面的配合与支持,反之亦然,故不论在哪一个设计阶段,合作设计的顺利开展都需要合作方的紧密配合。但如合作方是初次合作,对彼此的了解及信任度有限,加之不同国家对于同一设计阶段设计成果的深度要求很可能存在差异,合作过程中的界面交叉难免演变成合作方之间的嫌隙,如不妥善解决,可能造成设计周期延误或设计成果质量不符合业主或政府部门要求并导致大量返工工作的情形。

综上,清晰的工作界面划分是合作方友好合作的根基,在设计周期、设计费用和设计成果质量等多个维度影响合作设计的实际履行工作,其重要性不言而喻。一般的工程实践中,律师往往会侧重于从合规性的角度对合同条款进行审查,对技术专业性较强的界面划分条款,通常留给技术人员解决。但笔者团队认为,关于合作方界面划分的约定是合作设计的基石,需要律师积极介入,在厘清业主需求的同时,将其落实到合同条款中。

(二)设计兜底责任

即使有关于设计分工的详细约定,但对一个高度复杂的工程项目来说,仍难免挂一漏万。同时,由于合作设计的工作界面相互交叉重叠,追究设计企业的违约责任亦有较大难度。故在此类合作项目中,应充分考虑如出现服务范围的遗漏、设计成果质量不合格甚至造成工程造价超支或质量事故等情况时,合作方如何承担责任。一般而言,业主会选择由中方设计企业承担设计"兜底责任",即对约定不明或遗漏之处承担全部责任。其原因主要是,作为国内的工程技术专家,中方设计企业在合作设计中往往负责合规性、本土化和技术保障落实的相关工作,并且是出图盖章的最终责任人。这也正是本项目所采取的兜底责任模式。

(三)设计团队稳定

为了保证不同阶段设计风格和设计意图的连贯性,在合作设计过程中,合作方都需要最大限度地保证人员的一致性,尤其需要保证首席设计师和核心设计团队成员能够自始至终全程深度参与项目。同时,设计人员的稳定同时也有利于降低合作过程中的沟通成本,减少因人员更换导致的交底工作,以及可能导致的设计进度延误风险。

在本项目中,业主也有相同的诉求。为实现这一目的,笔者团队从以下几个方面设置了相关合同条款:

(1)确定合作团队人员。要求合作方分别为本项目成立专门的设计团队,相关团队人员的资质和经历应事先取得业主的认可。同时,合作方还应分别将其设计团队的人员名单、在项目中的职位等信息作为合同附件。

(2)限制合作团队更换条件,并设置违约责任。关于人员的更换,针对设计人

员在项目中的不同角色分别约定限制条件和违约责任:

①首席设计师在任何情况下都不得更换。

②如确需更换核心设计团队成员的,相关合作方必须提前以书面形式向业主提出申请,说明更换的原因并提供拟继任人的相关资格证明和简历,继任人的资质、经历和经验不低于被更换者的资质、经历和经验以及该等人员的更换不会影响其满足项目的进度和质量要求,在业主的书面认可后,才能更换相关人员。

③对于业主认为不合格或不称职的合作方设计人员,业主可以以书面形式要求合作方更换相关人员,合作方对此不得予以拒绝,并应自接到业主更换设计人员书面通知之日起的合理时间内,派出使业主满意并能充分胜任被更换者工作的服务人员,继续为业主提供服务,将更换后的设计人员书面通知业主,并不得影响项目的进度和质量要求。

前述约定给业主履行本项目提供了有力的保障,合作方的设计团队人员均较为稳定,最终的剧院建筑完美地呈现了建筑师的巧思。

(四)知识产权之争

知识产权条款的约定也是合同草拟和谈判过程中的一大难点。在本项目中,外方设计企业的设计能力出众、国际影响力深远、“出手必是精品”,其非常注重对自身知识成果的保护。在合同谈判工作伊始,外方设计企业便搬出了其常用的知识产权标准条款,提出只接受各方共同享有知识产权的方案,同时要求对设计成果中特殊的风格、元素、造型、颜色、设计理念、平面布局等创意进行保护,禁止业主、中方设计企业进行修改或在其他项目中使用等苛刻要求。

诚然,相较一些发达国家,我国对知识产权的保护意识较为薄弱。一般而言,业主在设计合同的草拟和谈判过程中,与设计企业的争议焦点往往集中于设计周期和服务费用条款,关于知识产权条款的关注较为少见。这导致很多业主在初次与外方设计企业合作时,面对其提出的知识产权方案时较为被动,缺乏积极的应对策略。而在中国的建筑项目中,特别是地标性建筑,很多时候设计方案受到社会、政治因素的影响甚深,如果不保留一定的修改权,业主很可能在政府提出意见时陷入困境。

在本项目中,笔者团队充分预见了相关风险,与业主进行了提前沟通,并在外方设计企业提出知识产权方案后,进行了全面的研判并根据中国知识产权法据理力争，使业主在面临谈判困境时准确找到突破口，最终争取到了知识产权共有，并为根据业主意愿对设计造型进行修改留下了余地，这在中国业主与强势外国设计企业的合作中是极为罕见的。

（五）设计期限控制

如前所述，合作设计非常看重合作方的紧密沟通与协作，即便是由各合作方自行主导的设计工作，也需在一定程度上依赖另一方的支持和配合。并且，国外工程项目的建设周期普遍较长，外方设计企业的工作作风与习惯与中方设计企业存在较大差异，难以避免出现外方设计企业在其主导的设计阶段发生拖沓和延误，导致中方设计企业的设计期限受到影响。不仅如此，设计企业的设计服务不仅仅局限于设计阶段本身，在从平面设计图纸到立体建筑项目的施工过程，也需要设计企业进行参与，故设计期限会受到设计和施工工作的影响，存在很大的不确定性。故如何在合作设计合同中设置对合作方的设计期限的要求，保障中外设计单位的合作可以无缝衔接，是合作设计项目的一大挑战。

在本项目中，为尽可能降低前述风险，合同中约定了各设计阶段开始和结束的节点与条件、严格限制设计期限顺延的期限、设置设计期限奖惩措施，同时要求合作方不论设计期限是否届满均需完成各自合同范围内的全部工作。以上措施为业主在设计期限发生延误时提供了有利的合同支持，限制了实际履行中合作方提出工期索赔的机会，降低了业主面临的风险。

（六）设计费及支付

设计费用及支付条款是业主和中外设计企业都格外关注的焦点。

关于设计费用，本项目采用了设计费用固定包干的方式，并通过明确定义额外服务，严格限制增加设计费用的情形。在本项目合同中，只有当业主要求的设计修改造成合同约定的项目内容、项目复杂性或项目性质发生重大变更使中外设计企业的设计服务工作大量增加，经业主书面确认后方可视为超过合理的设计修改。合理的设计修改所造成的设计费的增加已含在设计费用总价中，不作为设计的额外服务。为减少歧义，合同还约定，只有在因修改导致的工作量超过该专业该阶段设计总工作量的一定比例时，才构成合同约定的“设计服务工作大量增加”。并且，合同进一步反向约定了，非因业主的原因，中外设计企业提供的设计成果不能满足合同要求时，业主要求相关责任方进行补充、修改甚至重新设计导致的工作量不能视为额外服务。

在本项目实际履行过程中,由于外方设计企业的造型设计非常独特,在实际施工时非常难达到原有的设计效果,并因此造成了较多的沟通、澄清和修改。但由于合同条款约定较为明确,在实际履行过程中,大大减少了合作方因发生修改、返工等工作而要求增加设计费用的索赔机会,实现了对业主权益的保障。

四、结语

中外合作设计模式给业主引进先进设计理念、尝试前沿风格提供了更多的机遇,这种模式尤其被有较大影响力的地标性建筑所青睐。这种合作使中外文化得到交流和融合,展现了建筑的人文关怀,具有重要的文化价值,也激发了巨大商业效应。

如文中所介绍,中外合作设计模式对业主的合约草拟及履行照管也提出了更高的要求,不仅要在合同制度设计上做到极致,同时也要平衡实际履行过程中的合作压力和冲突,实现共赢。本文基于该大剧院项目在合约筹划及合同文本中面临的焦点问题,结合最新的规定要求,希冀能为中外合作设计模式的实践提供一定参考。

3

收购兼并

跨境并购中的员工持股问题*

——清华紫光跨境并购新华三(H3C)项目分析

项目团队主要合伙人**

** 作者简介:
邱　建　合伙人
中伦律师事务所北京办公室
qiujian@ zhonglun. com
朱永春　合伙人
中伦律师事务所北京办公室
zhuyongchun@ zhonglun. com

* 声明:本案的信息来源主要为紫光股份(股票代码:000938)在巨潮资讯网上公开披露的相关信息。

重点综述:紫光股份有限公司(以下简称紫光股份)通过非公开发行股票方式募集资金,募投项目之一即为收购华三通信技术有限公司(以下简称华三通信,交易过程中整合完成后的华三通信以下称为新华三)51%的股权。该等交易自2014年年底启动,2015年5月21日相关各方正式签署交易文件,2016年5月1日本次交易完成交割,并自2016年5月1日起,新华三纳入上市公司合并报表范围。本次交易的交易总价约25亿美元,涉及多方(包括多方境内外律师),谈判强度和难度大,难点多,特别是涉及约8000人的员工持股方案的设计和实施。中伦作为收购方的中国法律顾问,在项目的投标、签约、实施及交割等环节均发挥了很大的推动作用。

一、引言

新华三是全球领先的新IT解决方案领导者,其主要经营实体是注册于中国大陆的杭州华三通信技术有限公司(以下简称杭州华三)以及交易过程中为承接相关业务而设立的紫光华山科技有限公司。根据IDC2014年第三季度报告显示,华三通信的以太网交换机、企业路由器、企业WLAN、IT安全硬件产品分别占中国市场份额的31.9%、44.3%、29.9%、10.9%,自2010年起连续4年市场份额第一;华三通信的以太网交换机占全球交换机端口市场的18.7%,企业路由器占全球企业路由器台数市场的11.4%,排名第二。

由于新华三的优质条件及较高的知名度、认可度,当惠普公司向市场上发出出售新华三51%股权的消息后,除了紫光之外,据媒体报道,还有其他多个实力强劲的投资者都曾参与了竞标,竞争非常激烈。

> 为了能够更好地“打动”惠普,我们协助紫光进行论证,最终选择主推以其旗下A股上市公司紫光股份为收购主体的方案,利用非公开发行股票的资金,参考A股的估值体系等给出了相对更有吸引力的报价。同时,笔者协助紫光股份创造性地设计了员工持股计划,解决了困扰惠普公司许久的新华三数千名员工的股权激励问题。基于上述考虑,紫光最终顺利拿到了该项目。

在本文中，笔者将对本次交易相关内容进行简要介绍，并基于笔者过往的项目经验综合总结分析跨境并购中的员工持股问题，以供相关业者参考。

二、案件简介

关于本次收购，主要交易过程（包括紫光股份履行的非公开发行程序以及收购交易本身涉及的各项行政审批程序）如下：

（1）2015 年 5 月 21 日，紫光股份与惠普公司签署了附条件交割的《股权购买协议》。紫光股份有限公司将以非公开发行股票形式募集资金购买新华三 51% 的股权；同日，紫光股份召开了第六届董事会第十一次会议，审议并通过了《关于公司符合非公开发行股票条件的议案》《关于公司非公开发行股票方案的议案》《关于公司非公开发行股票预案的议案》等相关议案，且由于员工持股计划系本次非公开发行的认购对象之一，紫光股份同时公布了员工持股计划草案内容。

（2）2015 年 6 月 2 日，教育部同意对本次非公开发行拟收购的新华三及其他收购标的的评估结果进行备案，并签发《评估项目备案表》。

（3）2015 年 6 月 9 日，紫光股份召开了第六届董事会第十二次会议，审议并通过了《关于公司非公开发行股票方案（修订稿）的议案》《关于公司非公开发行股票预案（修订稿）的议案》等相关议案。

（4）2015 年 6 月 19 日，财政部下发财资函〔2015〕33 号《关于批复同意紫光股份有限公司非公开发行股票的函》，同意紫光股份向特定对象非公开发行股票的方案。

（5）2015 年 6 月 25 日，紫光股份召开了 2015 年第一次临时股东大会，会议审议并通过了《关于公司符合非公开发行股票条件的议案》《关于公司非公开发行股票方案（修订稿）的议案》等议案。

（6）2015 年 7 月 7 日，紫光股份收到证监会出具的《中国证监会行政许可申请受理通知书》，决定对非公开发行申请予以受理。

（7）2015 年 10 月 13 日，北京市商务委员会下发境外投资证第 N1100201501111 号《企业境外投资证书》，同意本次交易。

（8）2015 年 10 月 29 日，国家发改委下发发改办外资备〔2015〕337 号《项目备案通知书》，同意对本次交易项目予以备案。

(9)2015 年 11 月 23 日,商务部反垄断局下发商反垄审查函〔2015〕第 79 号《审查决定通知》,对本次交易之经营者集中不予禁止。

(10)此外,本次交易已经通过美国外国投资委员会(The Committee on Foreign Investment in the United States, CFIUS)审核通过。

(11)2016 年 4 月 14 日,紫光股份收到证监会《关于核准紫光股份有限公司非公开发行股票的批复》(证监许可〔2016〕787 号)。

(12)2016 年 5 月 1 日本次交易完成交割,并自 2016 年 5 月 1 日起,新华三纳入上市公司合并报表范围。

如前文所述,紫光在众多竞争者中脱颖而出成功获得交易对手惠普方青睐的一个重要因素在于我们协助其创造性地设计了惠及约 8000 人的员工持股计划。结合笔者过往处理股权激励及员工持股的案例,为实施跨境私有化并购交易,对标的公司员工实施股权激励往往是交易各方的共同诉求。结合相关法律规定及实务经验,跨境并购中的股权激励通常有以下主要路径(如图 1 所示):

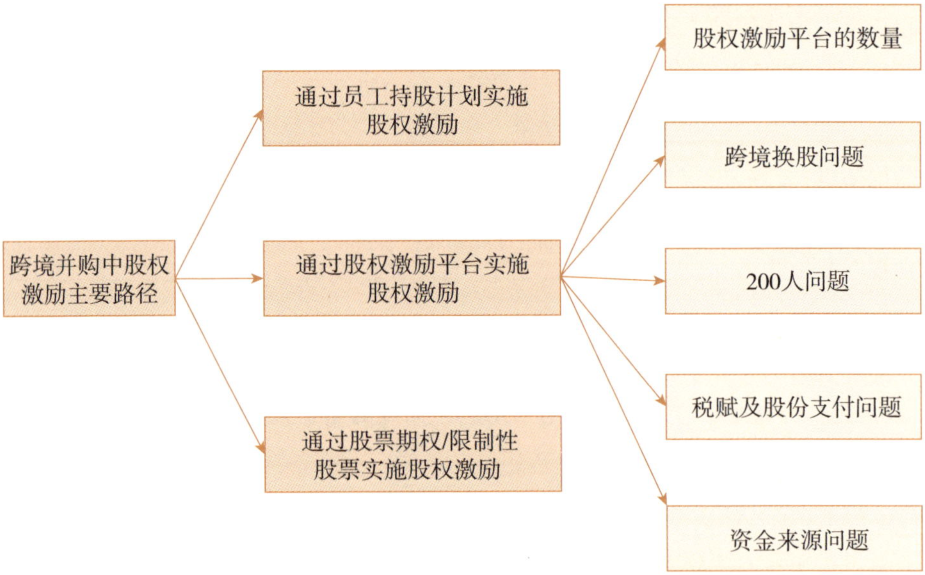

图 1　跨境并购中股权激励的三大主要路径

(1)通过员工持股计划实施股权激励:本次交易即使用了该方式,且是在证监会于 2014 年发布《关于上市公司实施员工持股计划试点的指导意见》后较早使用员工持股计划且成功的案例。使用该等方式的优点在于参与对象更为广泛,且无人数限制。但是,由于证监会 2017 年 2 月发布的再融资新规,对再融资的规模(拟发行的股份数量不得超过本次发行前总股本的 20%)、周期(该次发行董事会决议日距离前次募集资金到位日原则上不得少于 18 个月)、定价(定价基准日为该次发行期的首日)等作出了严格限制。根据该新规的要求,员工持股计划参与上市公司重大资产重组中的配套融资、定向增发时无法锁价,这就直接导致员工持股计划的激励效果大打折扣。此外,对于在境外工作的外籍员工,其在员工持股计划下所获得的收益能否顺利出境亦可能存在一定的不确定性。

(2)通过股权激励平台实施股权激励:一般而言,在跨境并购项目中,收购方出于资本运作目的多会搭建仅用于该并购项目的收购主体,在该收购主体层面,如可以适当预设一个或多个股权激励平台,可为标的公司员工未来通过该等平台间接持有收购平台的股权,进而持有境外标的公司的权益留出足够的空间。通过该种方式设计股权激励需注意以下核心问题:

①股权激励平台的数量。因为境外标的公司的核心员工大部分在境外且国籍众多,可以在综合考虑员工的国籍(考虑永久居留权、工作地等因素)、激励价格、资深程度、退出需求等因素后设立多个平台,将不同类型的被激励员工放置到不同的平台中。这种分类平台的设置,有利于员工后续的分类进入、管理和退出,也有利于实现多元化的利益诉求。

②跨境换股问题。根据相关规定,如境外投资者与境内主体进行换股交易,参与跨境换股的境外投资者需为境外上市公司的股东。此外,如境外主体称为上市公司股东,还可能有境外投资者战略投资上市公司的问题。因此,若收购方拟在收购完成后将有关权益(一般收购完成后均不再是境外上市公司)出售给境内上市公司,则应考虑收购主体能否设立在境内、股权激励平台能否在境外搭建等事宜。

③200 人问题。根据《证券法》相关规定,向特定对象发行证券累计超过 200 人属于公开发行证券,但未经证监会核准,任何单位和个人不得公开发行证券。因此,按照穿透核查口径计算,SPV 股东(包括各股权激励平台及其股东)合计不得超过 200 人。因此,能否在遵守中国证券法“200 人”规定和全员持股之间找到一个平衡,往往是设计类似股权激励方案的重要考量。目前,证监会在创新试点企业的相关股权激励规则里已经对 200 人问题作了放宽,若《证券法》对于“200

人”规定能在员工持股方面作出例外规定,将对我国企业跨境并购大有助力。

④税赋及股份支付问题。通常而言,为避免股权转让所带来的税赋问题,笔者建议股权激励平台以增资方式或者作为收购平台的原始发起股东的形式创建激励股权池,而被激励员工取得股权激励平台的权益则尽可能以增资等方式完成。此外,如果被激励员工低于市场价格获得激励股权,则该部分激励股权可能被视为股份支付,进而对对收购主体在相关年度内的会计利润造成影响。股份支付方面的会计处理还需与激励方案的行权条件、税务处理等统筹考虑,避免顾此失彼的情况发生。

⑤资金来源问题。在收购主体自身的注册资本金额较高和/或净资产较大,股权激励平台取得收购主体股权的对价有可能非常高,特别是中国公司法下仍然对注册资本实缴期限等有着较为严苛的要求。另外,境外公司在实施股权激励时,多以发放限制性股票、限制性股票单位(RSU)、期权等员工无须承担即时成本的方式进行。此外,境外员工对于A股资本市场估值体系、中国的外汇管制等往往存在畏惧心理,不愿意实际出资购买激励股权。所以,境外标的公司往往要求收购方免费向员工提供激励股权。上述法律制度和政策要求与商业实际如何协调平衡,几乎是每一宗跨境并购均需要考虑的问题。

此外,还应考虑境外法律问题,综合考虑员工所在地法律对股权激励的相关规定;以及考虑A股相关锁定期、业绩承诺等安排。

(3)通过股票期权/限制性股票实施股权激励:该等方式系严格按照证监会发布的《上市公司股权激励管理办法》执行。其中,限制性股票的锁价较为优惠,因此可为员工提供一个富有竞争力的激励方案。但是,该等激励方式是否可适用于在境外工作的外籍员工仍是问题。

三、结语

跨境并购中,有效地对标的公司的员工实施股权激励是成功并购及整合的强有力保障。如上文所述,此类股权激励需要综合考虑境内外证券监管、外汇、税务、财务等诸多要素,更需要境内外财务顾问、律师、税务师、审计师等各方中介紧密配合,积极探索创新,协助交易各方设计出切实可行的交易方案,为跨境并购的成功实施提供有效协助与支持。

交易律师在并购项目中面临“内忧外患”时的应对处理*

——某集团收购汽车之家47.4%股权项目评述

项目团队主要合伙人**

** 作者简介：

葛永彬　合伙人
中伦律师事务所上海办公室
geyongbin@ zhonglun. com

董剑平　授薪合伙人
中伦律师事务所上海办公室
dongjianping@ zhonglun. com

丁　恒　合伙人
中伦律师事务所上海办公室
dingheng@ zhonglun. com

朱叶萍　合伙人
中伦律师事务所上海办公室
carolzhu@ zhonglun. com

张　莉　合伙人
中伦律师事务所上海办公室
lilyzhang@ zhonglun. com

* 声明：本案例系我们近期协助某集团收购汽车之家股份项目。因本项目包含非公开信息，因此在本文中，我们隐去了有关交易方的名称等信息，但以下所阐述之有关法律问题、相应解决方式等部分均为我们基于在经办本项目过程中获取的经验而总结得出。

一、项目简介

汽车之家(Autohome Inc.)自成立以来逐渐成长为中国知名汽车互联网平台。美国东部时间2013年12月11日9时30分,Autohome Inc. 于纽约证券交易所挂牌上市,发行价17美元,融资1.3294亿美元,股票代码为ATHM。澳洲电讯(Telstra)是澳大利亚最大的电讯公司,2008年,澳洲电讯通过向Autohome Inc. 投资8000万美元获得汽车之家55%的股权,并获得控股权。自2015年下半年以来,澳洲电讯决定出售汽车之家的控股权,澳洲电讯与某集团于2016年4月15日签署了有关股份转让协议。

本所律师在某集团收购汽车之家股份的项目中接受某集团的委托,担任某集团的中国法律顾问,并经历了从2015年年底尽职调查开始至2016年6月完成最终交割的"一波未平、一波又起"的全过程。

二、项目分析

1. 多重交易审批环节

就一个典型的跨境并购项目而言,根据其具体交易结构,需要考虑多个中国主管政府部门的事前审批/备案要求,而该等审批/备案的耗时长和不确定性也为需要短时间内完成交易的买方和卖方带来了阻碍,这就导致交易律师需要从企业实际情况出发,提供具有建设性的交易方案和融资方案。具体而言,在某集团收购汽车之家的项目中,律师考虑了如下事前审批/备案事项(见图1):

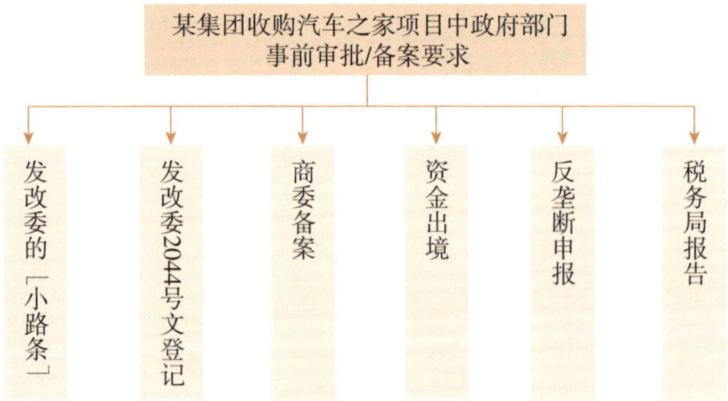

图1 本跨境并购项目中涉及的六大事前审批/备案事项

(1)发改委的“小路条”

根据中华人民共和国国家发展和改革委员会于2014年4月8日发布的《境外投资项目核准和备案管理办法》(发改委9号令,以下简称9号令),中华人民共和国境内各类法人以新建、并购、参股、增资和注资等方式进行的境外投资项目,以及投资主体以提供融资或担保等方式通过其境外企业或机构实施的境外投资项目,根据项目规模实行核准和备案管理。对于中方投资额3亿美元及以上的境外收购或竞标项目,投资主体在对外开展实质性工作之前,应向国家发展改革委报送项目信息报告。国家发展改革委收到项目信息报告后,对符合国家境外投资政策的项目,在7个工作日内出具确认函。确认函也即通常所说的“小路条”。

9号令语境下的“境外投资”是指投资主体通过投入货币、有价证券、实物、知识产权或技术、股权、债权等资产和权益或提供担保,获得境外所有权、经营管理权及其他相关权益的活动。对于某集团而言,能否如期取得发改委的“小路条”具有不确定性,因此,为了尽快完成签约和交割,从一开始某集团即选择了其已完成境外投资备案的中国境外投资主体与澳洲电讯签署有关的股份转让协议、股东协议等,该投资主体并非“中华人民共和国境内法人”。另外,根据9号令,若某集团的境内主体对于某集团的境外投资主体签署和完成交易提供了担保,则构成“投资主体通过提供担保,获得境外所有权、经营管理权及其他相关权益的活动”,同样受限于9号令的备案要求。在并购交易中,常见的担保方式包括:境内主体向银行在中国境内的分支机构提供担保、由该银行境外分支机构向境外收购主体提供融资(内保外贷),或是由境内的具有较强资金实力的主体亦作为股权收购协议的一方、承诺对境外收购主体支付收购价款提供连带保证责任。经过我们与某集团内部律师反复讨论并研究当时生效的中国法律法规和交易进度,最终本项目融资方式未采用前述担保措施,避免了采用中国物权法和担保法项下的任何“担保”措施,而是采用了一系列保障安排性文件确保资金路径顺畅和资金安全,该做法获得了融资银行的认可。

值得注意的是,在本交易完成后1年多,市场上一些交易仿效了本交易的结构。但自2018年3月1日起,《企业境外投资管理办法》(发改委11号令)生效,取代了发改委9号令。其中,发改委11号令第四十二条规定,投资主体通过其控制的境外企业开展大额非敏感类项目的,投资主体应当在项目实施前通过网络系统提交大额非敏感类项目情况报告表,将有关信息告知国家发展改革委。这意味着在此之后,中国境内主体通过境外公司进行有关收购,均需履行事前报告程序。

(2)发改委2044号文登记

另外,值得一提的是,发改委2044号文登记。根据国家发展和改革委员会《关于推进企业发行外债备案登记制管理改革的通知》(发改外资〔2015〕2044号),企业发行外债,须事前向国家发展改革委(以下简称国家发改委)申请办理备案登记手续,并在每期发行结束后10个工作日内,向国家发改委报送发行信息;"外债"是指境内企业及其控制的境外企业或分支机构向境外举借的、以本币或外币计价、按约定还本付息的1年期以上债务工具,包括境外发行债券、中长期国际商业贷款等。

因此,我们理解,虽然2044号文主要应用于中国境内企业境外发债,但是如果境内主体控制的境外企业举借1年期以上的贷款的,也可能需要向地方发改委事先报送信息。因此,考虑到该种情形,某集团与金融机构就贷款期限也进行了特别约定。

在实践中我们了解到,亦存在部分地方发改委无法进行备案的情形。因此,我们建议可以在确定项目融资方案时与当地发改委进行咨询,明确事前报送的程序性要求,避免不利影响最终项目价款支付和交割。

(3)商委备案

根据商务部发布的《境外投资管理办法》(商务部令2014年第3号),商务部和省级商务主管部门通过"境外投资管理系统"对企业境外投资进行管理,并向获得备案或核准的企业颁发《企业境外投资证书》,《企业境外投资证书》由商务部和省级商务主管部门分别印制并盖章,实行统一编码管理。在实践中,《企业境外投资证书》是办理资金换汇出具的必要文件。

《境外投资管理办法》第二十五条也规定了再投资的事后报告要求。具体而言,企业投资的境外企业开展境外再投资,在完成境外法律手续后,企业应当向商务主管部门报告。因此我们理解,如果一项境外投资构成"境外再投资",则仅需履行事后报告义务。但是,就境外再投资的具体定义和适用情形,需要与商务部门沟通,以确保程序合规。

(4)资金出境

尽管没有外汇额度收紧的明文规定,但是我们了解到在实操中,企业在银行申请人民币资金换汇出境需要经历漫长的排队期,对于大额资金换汇项目需要重点访谈。对于某集团收购汽车之家这个项目而言,某集团需要向澳洲电讯支付16亿美元的对价(不考虑某集团需要承担的资金拆借成本),如此巨额的资金很可能导致在换汇时经历非常严重的"卡壳"。

而澳洲电讯选择某集团的原因之一正是看中其资金实力和交易的确定性,如果因为换汇程序过长而导致无法按时支付交易价款,无疑会构成"deal - killer",导致并购项目失败。因此,本所律师在这个过程中与某集团团队和有关监管机构进行了反复沟通,最终提议了如下两种境外融资方案:

方案一:由香港外资银行牵头向某集团海外特殊目的公司(收购主体)发放美元贷款,作为交易对价的一部分,另一部分对价通过境外美元基金募集。

方案二:由境内有资质的银行直接向某集团海外特殊目的公司发放离岸外汇贷款。

最后,基于谈判情况,并考虑到交易进度,某集团选择了方案二,由境内有资质的银行向某集团的海外特殊目的公司提供1年期以下的离岸外币贷款,及时完成了交易价款支付义务。

(5)反垄断申报

据公众股东举报信中显示,尚未有任何证据表明某集团已经或准备就拟定交易向商务部进行申报。按照《中华人民共和国反垄断法》(以下简称《反垄断法》)以及国务院《关于经营者集中申报标准的规定》的要求,参与集中的所有经营者上一个会计年度在中国境内的营业额合计超过20亿元人民币并且其中至少两个经营者上一个会计年度在中国境内的营业额均超过4亿元人民币的情况下,需要向商务部反垄断局进行反垄断申报。

反垄断申报同样有1个月到3个月的时间要求。最终,我们建议某集团取得有关"是否需要进行反垄断申报"的外部书面法律意见,推动了交易的继续进行。

(6)税务局报告

针对股权转让收入,政府部门出台了包括国家税务总局《关于加强非居民企业股权转让所得企业所得税管理的通知》(国税函〔2009〕698号)、国家税务总局

《关于非居民企业间接转让财产企业所得税若干问题的公告》(国家税务总局公告2015 年第7 号)。

根据国家税务总局公告2015 年第7 号文件的规定,间接转让中国应税财产的交易双方和筹划方,以及被间接转让股权的中国居民企业,自签订境外企业股权转让合同或协议之日起30 日内,应按照主管税务机关要求提供股权转让合同或协议、境外企业及直接或间接持有中国应税财产的下属企业的财务报表等资料进行备案。[①] 作为中国法律顾问,我们与收购项目聘请的税务顾问合作,就该等转让的合理商业目的进行了论证。

2. 交易攻防战

2016 年4 月15 日,某集团与澳洲电讯签署了股份转让协议以及相关协议,约定以29.55 美元每股的价格,收购澳洲电讯持有的汽车之家47.4% 的股份。交易完成后,某集团将成为汽车之家第一大股东。签署时某集团的收购主体(一家海外特殊目的公司)向卖方澳洲电讯支付了交易总价的4% 。协议约定,如果最终未能顺利交割,则该部分款项作为买方支付的“break – up fee”,不予退还。

接下来,各方都觉得接下来只需要等待顺利交割即可。出乎意料的是,几个小时情况急转直下,汽车之家发布了一则私有化要约,宣布私有化买方团由汽车之家当时的CEO 及管理层牵头,博裕、红杉、高瓴资本参与,宣布对汽车之家进行私有化。买方团中不包括收购主体某集团。

2016 年4 月18 日,汽车之家披露了一则新的6 – K 备案内容,宣布汽车之家管理层接受了这一则非约束性私有化要约,汽车之家董事会将安排审议前述要约。有关内容摘要如下:

BEIJING, April 18, 2016 —Autohome Inc. (NYSE:ATHM) (“Autohome” or the “Company”), the leading online destination for automobile consumers in China, today announced that its board of directors (the “Board”) has received a non – binding proposal letter, dated April 16, 2016, from Mr. James Zhi Qin (“Mr. Qin”), director and chief executive officer of the Company, Boyu Capital Advisory Co. Ltd (“Boyu”), Hillhouse TBC Holdings L. P. (“Hillhouse”) and Sequoia China Invest-

① 参见 http://tech. sina. com. cn/i/2016 – 05 – 20/doc – ifxsktkp9051559. shtml。

ment Management LLP ("Sequoia", together with the Mr. Qin, Boyu and Hillhouse, the "Consortium" and each a "Consortium Member"), proposing a "going - private" transaction (the "Transaction") to acquire (a) all of the outstanding Class A ordinary shares (including Class A ordinary shares represented by American depositary shares of the Company ("ADSs", each representing one Class A ordinary shares of the Company)) not already owned by the Consortium and (b) all of the outstanding Class B ordinary shares of the Company at a purchase price in cash equal to US $31.50 per Class A ordinary share, $31.50 per Class B ordinary share and $31.50 per ADS.

6 - K 备案中一并披露了私有化买方团成员秦致、博裕资本、高瓴资本、红杉资本于2016年4月16日向汽车之家提交的非约束性私有化要约的全文。

该私有化要约一石激起千层浪，应该说这是某集团与澳洲电讯都始料未及的。紧接着2016年4月26日，汽车之家披露了一则新的6 - K 备案，宣布将成立特别委员会对私有化要约进行审议，特别委员会成员包括秦致、崔广福、刘俊岭和TedTak - Tai Lee 这几名董事，有关具体内容如下：

Autohome Inc. Announces Formation of Independent Special Committee to Consider "Going Private" Proposal

BEIJING, April 26, 2016 - Autohome Inc. (NYSE: ATHM) ("Autohome" or the "Company"), the leading online destination for automobile consumers in China, today announced that its board of directors (the "Board") has formed a special committee consisting of three independent, disinterested directors (the "Special Committee") to consider the previously announced non - binding "going - private" proposal that the Board received on April 16, 2016 from a consortium comprised of Mr. James Zhi Qin, a director and the chief executive officer of the Company, Boyu Capital Advisory Co. Ltd, Hillhouse TBC Holdings L. P. and Sequoia China Investment Management LLP.

尽管有上述私有化要约，但是我们理解该等要约不具有约束力，确定性不明。同时，作为管理层如果想要实现私有化，需要收购至少汽车之家90%的股份，其中的47.4%已在澳洲电讯和某集团之间达成了股份转让的协议约定。因此，我们理解,在澳洲电讯立场确定的情况下,该等私有化要约实现的可能性不大。

之后各方的舆论战进一步升级。据媒体报道,2016年4月27日,以汽车之家CEO为代表的总裁室联名署名发表了一封名为《致全体汽车之家伙伴》的公开信。公开信称:“由于缺乏沟通,大股东的退出行为和管理层以及其他公众股东的行为并非步调一致,几方之间对于汽车之家未来的战略规划和发展方向并未形成共识。汽车之家正经历着自成立以来最突然的一次资本变局。”

随后,各方于公开媒体上打起了“口水战”,进行了诸多较量,具体包括:

2016年5月6日,汽车之家前高管马刚发表文章,痛斥某集团,称其为“门口的野蛮人”。

2016年5月9日,汽车之家CEO作为私有化买方团代表召开媒体沟通会,称“管理层牵头的私有化对公司未来而言是最有利方案”。

2016年5月11日,汽车之家公众股东向商务部提交实名举报信,举报某集团涉嫌违反商务部《反垄断法》,该举报已被商务部接收。据公众股东举报信中显示,尚未有任何证据表明某集团已经或准备就拟定交易向商务部进行申报。而按照要求,参与集中的所有经营者上一个会计年度在中国境内的营业额合计超过20亿元人民币,并且其中至少两个经营者上一个会计年度在中国境内的营业额均超过4亿元人民币的情况下,需要向商务部反垄断局进行反垄断申报。

2016年5月11日,澳洲电讯任命辛西娅·惠兰担任汽车之家董事长,接替现任董事长陈永正。该等举措被认为是澳洲电讯希望尽快完成与某集团交易的信号。

2016年5月12日,澳洲电讯在汽车之家董事会召开前临时增加1名新董事,将其所拥有的董事会席位由5名增加至6名,在包括独立董事在内的另外5名董事会成员拒绝参与投票的情况下,以6:5的结果通过了汽车之家和某集团方面签署《Registration Rights Agreement》(股份登记权协议)。

2016年5月14日,《华尔街日报》报道称,澳电方面两次拒绝了汽车之家管理层每股平均价格31美元的股份收购要约,该价格比某集团每股29.55美元的出价高。

2016年5月20日,汽车之家声称,由于签订企业股权转让合同或协议后,没有在规定时间内向税务部门备案,国家税务监管部门已正式向汽车之家发函质询，并要求其携带相关材料前往税务机关备案。

2016 年 5 月 23 日，有消息称因澳洲电讯向某集团转让汽车之家股权程序涉嫌违反美国萨班斯—奥克斯利法案，有相关人士已向美国证监会递交了举报材料。

一时间，有关某集团收购汽车之家的事情在媒体上闹得沸沸扬扬，陆续有不少公众号和自媒体发布了不实的或是极具偏向性的报道，试图妖魔化本次交易。作为项目的法律顾问，我们采取了调查取证、出具律师函等行动，对于该种行为进行了警告。

除此之外，我们也协助某集团给予了其他方面的积极应对，具体体现在对交易结构、融资方案进行反复论证，以应对来自融资机构、投资基金和各方媒体的质疑，以及监管机构可能的问询。同时，我们协助审阅某集团发布的公关稿件，以确保公关文章内容符合实际交易情况。

攻防战的高潮发生在 2016 年 6 月初，汽车之家小股东委托律师在汽车之家的境外控股公司所在地开曼群岛法院提起诉讼，称某集团收购汽车之家的交易违反了中国商务部门的反垄断法，且该等报价低于私有化要约报价，侵害了小股东的利益。小股东同时向法院申请了禁止令，该禁止令禁止就澳洲电讯与某集团的股份转让进行登记，这将导致某集团无法被登记为汽车之家的股东。对于汽车之家小股东提起的前述诉讼和禁止令，在非常紧张的时间与背景下，我们作为中国法律顾问，与境外律师普衡和开曼律师迈普达合作以撤销该禁止令。禁止令撤销后的几个小时，某集团登记为汽车之家境外持股公司的股东，项目完成交割。某集团于交割后的几个小时内召开了董事会，对汽车之家的人事组成重新进行了任命。

3. VIE 风险

除了前文所述的情形外，某集团收购汽车之家的另外一个主要风险点在于 VIE。VIE 结构（Variable Interest Entities，直译为“可变利益实体”）又称协议控制模式，是指境外注册的上市实体与境内的业务运营实体相分离，境外的上市实体通过协议的方式控制境内的业务实体，业务实体就是上市实体的 VIEs（可变利益实体）。VIE 模式又称新浪模式，新浪（www. sina. com. cn）的境外控股公司于美国上市时即采用了该种模式，并得到了 SEC 的认可，可以使其将其协议控制（而非实际持有股权)的中国境内主体于财务上进行并表。

受限于外商投资产业指导目录的限制,国内的大多数 TMT 公司由于提供的增值电信业务属于限制类或禁止类行业,外资仅允许参股但是无法控股。因此,VIE 模式对于拟在境外上市因而不得不在开曼群岛搭建上市平台的 TMT 公司而言,是一个很常规的做法,搭建 VIE 架构的运营公司与境外控股公司在中国设立的外商独资企业(WFOE)之间通常会签订一系列的协议,以实现 WFOE 对于运营公司的控制,具体而言包括:

(1)借款协议;

(2)股权质押协议;

(3)独家技术咨询服务协议;

(4)投票权委托书(power of attorney);

(5)已签署的但是日期留空的股权转让协议。

在 VIE 结构中,为了规避协议控制的不可控的道德、法律、合规方面的风险,通常境外控股公司的股东会安排镜像境内持股,即股东安排内资主体或中国自然人作为股权代持人(nominee),按照该股东持有的境外持股公司的股权比例等比例地持有运营公司的股权。这对于境外股东而言是一个有力的保障措施,尤其是大多数境外股东通常仅作为财务投资人,仅通过境外控股公司股东会、董事会层面对所持目标企业参与管理并就重大事项决策,对境内运营公司的实际运营并不加以干涉。

汽车之家也采取了 VIE 模式。但是在尽调过程中,我们了解到澳洲电讯并没有针对汽车之家的境内主体并没有采取该等镜像持股操作,当然这样的安排可能出于多种原因考量。但是,从律师的角度来看,由于协议控制模式并没有得到立法的明确认可,因而这是一个较大的风险敞口,也是一次很好的提示,即境外控股公司的股东,一定采取合适的方式确保协议控制的境内运营公司的安全性。

针对境外持股平台交割后可能产生的针对境内运营公司的控制权风险,本所律师也与香港法律顾问一并进行了研究,并提供了解决方案。当然,最后各方担忧的情况并没有发生,某集团顺利入主了汽车之家。

在某集团入主汽车之家之后,召开了董事会,解除了原 CEO 和原 CFO 的职位,而由某集团元老出任董事长兼 CEO,同时提出将汽车之家从单一汽车媒体向全方位汽车服务生态圈转型。①

4. 交易后续

值得一提的是,自 2016 年 6 月 26 日某集团以 16 亿美元的价格(不计入资金拆借成本)完成收购汽车之家 47.4% 股份之后,汽车之家的股价从每股价格(根据股份收购协议为签约前 30 个交易日的平均收盘价)29.5 美元经历了短暂的在 25 美元徘徊之后,一直上涨到 78.28 美元(其中,2018 年 6 月 15 日达到历史上的峰值每股 118.91 美元)。现在回过头来看,应该说某集团这笔收购是非常成功的,某集团不仅取得巨大的经济利益,更为某集团打通了汽车服务的上下游产业链;而某集团自身的金融和车险客户优势也反哺了汽车之家。

三、结语

回想某集团与澳洲电讯接洽以及半年后某集团成功完成收购全过程,除了与强势的交易对手方澳洲电讯谈判面临的困难以外,项目本身可能带来的多重审批备案的压力,也导致客户业务团队和律师不得不转而寻求其他更有效率的解决方案。而目标公司管理层所带来的“围追堵截”更是为收购团队以及收购团队外部顾问带来了极大的挑战。这个项目也提醒我们,作为收购团队的中国法律顾问,除了提示法律风险以外,需要全方位思考问题,与其他外部顾问紧密合作,为客户提供具有战略意义的、有价值的方案和意见,帮助客户实现其交易目的。

① 参见 http://dy.163.com/v2/article/detail/D93DS9D80518RK3J.html。

境外投资的突围之路[*]

——评述欧洲集成电路集团收购项目

项目团队主要合伙人[**]

** 作者简介：

邱　建　合伙人

中伦律师事务所北京办公室

qiujian@ zhonglun. com

朱永春　合伙人

中伦律师事务所北京办公室

zhuyongchun@ zhonglun. com

---

* 声明：本案例系我们近期协助客户处理的一起国有集成电路企业对某欧洲集成电路集团之跨境收购。因本项目包含非公开信息，因此在本文中，我们隐去了有关交易各方的名称、标的金额等信息，但以下所阐述之有关法律问题、相应解决方式等部分均为我们基于在经办本项目过程中获取的经验而总结得出。

一、引言

近几年,我国境外投资势头火热,但与此同时亦面临着“内忧外患”所带来的各种挑战。于“外”,美国通过 CFIUS 审查等方式加强了针对中资企业投资美国的审查,欧洲各国亦紧跟美国的脚步,逐渐严格对中资企业收购项目的审查标准;于“内”,境外投资监管政策自 2016 年下半年起开始趋严,有关部门更是在 2017 年和 2018 年频出新规,[①]对原有的监管模式进行了大幅调整。在这样不算有利的大环境下,我们团队于 2017 年年底至 2018 年年中协助某国有集成电路企业快速高效地完成了跨境收购一家在安全和身份验证市场占据举足轻重地位的欧洲集成电路集团,收购金额逾 21 亿欧元,这在新的监管趋势和环境下较为罕见。

在此,我们借本文并以该项目为例与读者分享跨境并购新规和新趋势下遇到的挑战和收获。

二、项目简介

本项目系一家国有集成电路企业(以下简称收购方)通过其间接控制的欧洲收购实体(以下简称欧洲收购实体)以现金受让股份及承债的方式收购一家欧洲持股平台(以下简称标的公司)的有关权益,并相应获得标的公司及其持有股份或者表决权 50% 以上的子公司(与标的公司合称为标的集团)之权益,包括:(1)标的公司的部分股东直接持有的标的公司的股份;(2)标的公司部分股东的股东持有的该等标的公司股东的股份;(3)标的公司部分股东持有的标的公司子公司的全部可转换债券。有关交易架构如图 1 所示。

> 在该项目中,我们代表收购方全流程参与了收购相关的工作,包括拟定竞标文件、尽职调查、谈判并定稿交易文件、办理经营者集中审查与发改委及商委境外投资程序等、确定融资架构并与投资者谈判、协助交割等。

---

① 如 2017 年 12 月 26 日,国家发改委发布了《企业境外投资管理办法》(以下简称 11 号令)、2018 年 1 月 18 日,商务部牵头七部委发布了《对外投资备案(核准)报告暂行办法》(以下简称 24 号文)。

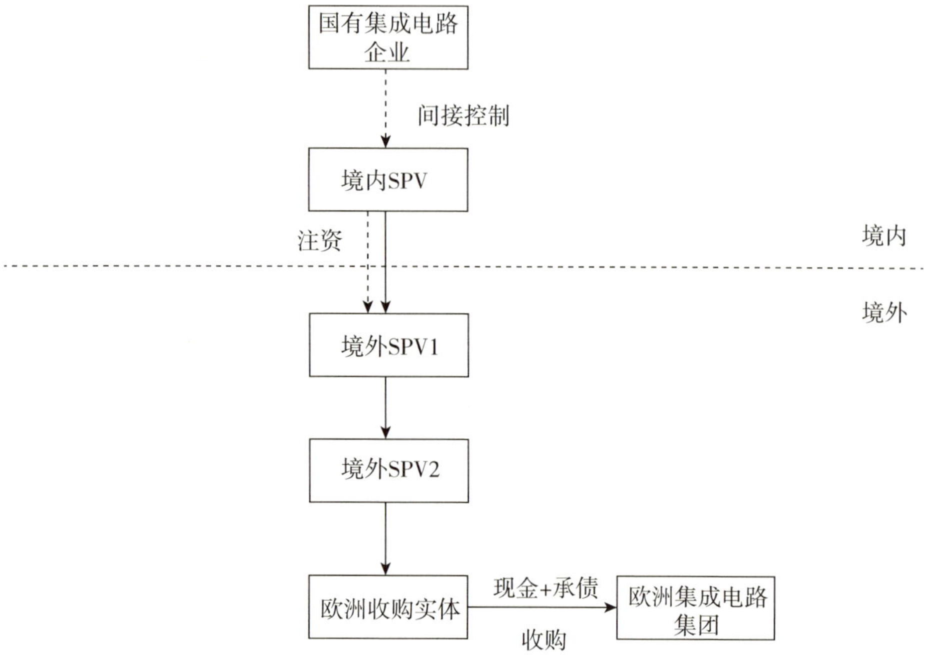

图1　本项目交易架构图

三、项目的挑战与建议

本项目在交易架构和审批程序两方面存在较多的难点(见图2)和挑战。以下我们将对这两方面进行详细介绍并提出处理建议,以供读者参考。

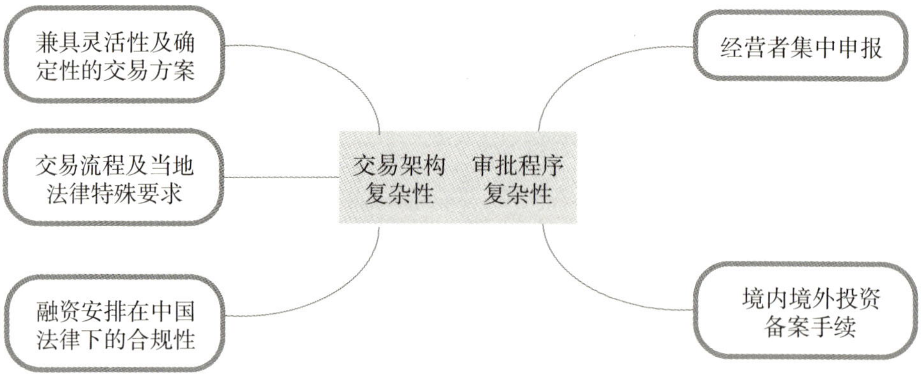

图2　本项目交易难点梳理

1. 交易架构的难点与建议

本项目的交易架构复杂性主要体现在以下方面：

(1)兼具灵活性及确定性的交易方案。

本项目在交易对手方、交易对价及收购标的这三个方面均存在一定不确定性。一方面，本项目最大的特点之一为交易文件签约时具体的出售方无法完全确定——该等情形主要由于标的公司的股东数量众多、部分股东在签署期权协议甚至签署收购协议(SPA)时均未确定其出售意向所导致。另一方面，本次交易涉及承债收购，而拟议清偿债务的范围与金额却会随着交割时点的变化而不断变化。前述的不确定性为本次交易的架构设计、交易文件起草、中国政府审批、交易执行时间安排及步骤等各方面均带来了很大挑战。

对于以上诸多挑战，为使本次交易在既满足各股东的利益诉求，又符合中国境外投资和外汇监管政策要求的前提下较为顺畅地完成，我们通过以下方式尽可能地降低了其不确定性：①虽然标的公司股东人数众多，但考虑到大部分卖方持股比例很低，因而收购方在签署 SPA 前先行与主要卖方就交易条款进行了谈判，并采取在签署 SPA 后允许其他小股东在稍晚阶段通过签署加入协议的方式加入本次交易以降低谈判成本并加速交易进展；②为防止上述小股东在 SPA 签署后仍迟迟无法确定其出售意向继而导致交割受到影响，我们在 SPA 中设置了一段考虑期限，以向该等小股东施加压力；③对于承债部分，尽管该部分并不直接构成股份收购的对价，但从境外投资申报和外汇监管的角度考虑，用于偿还债务之资金仍然将涉及资金出境。因此，我们仍将有关安排一并放在交易文件中，并对有关债务的确定、预计金额及偿还机制等进行了约定(特别地，对于无法确定偿债金额的，可在交易文件中根据预计交割日及最晚交割日预先载明金额范围)，以增加交易和境外投资申报的确定性和成功率。

(2)交易流程及当地法律特殊要求。

由于标的集团主要经营地之一位于法国，而根据法国的法律要求，在完成员工代表/工会的审议程序之前，卖方不得签署对其有约束力的法律文件。因此，本项目采取了先期签署仅对收购方有约束力的期权协议、并在完成员工/工会程序后签署对双方均有约束力的 SPA 的交易方式，满足了标的集团主要经营地的法律要求。

就此,我们提请各位从业者关注:在设计境外收购的交易架构时,除了考虑通常会涉及的中国境外投资审批、反垄断审查及东道国的外商投资审查或备案程序外,还须额外关注东道国对于某一领域(如劳动、业务甚至资产方面)的特殊法律程序及要求。由于各国的有关程序和要求差异较大,为避免忽略该因素,我们建议在初期接触交易时就予以考虑,并聘请有经验的境外律师等外部顾问进行提前分析,以确保不会因未考虑该等因素而对交易架构、交易时间表、交割条件甚至定价因素产生不利影响。

(3)融资安排在中国法律项下的合规性。

如在大型跨境并购项目中所常见,本项目存在较为复杂的融资安排。该等融资安排亦对交易架构及流程本身提出很高要求。例如,对于融资方而言,其为确保资金安全性,往往希望其可在交易已具备高度确定性之后(特别包括交易涉及的政府审批均已完成的情况下)方支付融资对价;而主管部门(特别为境内主管部门)则通常需要事先看到融资到位的证明文件才可接受备案申请。这两种相反的要求常常使夹在其中的收购方陷入两难的境地。

根据我们处理本次交易的经验,尽管投资人、融资方和主管部门的利益诉求可能不一致,但该等不一致并非系完全不可调和的。实操中,收购方需要通过与投资人及主管部门协商而寻求一个满足各方要求的平衡点,如就主管部门要求的资金证明文件,是否可用投资人出具的出资承诺函等材料替代?有关分析请见下文第2(2)部分本项目境外投资申报实操的具体分析内容。

同时,根据实操经验,我们注意到对于资金需求量较大的境外收购项目,有时出于境外融资成本优势、境内审批程序较慢等原因,收购方转而寻求境外融资。就此,我们建议收购方关注:即使是完全发生在境外的境外融资安排(如外保外贷),亦可能受制于中国法律的管辖(例如,收购方可能需要按照发改委2044号文进行相应外债备案)。不仅如此,境外融资方案仍须结合境外投资申报方式进行综合确定,并确保整体架构及资金安排均真实充分地披露给有关主管部门。

2. 审批程序复杂与建议

本项目涉及众多境内外行政审批程序,包括经营者集中审查程序、相关中国境外投资行政程序以及与本次交易有关的境外审批程序等。

(1)经营者集中申报。

本项目作为大型跨境收购项目,涉及经营者集中申报程序。我们作为收购方的中国律师,一方面直接协助客户完成了境内经营者集中审查程序,另一方面亦协助客户就是否需要以及需要办理哪些境外经营者集中申报进行了分析。

在反垄断申报中,我们建议从业者/拟从事境外收购的境内企业特别关注此次申报与历史上申报的统一性等问题。在本项目中,由于标的集团为其细分市场中行业的佼佼者,此前在欧洲进行过多次本行业及上下游行业的大小并购,部分交易曾触发了欧盟的反垄断申报;而标的公司自身亦经多次转手且原股东在数年前对其的收购触发了中国的经营者集中申报,在相关监管部门存有记录。考虑到交易自身的差异(标的公司实施的收购/标的公司被收购)以及监管部门的思路差异(欧盟竞争委员会/中国商务部反垄断局①),本项目的相关市场划分首先需要保持其与在中国的历史申报的相关市场划分的一致性,其次需要符合标的公司近年于欧盟进行申报认定的相关市场划分,最后还应根据标的公司的现有业务情况、本项目带来的集中效果对相关市场的认定进行调整。此外,如果拟适用简易申报程序的还应关注项目是否能满足相关条件。为保证本项目符合简易申报的条件,我们亦对相关产品市场的细化程度进行了反复验证——由于此前标的公司在中国进行历史申报的收购方(私募机构)与其(制造企业)不存在任何产品市场的重叠,对本次存在一定协同效应的收购交易的参考价值较低,我们进一步查找了近年欧盟在类似领域作出的批准案例作为支撑依据。最终,我们得出了既保证产品市场的细分程度(市场越细分,单一细分市场的市场份额会越高)不致本项目适用普通申报程序,又保证相关市场的划分符合历史惯例和经营者集中申报要求的"两全"方案,顺利协助客户快速而精准地完成了反垄断申报。

(2)境内境外投资备案手续。

在本项目中,我们作为收购方的中国律师,不仅在交易架构设计方面向客户提供了对境外投资相关的中国政府审批程序分析,亦深度参与了从填写备案表、与主管部门沟通到提交申报、补充申报资料等全步骤申报过程。据此,我们特地总结了以下几点难点和建议:

---

① 目前已调整为国家市场监督管理总局反垄断局。

①新旧法规交替的监管试水。

本项目的实施时间跨越了2017年与2018年,而在2017年年底和2018年年初,我国境外投资主管部门相继出台了11号令、24号文等规定。与旧规相比,发改委境外投资制度存在诸多变化。商委虽无法规层面变化,但实操中的监管口径亦与以往存在不同。本项目作为新规出台后的早期“试水”项目,在实操过程中存在适用规则不明晰、主管部门监管态度不明确等较多挑战。

以发改委程序为例,自2016年下半年起,发改委、商务部、中国人民银行及外汇管理局四部委即开始严格监管“快设快出”模式,但11号令的生效似乎意味着发改委为新设企业直接办理ODI申报预留了可能性:根据11号令配套文件要求,投资主体需提供最新经审计的财务报表,但如果投资主体成立时间较短、无法提供经审计的财务报表的,亦可提供投资主体控股股东、普通合伙人或实际控制人最新经审计的财务报表。从实操层面来看,发改委亦在一定情况下(遵循实质重于形式的原则)接受新设境内企业作为投资主体,未一概要求新设境内企业必须提供经审计的财务报表。但是,根据我们与发改委的沟通,出资方案、实缴安排等与收购资金来源相关的文件和信息仍然受到其高度关注,且发改委会结合具体交易背景灵活判断相关支持性文件的提供程度。此外,11号令取消了发改委9号令①项下的“中方投资额3亿美元及以上的境外收购或竞标项目,投资主体在对外开展实质性工作之前,应向国家发展改革委报送项目信息报告”制度(“小路条”制度)。鉴于发改委11号令于2018年3月1日才生效,而本项目于11号令生效前即已开展项目的实质性工作,因此本项目仍然依照9号令的规定事先取得了小路条。

尽管发改委与商委的要求较为严苛,但通过协助客户与发改委及商委多次沟通与讨论并全力配合提供相应的证明材料,我们最终在满足主管部门要求的情况下,在一定程度上消除了主管部门对该等模式真实性和安全性的担忧,突破了四部委对“快设快出”模式严格监管之限制,满足客户及有关投资人的商业需求,高效率地办理完成两部委的境外投资备案手续。

②技术性细节问题。

如上文所论述,本项目存在交易架构、交易流程及融资安排较为复杂的特点,

---

① 系指国家发改委于2014年4月8日发布的《境外投资项目核准和备案管理办法》,现已被11号令废止。

相应地，在办理境外投资备案时，亦面临了较多技术性细节问题。例如，作为仅单方面约束收购方的法律文件，期权协议是否可获得主管部门的认可？本项目卖方人数众多且具体人数和身份无法在递交境外投资申报时确定，主管部门是否予以接受？且如上所述，SPA 签署时卖方的具体人数尚无法确定，且偿债金额仅在交割发生之日才可最终确定，如何在境外投资申报时确定交易对价（且申报之金额须能够满足收购方支付义务的履行）并使主管部门接受？

根据我们在本项目中与有关部门的沟通，主管部门明确其不接受期权协议作为交易文件，仍需提交 SPA。对于卖方人数、交易对价在申报时不确定的问题，主管部门允许申报方在申报文件中就此问题进行详细阐述并报送一个较大数额的交易金额，以防止在实际换汇支付对价时出现实际对价小于申报对价的情况。

此外，根据本项目的实操经验，实践中主管部门可能会因项目金额过高而对境外投资申报予以高度关注，并在申报过程中提出超出法定范围的额外审核要求。因该等要求通常缺乏预期可能性，有可能在一定程度上给交易的时间表、审批通过的可能性等方面带来一定不确定因素。因此，对于拟议交易金额较高的项目，我们建议各位从业者及拟从事境外收购的境内企业在相关的交易文件中为境外投资申报程序的履行和完成预留出较为充足的时间（特别是交易金额较大的情况下），以避免因此而造成违约。

四、结语

一项跨境并购交易需要考虑的问题往往比我们想象的要复杂。从交易架构搭建、与境外标的公司磋商、谈判到交易文件的起草、尽职调查、行政程序的履行、融资无不大量涉及中国法律和境外法律的运用，而每一个环节都环环相扣、互相关联。因此，在进行每一件境外投资项目时都需要我们既从整体进行把握，又要熟悉各细节的运转模式，合理地分配及安排各项步骤，并积极与主管部门和各中介机构沟通，了解趋势和政策，方可在境外投资的重重挑战中突围成功。

中资企业跨境私有化并购境外上市公司*

——中资财团联合私有化美国豪威案分析

项目团队主要合伙人**

** 作者简介：

邱　建　合伙人

中伦律师事务所北京办公室

qiujian@ zhonglun. com

朱永春　合伙人

中伦律师事务所北京办公室

zhuyongchun@ zhonglun. com

---

* 声明：本案的分析主要基于相关中资财团公开披露的信息及巨潮资讯网上公开披露的豪威科技曾参与的与A股上市公司北京君正(股票代码:300223)拟实施的重大资产重组项目的相关信息。信息来源主要为《北京君正集成电路股份有限公司发行股份及支付现金购买资产并募集配套资金暨关联交易预案(修订稿)》。

重点综述：本次交易涉及交易总额约19亿美元，前后历时近两年，最终由华创投资、中信资本和金石投资组成的中资财团于2016年1月28日宣布最终完成。本次交易是中资企业私有化收购美国本土半导体相关上市公司的重要案例。

一、引言

近年来，中国企业海外并购活动日益增多，根据相关专业机构的分析数据，2016年中国海外并购交易甚至达到923起，比2015年增长142%①，尽管2017年因国内外政策局势的变化，导致中国企业海外并购外部环境面临较大冲击，但依然未能阻挡中国企业海外投资的热情，在条件允许的情况下，购买海外优质标的仍对中国企业具有巨大的吸引力。

笔者这几年来陆续代表各类中资企业参与了包括收购美国豪威、展讯科技、锐迪科微、学大教育等多家公司在内的私有化交易及后续的重组上市项目，相比一般的跨境并购而言，跨境私有化并购旨在实现境外资本市场与境内资本市场的无缝对接，参与者需要应对境内外的不同法律制度、完成境内外多重行政程序、平衡和协调交易各方间林林总总的商业诉求，能否最终成功往往存在较大变数。

北京清芯华创投资管理有限公司（以下简称华创投资）、中信资本控股有限公司（以下简称中信资本）和金石投资有限公司（以下简称金石投资）组成的中资财团跨境私有化收购美国豪威项目即为笔者参与的其中一例典型的私有化并购交易。

在本文中，结合美国豪威私有化案例以及我们过往和正在尝试的一些新型交易案例，我们将从中国律师的角度对中国投资人参与跨境私有化交易所可能遇到的某些法律问题进行分析，与大家分享类似交易中需要注意的一些法律和实践问题，以供相关业者参考。

① 参见 http://news.163.com/17/0526/15/CLCDCSDD00018AOR.html。

二、项目分析

1. 交易背景与主要过程

OmniVision Technologies, Inc.(以下简称美国豪威或 OV)在退市前,是一家于 2000 年 7 月在美国纳斯达克证券交易所上市的美国本土企业,该公司是一家全球领先的数字图像处理方案提供商,主营业务为设计、制造和销售高效能、高集成和高性价比半导体图像传感器设备。2014 年 8 月,由华创投资为代表的中资私有化财团向美国豪威发出非约束性现金收购要约,我们代表中资财团就后者私有化收购美国豪威事宜向后者提供相关的中国法律服务。

根据北京君正披露的重大资产重组交易预案,本次中资财团私有化美国豪威的方案示意图如图 1 所示:

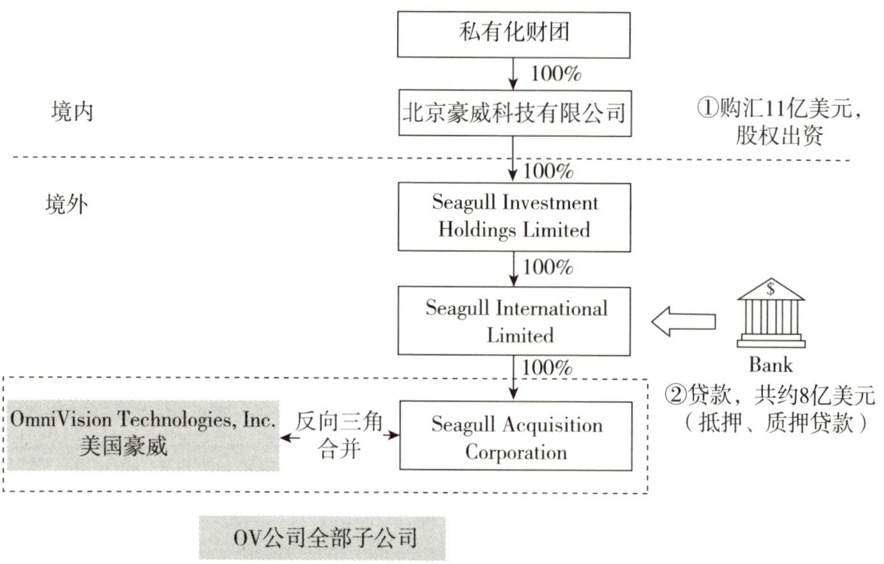

图 1　中资财团私有化美国豪威方案示意图

具体而言,本次私有化收购的主要交易过程如下:

(1)2014 年 8 月,由华创投资为代表的中资财团向美国豪威发出非约束性现金收购要约。

(2)2015 年 4 月 23 日,成立收购平台 Seagull Acquisition Corporation;同年 4 月 24 日,成立收购持股工具 Seagull Investment Holdings Limited 和 Seagull International Limited。

(3)2015 年 4 月 29 日,美国豪威召开董事会,同意私有化合并相关事项。

(4)2015 年 4 月 30 日,华创投资和中信资本、金石投资的关联实体签署《财团协议》,约定中资财团拟通过在中国境内成立一家投资实体(北京豪威科技有限公司),用于未来收购海外持股实体。

(5)2015 年 4 月 30 日,中国银行澳门分行和招商银行纽约分行组成的借款银团向 Seagull International Limited 出具贷款承诺函(Debt Commitment Letter),借款银团将向 Seagull International Limited 提供美国豪威私有化借款 8 亿美元。

(6)2015 年 4 月 30 日,美国豪威、Seagull International Limited 和 Seagull Acquisition Corporation 签署《合并协议和计划》(Agreement and Plan of Merger),约定:美国豪威股东所持的股票将以每股 29.75 美元现金的价格被收购注销,具体合并过程将由 Seagull Acquisition Corporation 与美国豪威之间通过反三角合并方式完成。合并完成后,Seagull Acquisition Corporation 被注销,美国豪威成为 Seagull International Limited 的子公司。

(7)2015 年 7 月 23 日,美国豪威召开临时股东大会,审议通过《合并协议和计划》及相关议案。

(8)2016 年 1 月 28 日,特拉华州政府出具证明,Seagull Acquisition Corporation 被美国豪威吸收合并,完成注销,美国豪威作为合并后的存续主体取得了重述的注册证书。同日,美国豪威股票退市。

美国豪威私有化完成后,股权结构如图 2 所示。

图 2　美国豪威私有化完成后股权结构

2. 跨境私有化并购的注意要点

结合笔者过往处理的案例,为实施跨境私有化并购交易,建议投资人至少应考虑如下几个方面的重要问题:

(1)与一般的跨境并购交易相比,跨境私有化并购交易中,标的公司均为境外上市公司,体量通常较大,私有化所需动用的资金少则数十亿元多则上百亿元。因此,私有化并购交易中通常会集合多家投资人组成买方团进行共同投资。对此,作为并购发起者,在寻找共同投资人时,需要综合考虑潜在合作伙伴的各项实力、背景和资源(如资金实力、国有/民营/外资身份、产业背景、决策效率、并购经验等),确保买方团成员能高效完成复杂的私有化并购交易。

(2)私有化并购所需资金体量较大,买方团除提供自有资金支持外,还可以充分利用境内外金融机构的各类并购贷款工具,进一步提升其资金的利用率。在此过程中,投资人需要特别关注是否涉及境内实体境外贷款或者跨境担保(无论是作为担保方还是被担保方)等情形,如有,建议提前咨询法律顾问,确定相关情形是否需要提前向国家发改委、外汇管理部门等主管部门办理有关发行外债、跨境担保等事项的备案或登记手续。

(3)私有化并购交易中,中国投资人须面临至少来自境内外多个政府部门的行政程序,该等程序主要包括:

①中国政府相关的行政程序。

首先,需要完成中国有关境外投资的行政程序:(a)按照《企业境外投资管理办法》(中华人民共和国国家发展和改革委员会第11号令,于2018年3月1日生效)的规定,办理境外投资项目的核准或备案,取得相关核准文件或备案通知书。(b)按照《境外投资管理办法》(商务部令2014年第3号,于2014年10月6日生效)的规定,办理企业境外投资的核准或备案,取得《企业境外投资证书》。(c)按照国家外汇管理局《关于进一步简化和改进直接投资外汇管理政策的通知》及其业务操作指引(汇发〔2015〕13号,于2015年6月1日生效)等有关外汇规定,办理企业境外投资的外汇登记,取得相关业务登记凭证。

其次,如果参与私有化交易的相关方达到了中国《反垄断法》[①]及其实施细

① 由全国人大常委会2007年8月30日颁布,并于2008年8月1日实施。

则的如下营业额门槛，买方在完成本次交易前还需向反垄断局提请经营者集中申报：(a)并购涉及的至少两个经营者上一会计年度在中国境内的营业额均超过4亿元人民币，且(b)并购涉及的所有经营者上一会计年度在全球范围内的营业额合计超过100亿元人民币或在中国范围内的营业额合计超过20亿元人民币。

除上述常规行政程序之外，如果投资人具有国有背景，其从事境外并购有可能需要履行国有资产相关的评估核准/备案手续以及审批程序；如果投资人属于上市公司，而境外并购构成重大资产重组，投资人需要按照证监会和有关交易所的规定办理重大资产重组等手续。

②境外政府相关的行政程序。

除了上述中国行政程序之外，中国投资者在海外并购交易中还需面对来自东道国等国家/地区的政府审批，例如，美国的反垄断审查、国家安全审查（CFIUS审查）、SEC的审查等。需要中国投资人特别关注的是，近年来，CFIUS对于中国投资者发起的并购交易审查越发严格，屡屡出现交易被否或者被迫中止的情形。为此，中国投资者在发起收购之前应慎重评估整个交易的可行性以及是否需要进行一些必要的风险规避方案。

(4)跨境私有化并购的主要目的是通过实现境外资产在A股资本市场的再上市来实现跨境套利。要成功地完成一宗跨境私有化并购，不仅仅要考虑如何私有化境外目标公司，还须着重考虑如何将私有化之后的资产/业务在A股市场再上市。因此，在设计交易架构时，买方团应首先商定未来的上市路径和上市方案，以为未来再上市实现顺利退出提前做好交易架构设计与准备。

(5)在私有化交易中，诸如员工股权激励问题、税务统筹问题等事宜也需要投资人提前予以综合考虑。

三、结语

近年来，由于国内外投资环境和政治环境的变化，中国企业“走出去”的步速有所减缓，但总体而言，中国资本积极参与跨境并购交易仍是显而易见的，且未来很长一段时间内亦将会一直持续。如前所述，跨境私有化并购交易涉及资金体量较大，参与成员较多，且需要对接境内外两个资本市场，同时面临来自中国和东道国等多个国家/地区的多重行政程序,其困难度和复杂度更甚,不确定性因素也会更多。中国投资人在“走出去”前,应当尽早组建全方位的财务、税务和法务顾问团队,以保证“顺利出海”,并“胜利返航”。

保险资金助力“一带一路”*

——保险资金跨境投资欧洲物流地产项目简析

项目团队主要合伙人**

** 作者简介：

张学兵　合伙人
中伦律师事务所北京办公室
zhangxuebing@ zhonglun. com

曾赞新　合伙人
中伦律师事务所北京办公室
richardzeng@ zhonglun. com

孙望清　授薪合伙人
中伦律师事务所北京办公室
sunwangqing@ zhonglun. com

* 声明：本案例系我们近期协助客户处理的一起保险资金跨境投资欧洲物流地产项目。因本项目包含非公开信息，因此在本文中，我们隐去了有关交易各方的名称、标的金额等信息，但以下所阐述之有关法律问题、相应解决方式等部分均为我们基于在经办本项目过程中获取的经验而总结得出。

一、引言

为响应原中国保险监督管理委员会于2017年4月27日发布的《关于保险业服务“一带一路”建设的指导意见》,发挥保险资金长期投资的优势,我们的客户——一家领先的上市人寿保险股份有限公司(以下简称保险公司或客户)于2017年参与了由中国投资有限责任公司(以下简称中投)牵头的中国投资者财团竞标的覆盖“一带一路”多个国家的欧洲物流基础设施资产包项目。

目标资产包括分布于欧洲17个国家和地区的626个物流资产(含8个在建工程)与88宗待开发土地(约140万平方米),合计面积约1500万平方米(以下简称目标资产或目标项目)。目标资产的收购总对价约为122.5亿欧元,其中股权收购对价约55亿欧元,其余资金来源于债权融资。中投作为领投方,引领了包括客户在内的多家金融机构和投资人组成的中国投资人财团完成了对目标资产的绝对控股权益的收购(以下简称本次交易)。

> 本次交易涉及17个国家和地区的相关法律,交易结构和相关法律问题比较复杂,包括但不限于保险资金投资境外不动产问题、中国境内企业境外投资的外汇监管问题、境外反垄断审查问题、税务筹划带来的内部重组问题、中国内地与香港证券交易所监管规则的问题等。本次交易也荣获了PEAR2017年度全球最佳交易奖。

中伦作为保险公司的唯一境内法律顾问,组织了兼具保险资金投资和房地产投资经验的团队律师,有幸全程参与了本次交易。在遵守政府关于境外投资之相关监管政策的前提下,中伦协助客户顺利完成了本次交易。本文拟从法律视角对本次交易的整体交易架构及重点法律问题进行分析,以期为律界同人从事类似交易提供些许参考与借鉴。

二、本次交易的目标资产极具复杂性

作为本次交易标的之目标资产极具复杂性,体现在以下几个方面(如图1所示):

首先,目标资产有规模大、综合性、多元化和收益稳定的特点。资产包的资产组合覆盖17个国家，分为七大区域，分别为英国、德国、法国、南欧、北欧、中东欧和荷比卢区域，已建成物业面积超过1300万平方米，是欧洲最大的物流设施资产组合。截至2017年6月末，资产组合的平均出租率超过93%。主要租户为信誉良好的第三方物流机构，多元化程度较高。

其次，目标资产的大部分为已完全开发的成熟物流地产，但仍有少部分待开发项目。

再次，目标项目包括具备完善运营体系的资产管理平台，可由现有的专业的管理团队持续对资产组合积极管理。在本次交易前，出售方通过其旗下多期欧洲地产基金设立的多个控股主体持有标的资产包，并搭建了其总部设立在欧洲的管理平台。管理平台的业务包括资产管理、项目开发管理、租赁、收购及财务管理。运营团队具备丰富的当地物流资产管理经验，在业内有广泛的关系网络。由于出售方还将继续持有目标资产包的一部分股权，因此中国投资者财团在投资入股之后仍可聘请原有的成熟管理团队继续运营目标项目，而无须在各资产的具体运营方面消耗过多的精力。

最后，目标项目符合“一带一路”发展战略，具有重要战略意义。项目资产组合覆盖了波兰、捷克、斯洛伐克、匈牙利、罗马尼亚及俄罗斯等多个“一带一路”沿线国家，而且多数资产位于交通要道附近，本次交易通过对高质量物流设施的投资，有利于推动“一带一路”沿线的互联互通。

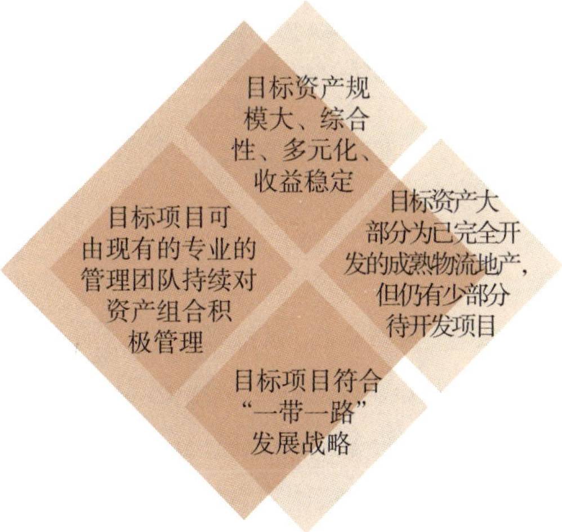

图1　本次交易目标资产复杂性的四大方面

三、多元利益需求格局下的交易架构安排

本次交易的交易架构非常复杂,这一点不仅是因为标的资产组合的复杂性,还来源于:(1)既要考虑并实现各共同投资方不同的商业需求、合规需求及监管需求,又要最终将各投资方的利益一致化,实现“拧成一股绳”“共进退”;(2)从节税及满足欧盟反垄断审批等的需求出发,需要对本次交易结构进行差异化处理;(3)交易过程既要满足出售方尽快退出资金实现收益的要求,又要帮助出售方行使对于部分资产权益的买入期权。

本次交易前,出售方通过旗下在欧洲设立的多个控股主体持有目标项目资产及管理平台,本次交易的标的为图2中 Target 1 – 33 合计 33 个主体,既包含股权(Target 1 – 30)也包括资产(Target 31 – 33)。

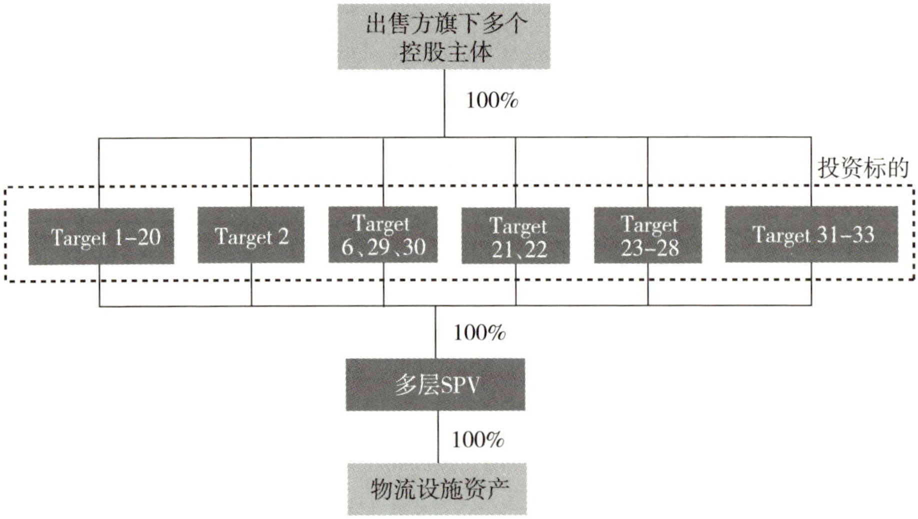

图2　资产组合架构

为满足各方的商业安排,投资者在卢森堡分别设立两家控股公司共同投资该资产包,并通过两家控股公司分别设立的一系列中间层作为借贷主体以实现税务目的。保险公司将在其中一个控股公司(控股公司二)中持有较大比例的权益。

此外,在本次交易进行的过程中,作为本次交易的先决条件之一,投资者也需要向欧盟提交反垄断审批。

四、本次交易流程与资金流向梳理

本次交易中,中投作为领投方(以其所管理的基金作为具体投资主体)联同共同投资人历时将近一年才共同完成目标项目的收购。为完成本次交易并最大化地实现各方的商业安排和利益,本次交易分多个步骤有次序地进行:

(1)两家竞标公司 Majority BidCo 及 Minority BidCo 作为买方与出售方签署了关于本次交易的收购协议。此时,竞标公司上一级的股权架构尚未搭建。

(2)包括客户在内的共同投资人同时参与本次交易,共同为本次交易提供收购资金,并在本次交易交割后的集团中持有相应比例的权益。部分投资人将直接认购控股公司一的权益。各方认购的出资款将通过约定的权益工具提供给竞标公司一用于向出售方支付本次交易的对价款以及清偿原目标集团的对外贷款。同时,保险公司将认购控股公司二的大部分权益,并按约定将部分权益出售给第三方。各投资人认购控股公司一与控股公司二的权益的资金,将通过约定的权益工具逐层下沉至竞标公司,用于向出售方支付本次交易的对价款以及清偿原目标集团的对外贷款。

(3)保险公司在控股公司二的权益将按约定转换为控股公司一的权益,从而最终实现保险公司的投资进入控股公司一,与其他共同投资方实现利益及股东地位的协同化、一致化安排。

在上述过程中,投资者们因地制宜地使用了股权与债权相互结合的方式,其出资也形成三种权益工具:股份、优先股(PEC)及 115 账户出资。各投资人在整个集团中的权益比例,以投入各权益工具的资金总额合并计算,使资金流有条不紊地按照约定进行运转。其中,值得一提的是,115 账户为卢森堡财务和法律体系下允许的一类对公司的出资形式,股东通过对 115 账户出资形成公司的可用资金,但无须在注入时形成资本金出资(不涉及增发股份),亦不是股东贷款。在适当的时候可转为资本化为资本金出资(增发股份)。

五、保险公司在本次交易中的无可替代角色和独特作用

保险公司不仅是本次交易的主要投资人之一,并且其在本次交易中发挥着几乎不可替代的重要作用和职能,集中反映了本次交易的复杂性和困难程度,这体

现在以下几点:

(1)保险公司在本次交易中具有独特的法律地位与作用。保险公司在交易伊始即独立控股控股公司二,与其他投资方共同持股的控股公司一同时完成项目交割,是实现本次交易商业安排的重要环节。

(2)与买方财团内的其他投资方相较,保险公司涉及的交易步骤更为复杂,潜在的交易风险更大。如上文所述,由于保险公司承担的角色使然,保险公司面临着比领投方之外的任何其他投资方更为复杂的交易过程,包括但不限于完成与第三方之间关于控股公司二的股权转让的交易,后续通过换股交易等操作方式进行一系列的集团内部重组交易,最终实现新华保险的投资权益全部进入控股公司一并取得约定比例的底层资产的收益。

在这个过程中,保险公司与领投方、项目方等签署了 20 多个交易文件,包括但不限于关于控股公司一的《条款清单》、《过渡性股东协议》、关于控股公司二的《出资及认购协议》、《股东协议》、《股份转让协议》以及与本次交易相关的全部协议、公司章程、决议等交易文件。中伦作为保险公司的唯一法律顾问,全程参与该等每一个文件、协议的起草、谈判、修改及定稿,在客户要求的时间表内帮助客户有效控制了风险。

(3)作为上市的保险公司,客户本次运用保险资金投资境外不动产面临严格和复杂的合规监管程序。就本次交易而言,保险公司除了应当遵守交易所关于上市公司对外投资及信息披露的要求外,还应当遵守原保监会关于保险资金投资境外不动产的相关规定。

六、保险资金境外投资不动产的合规要求

如上文所述,本次投资属于保险公司使用保险资金投资境外不动产的行为,应当遵守法律法规及监管部门关于保险资金投资境外不动产的相关规定。本次交易实施时现行有效的相关规范性文件主要包括:《保险资金境外投资管理暂行办法》(中国保险监督管理委员会、中国人民银行、国家外汇管理局令 2007 年第 2 号)、《保险资金境外投资管理暂行办法实施细则》(保监发〔2012〕93 号)(以下简称境外投资细则)、中国保监会《关于调整保险资金境外投资有关政策的通知》(保监发〔2015〕33 号)及中国保险监督管理委员会《关于加强和改进保险资金运

用比例监管的通知》(保监发〔2014〕13 号)等文件。根据上述文件,结合本案例的具体情况,保险资金境外投资不动产的相关规范要求可概述如下:

(1)投资目标。根据境外投资细则的相关规定,直接投资的不动产,限于位于境外投资细则附件一所列发达市场主要城市的核心地段,且具有稳定收益的成熟商业不动产和办公不动产。同时,中国保监会《关于保险业服务“一带一路”建设的指导意见》(保监发〔2017〕38 号)中,支持保险资金通过债权、股权、股债结合、股权投资计划、资产支持计划和私募基金等方式,直接或间接投资“一带一路”重大投资项目,进一步拓展保险资金境外投资国别范围。保险资金亦可投资于境外投资细则附件一所列国家或者地区交易所挂牌交易的房地产信托投资基金(REITs)。

(2)除上述关于境外投资不动产的特殊规范为,保险公司进行本次投资还应符合保险资金境外投资的一般规范,主要包括:

①境外投资资格及额度。保险公司进行境外投资应取得保险监管部门关于境外投资的批准,并应在国家外汇局核准的投资付汇额度内进行投资。

②资金运用比例要求。境外投资余额,合计不得高于本公司上季末总资产的 15%;投资不动产类资产的账面余额,合计不得高于本公司上季末总资产的 30%;投资单一不动产类资产的账面余额,不得高于本公司上季末总资产的 5%。

③偿付能力充足率。投资时上季度末偿付能力充足率不低于 120%。

④合法合规。近三年没有重大违法违规记录。

⑤报告。根据《保险资金投资不动产暂行办法》(保监发〔2010〕80 号)的规定,保险公司投资不动产,投资余额超过 20 亿元或者超过可投资额度 20% 的,应当在投资协议签署后 5 个工作日内,向中国保监会报告。保险机构开展境外不动产投资,应当参照境内相关规定,履行报告义务。

因此,在本次交易中,保险公司按照上述规范性文件,比对每项规范要求,确保以符合保险资金境外投资不动产的规范要求的方式实施本次交易。

七、结语

本次交易属于原保监会监管下的保险资金投资境外大型物流不动产项目,政策敏感性比较高,属于在政策对境外投资整体趋严的大环境下实施的“一带一路”

的重大对外投资项目,总投资金额巨大,在2017年具有一定的代表性。经过与监管部门多次论证和沟通,最终成功完成了本次交易。

如果把本次交易比作一盘棋、把领投方和出售方比作这盘棋局的"棋手",那么保险公司就是当之无愧的"棋眼",只有把保险公司投资的这步棋走对了、走稳了,才能最终把这盘棋下"活"了。对于交易律师而言,能否把客户所涉及的权利义务关系及投资步骤安排梳理清楚、能否在纷杂的法律关系中做到既保护客户的利益又能促成交易,为客户的"一带一路"之旅保驾护航,极大地考验着中伦律师的法律功底和实践经验。所幸的是,中伦团队不负客户的托付与期望,用精湛的法律技能出色地完成了协助本次交易的任务。

特朗普政府首批中美企业收购案*

——北方华创微电子收购美国 Akrion Systems 公司资产案分析

项目团队主要合伙人**

** 作者简介：
邱　建　合伙人
中伦律师事务所北京办公室
qiujian@ zhonglun. com

* 声明：在北方华创微电子收购美国 Akrion Systems LLC（本次交易）公司资产的交易中，笔者为收购方的中国法律顾问；本文的信息来源主要包括北方华创微电子、其母公司北方华创（股票代码：002371）及其境外律师就本次交易进行的相关披露等。

一、引言

本项目于2016年12月启动、2017年8月完成交易文件签署,并于2018年1月完成交割。特别值得关注的是,该项目为特朗普上任以来,中资企业在美并购获得CFIUS批准的第一起案例。

近年来,CFIUS对于外资(特别是中国投资人)收购美国公司或资产的审批呈现日益收紧的态势,尤其当交易涉及通信、网络安全、大数据及个人隐私、金融业等行业,以及涉及可能影响美国国家安全的领域(国防、能源、基础设施、交通、供应链等)或者可能影响美国的科技领先地位时,CFIUS审批更是高悬在收购方头顶的一把利剑。在此种态势下,美国总统特朗普上任以来即签署总统备忘录,明确限制中国企业对美投资并购。

> 在特朗普当政的新环境下,中国企业如何开展对美企业并购、如何应对中美政府的政策新趋势,并制定相应的应对策略,成为中国律师的研究重点之一。

近期,我们团队协助客户完成了一系列跨境并购案例,希望借北方华创微电子收购美国Akrion Systems LLC公司资产为例与大家分享中资企业在收购美国企业中需要注意的与CFIUS审查相关的法律和实践问题。

二、项目分析

1. 交易整体方案

根据北方华创的公开披露信息,[①]在本次交易中,收购方北京北方华创微电子装备有限公司(以下简称北方华创微电子)是上市公司北方华创科技集团股份有限公司(以下简称北方华创)的全资子公司,其为目前国内集成电路高端工艺设备的龙头企业;交易对方Akrion Systems LLC(Akrion Systems)是一家依据美国特拉

① 参见《北方华创科技集团股份有限公司收购资产的公告》,载http://www.cninfo.com.cn/cninfo-new/disclosure/szse_sme/bulletin_detail/true/1203770628? announceTime=2017-08-08,以及北方华创官网公告,载http://www.naura.com/index.php/news/news_art/1533.html。

华州法律成立的有限责任公司，在半导体湿法清洗技术领域发展较为成熟，其产品主要面向集成电路芯片制造、硅晶圆材料制造、微机电系统、先进封装等领域。

与一般的股权收购不同，本次交易形式为资产收购，为此目的，北方华创微电子将在美国新设立一家全资子公司（美国新公司），由美国新公司以现金方式购买资产出售方 Akrion Systems 全部清洗设备业务相关资产。北方华创微电子（通过美国新公司）购买的 Akrion Systems 资产包括 Akrion Systems 持有的下属实体的权益（包括设在新加坡的一家子公司以及设立在中国台湾地区和韩国的两家孙公司）、相关知识产权、合同、存货、负债、人员及相关业务事项（统称为“标的资产”），交易完成后，北方华创微电子直接持有美国新公司全部 100% 的股权，美国新公司将直接持有全部标的资产 100% 的权益。北方华创微电子收购美国 Akrion Systems LLC 股权架构图如图 1 所示。

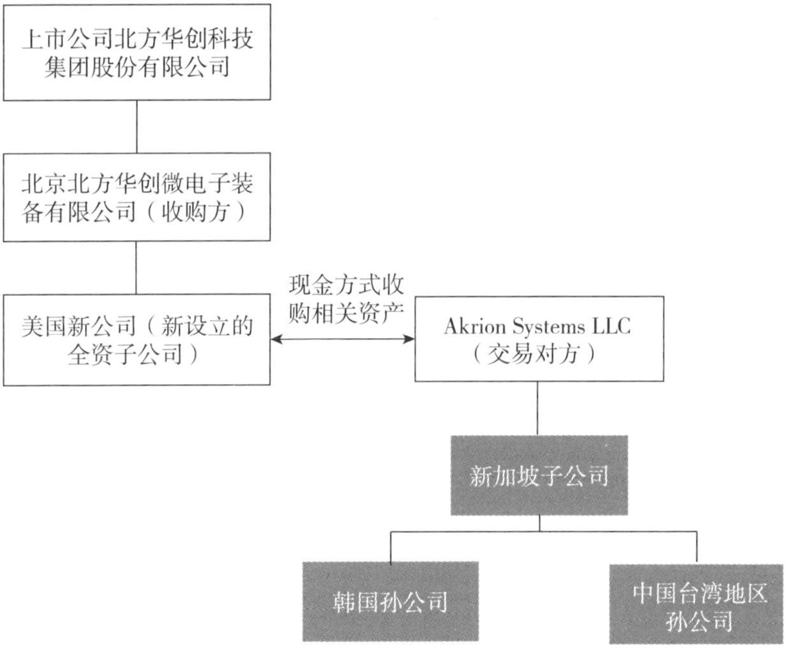

图 1　北方华创微电子收购美国 Akrion Systems LLC 股权架构图

本次交易标的资产的最终交易价格为 1500 万美元，其中 1200 万美元支付给 Akrion Systems，相关的权利义务由《资产购买协议》约定；剩余 300 万美元支付给 Akrion Systems 两个高管股东以及其他 B 类单元持有者，相关的权利义务由《或有付款协议》约定。

截至2018年1月16日,就本次交易,北方华创微电子完成中国境内全部审批程序(包括国资部门、发改委、商务委、外管/银行等部门的审批/备案/登记)以及境外审批程序(主要为CFIUS审批),交易各方正式签署资产交割相关文件。

2. 交易涉及的境内外行政审批

根据北方华创的公开披露信息①,本次交易涉及的境内外行政审批程序主要包括:

(1)收购方主管国资部门对本次交易涉及的国资评估相关事项以及国资行为之审批。

(2)北京市商务委员会对本次交易涉及的北方华创微电子境外投资事项的备案。

(3)北京市发展和改革委员会对本次交易涉及的北方华创微电子境外投资事项的备案。

(4)北方华创微电子注册地的外汇管理部门或其授权银行对本次交易涉及的北方华创微电子境外投资事项的外汇登记。

(5)美国外资投资委员会(Committee on Foreign Investment in the United States)对本次交易的批准。

(6)中国台湾地区经济部投资审议委员会对本次交易涉及的台湾地区子公司相关变更事项的批准。

值得注意的是,北方华创微电子CFIUS通行证的取得时间正是特朗普当局进一步强化对中国投资审查的敏感时期,同时,由于此次收购涉及半导体等敏感行业,再加上北方华创微电子的国资背景,使本项目的CFIUS审查更加复杂。此前,多家中资企业在美投资曾因未通过CFIUS审查折戟。基于此,北方华创微电子此次取得CFIUS审批,也为中资企业在美并购打了一剂强心针。

经过总结,我们理解本次交易取得CFIUS审批通过主要得益于:

(1)北方华创微电子对CFIUS审查的高度重视。由于大部分中国企业对于CFIUS不甚了解,更有甚者忽略其为在美收购的一环,在此背景下,在美收购因CFIUS审查导致功亏一篑也就不难理解了。与之不同,在本次收购过程中,北方

① 《北方华创科技集团股份有限公司收购资产的公告》,载http://www.cninfo.com.cn/cninfo-new/disclosure/szse_sme/bulletin_detail/true/1203770628?,最后访问日期:2017年8月8日。

华创微电子组建了一支专业的项目团队，在申报并购的前期完成了大量细致、深入的工作，将应对 CFIUS 审查作为收购环节的重中之重，并在申报过程中对 CFIUS 组织的多轮问询进行了如实、客观、快速的反馈，提升了当地政府对公司信任度和认可度。从商业角度上，北方华创微电子也在不断释放正面信号，向美国当局表达其准备在当地进行资金投入与技术研发的规划意愿，该安排在一定程度上有利于推进当地就业与税收，不仅打消 CFIUS 对本次收购威胁美国发展的疑虑，反而有效协同了中美两地利益，可谓人心所向。

（2）他山之石，可以攻玉。对于美国等半导体先进国家而言，Akrion Systems 的规模和技术都未列于本国一流行列，但是对于北方华创微电子和国内大部分企业，却是急需的硬件和技术经验；采他人之长，补自我之短，本次收购对于北方华创微电子而言意义重大。

（3）小体量收购更易破冰。由于本次收购金额仅为 1500 万美元，一般而言，此类交易不会引起 CFIUS 审批部门的过度关注，有助于中国企业从小体量交易入手逐步完成“走出去”。

三、项目经验与建议

综上，结合本次交易以及我们此前其他项目上的经验，我们建议中国企业在面对 CFIUS 审批时亦须特别关注如下事项：

1. 全面分析、逐个击破。交易前对收购标的从行业、应用领域、地理位置等进行全面分析，包括：（1）交易标的所处领域是否涉及与美国国家安全相关的敏感行业（如蚂蚁金服收购速汇金之失败案例侧面证明敏感行业是 CFIUS 的监管重点）。（2）交易标的是否被美国政府所应用（如中国国有基金控制的 Canyon Bridge CapitalPartners 收购美国芯片制造商莱迪思之失败案例侧面证明被收购企业之产品若为美国政府等所大量应用，则 CFIUS 将进一步收紧审批尺度）。（3）交易标的的地理位置是否在美国重要军事基地附近等。此外，收购方的历史合规记录亦是核查要点。

2. 知己知彼，百战不殆。了解 CFIUS 的顾虑并打消 CFIUS 的顾虑，是取得 CFIUS 最终审批的关键要素之一，因此，积极与 CFIUS 开展非正式沟通可以成为了解 CFIUS 态度的重要渠道。通过非正式沟通有助于中国企业了解 CFIUS 对交易的看法，交易双方通过非正式沟通可以了解到 CFIUS 认为交易可能威胁国家安全的原因,以及消除他们顾虑的方式等,有助于企业在应对 CFIUS 正式审查时,提前做好各方面的准备、提高交易的成功率。

3. 化繁为简、事半功倍。真实客观答复 CFIUS 相关问题,取得其信任。CFIUS审查并非简单地遵章行事,一方面,其将根据中美两国的局势调整审查尺度;另一方面,CFIUS 对于审查具有极大的自有裁量权,若中国企业能够取得其信任,则可在一定程度上化繁为简、事半功倍。

四、结语

鉴于 CFIUS 审批呈现长期收紧状态、对于中国企业更是越发严格,政策监管和特殊监管的环境下,就要求各企业更注重其在境外投资方面的合规性,以保证其能顺利地"走出去"和持续性地符合"走出去"的相关规定。我们建议各企业在实施境外投资项目前尽早咨询专业机构,并保持与境内外监管部门的积极沟通。

4

并购与反垄断

反垄断申报或成并购交易的关键一役*

——蒙牛乳业收购现代牧业股份交易案分析

项目团队主要合伙人**

** 作者简介：

薛　熠　合伙人

中伦律师事务所北京办公室

xueyi@ zhonglun. com

* 声明：本案的信息来源为蒙牛乳业（股票代号：2319）在香港联合交易所与巨潮资讯网上公开披露的相关信息。

一、引言

从反垄断执法机构近年来披露的案件情况来看,每年审结的经营者集中申报案件呈持续增长的态势,经营者集中申报审查领域的反垄断执法工作高度活跃。实践中,作为并购交易交割前要闯过的最后一道审批关卡,[①]反垄断审查与交易本身的关系日益复杂,很多时候,其已不再是一项可以在协议签署后按部就班取得的政府审批事项,而是需要在交易早期启动筹划、后期需要交易各方努力促成的一项交易条件。具体而言,交易各方普遍会将取得经营者集中申报审批作为交易交割的一项先决条件,而在一些跨境竞购交易中,境外卖方有时会进一步要求境内买方承诺在协议签署后很短的时间内提交经营者集中申报,否则将触发违约条款,甚至还会设置在一定期限内无法通过反垄断审查将触发撤销交易的条款。除了交易卖方通过交易协议施加的时间压力外,其他司法区域会对特定交易的交割设定法定的时限,而这将在很大程度上与中国反垄断审查的时间发生冲突。根据笔者的观察,在一些重大的跨境交易中,经营者集中申报或将成为交易成功与否的关键一役。无论对申报方还是对反垄断律师而言,在极短的时间内组织申报并获得批准均是一项不小的挑战,在集中各方市场份额较高的"普通程序案件"中尤其如此。笔者所在团队曾在2017年成功协助中国蒙牛乳业有限公司(以下简称蒙牛乳业)在公司要约收购的法定时限内完成了要约收购中国现代牧业控股有限公司(以下简称现代牧业)的经营者集中申报,为交易成功完成提供了有力支撑。本文拟以该项交易为例讨论和分享此类交易中经营者集中申报的难点和经验。

---

① 《中华人民共和国反垄断法》第二十条规定:"经营者集中是指下列情形:(一)经营者合并;(二)经营者通过取得股份或者资产的方式取得对其他经营者的控制权;(三)经营者通过合同等方式取得对其他经营者的控制权或者能够对其他经营者施加决定性影响。"

国务院《关于经营者集中申报标准的规定》第三条第一款规定:"经营者集中达到下列标准之一的,经营者应当事先向国务院商务主管部门申报,未申报的不得实施集中:(一)参与集中的所有经营者上一会计年度在全球范围内的营业额合计超过100亿元人民币,并且其中至少两个经营者上一会计年度在中国境内的营业额均超过4亿元人民币;(二)参与集中的所有经营者上一会计年度在中国境内的营业额合计超过20亿元人民币,并且其中至少两个经营者上一会计年度在中国境内的营业额均超过4亿元人民币。"

二、案件的基本情况

（一）交易背景

2017 年 1 月 4 日，蒙牛乳业与 Success Dairy 签订协议，蒙牛乳业受让 Success Dairy 所持有的现代牧业约 16.67% 股份。上述股份转让完成后，蒙牛乳业将持有现代牧业 39.9% 股份，同期另外一项增发交易完成后，蒙牛乳业将持有现代牧业 37.7% 股份。根据香港《公司收购、合并及股份购回守则》（以下简称收购守则），"持有或合共持有一家公司 30% 或以上的投票权，不论该（等）持有量是否构成实际控制权"将招致"作出全面要约的责任"。简言之，蒙牛乳业通过先前交易已经触发了全面要约收购现代牧业股份的义务。受让现代牧业 16.7% 股份的交易交割后，蒙牛乳业于 2017 年 2 月 14 日按照收购守则的规定，发布"全面收购要约"。根据收购守则，蒙牛乳业在要约期满后有可能面临以下两种情形：

其一，接受要约人所持股份比例与要约人所持股份比例之和超过 50%，则强制全面要约成功，且要约必须转为无条件，蒙牛乳业必须收购全部接受要约的股东持有的股份。

其二，接受要约人所持股份比例与要约人所持股份比例之和小于或等于 50%，则强制全面要约失败，蒙牛乳业无须收购接受要约的股东持有的股份，仅保留现本次交易完成后合计持有的 37.7% 股份。

如最终结果为情形一，公开要约收购取得成功，蒙牛乳业将获得现代牧业 50% 以上股份，从而取得现代牧业的控制权，该要约收购构成了中国反垄断法项下的经营者集中并达到了申报标准，交易实施前须取得商务部反垄断局的批准。如最终结果为情形二，公开要约收购失败，蒙牛乳业未取得现代牧业的控制权，无须进行经营者集中申报。

（二）项目难点

对于本次交易的经营者集中申报，我们面临着实体和程序方面的诸多挑战。

首先，蒙牛乳业与现代牧业均为中国乳制品市场的领先企业，现代牧业还是原料奶市场的重要供应商，本次交易不仅会导致较高市场份额的横向重叠，还会产生纵向一体化效应，从双方的市场份额情况来看，本次交易将适用普通案件审查程序，并很可能引起反垄断执法机构显著的竞争担忧。

其次,本次交易还面临着申报程序上的不确定性。香港证券法规对于公开要约收购完成有时限要求,需要在较短的时间内完成交割,而经营者集中申报审查的期限较长,本次交易应适用普通申报程序,审查时限至少要长达4~6个月,两项程序的期限存在冲突,而反垄断执法机构的审查实践中尚未有协调两项程序的先例。按照香港证券法规的要求推算本次交易的时间表,本次交易于2017年2月14日发出公开要约,应不晚于2017年4月6日交割。由于发出公开要约之日方具备申报条件①,对于反垄断执法机构而言,其仅有2个月的时间完成适用普通案件程序的交易的审查,加之案件实体审查方面的复杂性,可谓时间紧迫。

反垄断执法机构在公开要约收购交易的时间框架内完成审查离不开申报方的全力配合,在这种情况下更需要反垄断律师准备高质量的申报文件,减少反复补充文件和资料带来的时间消耗,并组织有力的材料消除反垄断执法机构对本次交易的竞争担忧。

三、申报难点分析与处理

如前文所述,本次申报面临诸多难点,笔者将从申报程序和竞争分析两个方面展开分析。

(一)申报程序

蒙牛乳业收购现代牧业约16.67%股份交易的前夕,我们作为反垄断顾问首次介入,在了解到交易后将触发全面要约收购及可能的交易结果后,我们向客户解释了本次交易在经营者集中申报程序方面的复杂性,并建议客户尽快启动与商务部反垄断局的商谈程序,②请求反垄断局对本次交易的申报给予指导。为此,我们迅速为客户准备了商谈申请,并于收购现代牧业约16.67%股份交易协议签署的当日递交了商谈申请(交易具有确定性是商谈申请被接受的前提)。在商谈中,

---

① 《关于经营者集中申报的指导意见》(2014年修订)第十四条规定:“申报人应当在集中协议签署后,集中实施前向商务部申报。以公开要约方式收购上市公司的,已公告的要约收购报告书可视同为已签署的集中协议。”

② 《关于经营者集中申报的指导意见》(2014年修订)第九条规定:“在反垄断局决定立案审查前,经营者可就已申报或拟申报的经营者集中,向反垄断局申请商谈。反垄断局将根据商谈申请方提供的信息,就其关心的问题提供指导意见。商谈不是经营者集中申报的必经程序,经营者自行决定是否申请商谈。”

我们代表客户重点提出了以下关键问题。

1. 澄清蒙牛乳业取得现代牧业约16.67%股份不构成控制权取得

取得现代牧业约16.67%股份后，蒙牛乳业已持有现代牧业约37.7%股份，是现代牧业的第一大股东。为顺利推进后续交易及申报，必须主动澄清该项交易本身不构成控制权取得，仅在后续全面要约成功取得50%时方构成控制权取得，否则先前交易将构成未依法申报的交易。我们在商谈时就现代牧业的控制权结构进行了说明，并取得了反垄断局对我们主张的认可。

2. 就本次交易以何时作为申报时点请求反垄断局的指导

考虑到申报的前提之一是交易具有确定性，而发出要约之日尚无法获知蒙牛乳业最终能否获得50%以上股份，那么，本次交易最早的申报时点，应为强制全面要约发出之日还是能够确定要约收购获得成功之日？尽可能早的申报时点意味着审查拥有更充分的时间，更有利于反垄断局在交易的法定交割时限内完成审查，我们主张要约收购以要约发出之日为最早申报时点，亦获得了反垄断局的认可。

3. 就协调反垄断审查时限与本次交易交割的法定时限的冲突请求反垄断局的指导

完成公开要约的期间受香港相关法规约束，而经营者集中申报审查的期限较长，我们希望探讨有无可行的方式协调、衔接经营者集中申报审查时限与本次交易的交割时限？避免因遵守香港证券法而导致未依法申报。商谈中，我们提出了两种方案：

其一，在不会对相关市场造成显著不利影响的前提下，对受限于交易交割法定时限的交易给予特别豁免，在反垄断审查过程中允许其先行交割股份，但不进行经营决策层面的控制，待反垄断审查通过后再行使控制权。

其二，反垄断局在程序允许的范围内给予时间上的便利，包括在具备申报条件之前就市场界定及竞争分析等申报的核心内容与反垄断局进行预沟通，最大限度地节省正式申报后的审查时间。

最终，反垄断局接受了第二项方案，在商谈会议中确定了后续的工作机制和沟通渠道，为后续迅速获得批准奠定了良好的基础。

（二）竞争分析

除了时间上的紧迫压力，本次交易的申报在市场界定的竞争分析方面也是困难重重。

1. 相关市场界定:市场界定的细分趋势明显

我们就相关商品市场的界定与审查官员进行了多轮深入的沟通与讨论。就双方重叠的液态奶产品,严格按照需求替代性分析的理论,我们以纯牛奶、酸牛奶、风味牛奶、牛奶饮料为口径进行了初步的细分,并在纯牛奶产品项下,按照生产工艺的差异,进一步将商品市场细分为超高温灭菌奶和巴氏杀菌奶,并最终界定了超高温灭菌奶和酸奶市场;就纵向关系,进一步界定了上游原料奶市场。在地域市场界定方面,根据商品的特性和实际运输半径,我们将原料奶产品的地域市场界定为销售半径覆盖的区域市场。整体界定方案如表1所示。

表1　相关市场的整体界定方案

相关市场	界定方案	主张/理由
相关商品市场	超高温灭菌奶市场	无须分为全脂奶、低脂奶及脱脂奶; 无须分为基础超高温灭菌奶与中高端超高温灭菌奶(仍被要求提供市场数据)。
	酸奶市场	无须分为原味酸奶与调味果料酸奶。
相关地域市场	超高温灭菌奶:中国市场	常温下保存且保质期时间长,一方面没有运输半径限制;另一方面无须冷链运输,运输成本较低。
	酸奶:中国市场	在保证酸奶、酸奶饮料适销性的前提下,最远运输距离可以达到3200多公里左右(大约为从北京到三亚的距离),而运输成本通常只占总成本的8%左右。
	原料奶:销售半径所覆盖的区域市场,至少为各省内市场	原料奶保质期较短,一般可以在4℃下保存24小时(最长不超过36小时);多数情况下原料奶的经济运输半径在200公里左右,少数情况下运输半径可以达到500~600公里。

2. 单边效应分析:多角度的有效抗辩是关键

蒙牛乳业和现代牧业在超高温灭菌奶市场的合计市场份额较高,为证明本次交易的横向市场重叠不具有限制竞争效果,需要从多角度证明存在抵消单边效应的因素。为此,我们从市场结构、其他竞争者扩大产能、增加供应的动机和能力、进口产品的竞争约束、相似产品的竞争约束、市场进入的竞争约束、乳制品行业的特殊性以及价格弹性分析等角度提出了多角度的分析与抗辩。

3. 封锁效应:从行业特殊性出发

受限于销售半径,原料奶产品的地域市场为区域市场。因牧场分布的自然属性,现代牧业在某一省份的市场份额极高,构成了产生封锁效应的表面证据。针对这一不利事实,我们以原料奶行业的现实情况为切入点,结合反垄断理论,进行了抗辩。经营者集中申报审查的重点是交易前后对市场竞争影响的变化,而我们发现,在本次交易以前,现代牧业的原料奶除自用外即长期大量供应蒙牛乳业,因此无论上游市场份额多高,本次交易都不会影响相关原料奶市场的供应结构。

本次交易的竞争效果评估广泛涉及反垄断竞争分析的方方面面,除了常规的单边效应分析、封锁效应分析外,我们还被要求就中国超高温灭菌奶市场进行一般经营者集中申报中很少涉及的协同效应分析,这也再次证明了本次交易申报的复杂性。尽管如此,我们运用反垄断理论提出了有效的抗辩,消除了反垄断局的竞争担忧,并在整个过程中与反垄断局保持密切的沟通和高效的响应速度,最终使这样一项复杂案件在递交申报后的一个半月后即获得了无条件批准。

四、结语

> 对于一项需要申报的并购交易,迅速组织申报并快速获得反垄断审查批准是确保交易顺利交割,节约交易成本的关键因素之一,准备形式上符合要求的申报文件并按照流程递交申报文件的传统做法已难以满足现实的交易需要,取而代之的是将反垄断申报纳入整体的交易流程体系统筹规划。尤其是对于那些达到申报标准的重大、复杂的并购交易,尽早引入反垄断律师团队,制定可行的申报策略,并高效率、高质量地准备申报文件,是顺利推进审查进程的有力保证。

从整个申报过程来看,我们认为以下几点是取得快速批准的重要因素:

1. 对于重大、复杂或时间紧迫的申报案件,尽早启动申报的准备工作,并在必要时申请商谈,在申报的重要事项上提前与反垄断局达成一致,节省后续的审查时间。

2.在反垄断审查的基础理论和一般分析框架的基础上,在竞争分析中重视挖掘行业的特殊性。

3.对于相关市场界定或是其他中国反垄断法律法规未明确规定的事项,做好其他司法区域特别是欧盟地区的法律调研,为反垄断局审查案件提供理论支撑。

南海控股收购英国知名品牌 Crabtree Evelyn 项目之案例解析*

项目团队主要合伙人**

** 作者简介：

李海容 合伙人

中伦律师事务所北京办公室

lihairong@ zhonglun. com

杨卫华 合伙人

中伦律师事务所北京办公室

yangweihua@ zhonglun. com

---

* 声明：本案的分析主要基于南海控股有限公司（Nan Hai Corporation Limited，香港联合交易所上市公司，股票代码：00680. HK，以下简称南海控股或公司）就本次交易在香港联合交易所公开披露的信息。信息来源主要为：

（1）于2015年12月15日披露的《有关收购（1）销售股份及（2）销售优先股之主要及关联交易》；

（2）于2016年3月4日披露的《押后主要及关联交易之最后截止日期》；

（3）于2016年3月16日披露的《有关主要及关联交易之补充协议》；

（4）于2016年4月22日披露的《主要及关联交易延迟寄发通函》；

（5）于2016年5月26日披露的《可能押后最后截止日期及进一步延迟寄发有关主要及关联交易之通函》；

（6）于2016年6月17日披露的《有关进一步押后最后截止日期及完成日期之第二份补充协议及进一步延迟寄发有关主要及关联交易之通函》；

（7）于2016年8月25日披露的《有关收购（1）销售股份及（2）销售优先股之主要及关联交易及股东特别大会通知》。

重点综述:收购方南海控股是一家多元化投资控股企业集团,卖方 CE Holdings Limited,是一家投资控股公司,拥有著名品牌 Crabtree & Evelyn之全球业务。Crabtree & Evelyn 是一个拥有 40 多年发展历史,专注于优质个人护理产品及日常家居用品的生产经营的全球个人消费品牌。本次南海控股收购 Crabtree & Evelyn 将全面开启南海控股旗下大地影院的"电影+创意零售"战略的序幕。本次交易的基础对价为 165,000,000 美元,其中南海控股之全资子公司鸿采(GGC)收购约 70% 的标的股份,约 30% 的标的股份由独立第三方投资公司 Orange Blossom Limited 收购。

一、引言

当今的中国,是全球发展潜力最大、发展速度最快、新兴消费增速最高、品质消费升级潜力最大的消费市场。未来十年,将是中国大众消费市场升级的巨变时期,大众消费的重心将由满足衣食住行需求为导向的基础物质消费,逐步过渡到以追求高品质产品与服务。基于此南海控股以旗下大地影院为核心启动了"电影+"战略,致力打造"电影+创意零售""电影+创意餐饮""电影+创意互联网"等多业态经营的体验式影院生态圈,其必然趋势就是展开多元化收购。①

企业跨境并购中,通常交易对价较大,标的公司所涉司法区域广泛,往往涉及多个司法区域律师团队的配合工作以及牵涉是否触及相关司法区域的反垄断申报等问题。近期,我们团队协助客户完成了一例境外收购案件。希望借本文这一案件与大家分享境外企业并购中需要注意的一些法律和实践问题。

二、基本案情

2015 年 12 月 15 日,香港上市公司南海控股于香港证券交易所宣布,连同一家独立第三方投资公司(Orange Blossom Limited)一起,与 C&E Capital Ltd. 签订

① 参见南海控股有限公司官网:《南海控股收购 Crabtree & Evelyn,助力旗下大地影院开启"电影+"战略》,载 http://www.nanhaicorp.com/news_detail/newsId=127.html,最后访问日期:2015 年 12 月 16 日。

一项有条件的买卖协议，以代价约 1.75 亿美元（相当于 13.56 亿港元）收购 CE Holdings Limited 全部已发行股份共 114,249,495 普通股以及 C&E Capital Ltd. 实际持有的 Crabtree & Evelyn, Ltd. 和 Crabtree & Evelyn（Overseas）Limited 全部已发行可赎回优先股之 100% 权益（以下合称标的股份）。其中，约 70% 的标的股份由南海控股之全资子公司鸿采（GGC）收购，约 30% 的标的股份由独立第三方投资公司 Orange Blossom Limited 收购。2016 年 3 月 16 日，南海控股于香港证券交易所公告本次交易对价由 175,000,000 美元调整为 165,000,000 美元。2016 年 9 月 30 日，本次交易完成交割。海南控股股权架构图如图 1 所示。

图 1　海南控股股权架构图

南海控股是一家多元化投资控股企业集团，透过旗下大地传播、南海发展和中国数码（联交所股票代码：0250）三大业务板块持续深耕于文化传播业务、房地产开发及企业 IT 服务。

CE Holdings Limited 是一家投资控股公司，拥有著名品牌 Crabtree & Evelyn 之全球业务。Crabtree & Evelyn 是一个拥有 40 多年发展历史，专注于优质个人护理产品及日常家居用品的生产经营，其销售网络遍布全球。收购完成后，CE Holdings Limited 将成为南海控股之非全资附属公司。[①]

中伦作为本项目法律尽职调查等法律事项的牵头律师事务所，主导目标公司

① 证券时报网：《南海控股布局“电影 + ”战略，收购 Crabtree & Evelyn》，载 http://news.stcn.com/2015/1216/12514163.shtml，最后访问日期：2015 年 12 月 16 日。

所分布的20多个重点司法区域内的律师及中介机构对标的公司进行了法律尽职调查、反垄断分析及申报以及商标核查工作,确保了交易的顺利推进。

三、法律分析

本次交易中,牵涉中国大陆、中国香港特区、美国等主要经营区域是否需要向当地反垄断审查机构申报的问题。若一旦触及反垄断申报,则相应的交易时间可能会延长。

为此,相关标的国的律师对此交易是否需要进行反垄断申报出具了分析意见。以中国大陆为例,在分析是否触及反垄断申报时,主要的分析要素如下(见图2)。

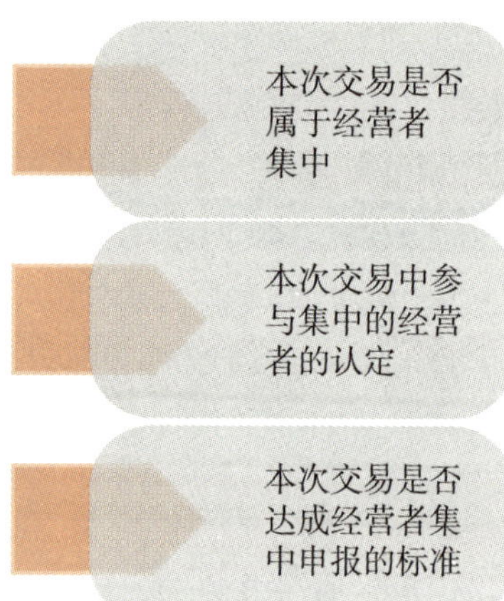

图2　反垄断申报的主要分析要素

1. 关于本次交易是否属于经营者集中

根据《关于经营者集中申报的指导意见》第一条第二项的规定,经营者集中是指"经营者通过取得股权或者资产的方式取得对其他经营者的控制权"。

本次交易中,南海控股和第三方投资公司将分别从卖方公司处受让标的公司70%、30%的股权,本次交易完成后,南海控股将取得对标的公司的控制权,因此,本次交易属于中国反垄断法意义上的"经营者集中"。

2. 关于本次交易中参与集中的经营者的认定

根据《经营者集中反垄断审查申报表》注释2的规定,"在既存企业的基础上通过交易形成合营企业的”“如既存企业在交易前由一个经营者单独控制，交易后所有有控制权或者能够施加决定性影响的经营者为参与集中的经营者”。

同时，根据《关于经营者集中申报的指导意见》第三条的规定，判断经营者是否通过交易取得对其他经营者的控制权或者能够对其他经营者施加决定性影响（以下统称控制权），取决于大量法律因素和事实因素，包括交易前后其他经营者的股权结构及其变化、其他经营者股东大会的表决事项及其表决机制、其他经营者高级管理人员的任免等、是否存在委托行使投票权、一致行动人等。

本次交易完成后，南海控股受让70%之标的公司股权，将取得对标的公司的控制权，因此，南海控股和标的公司属于参与集中的经营者。而对于第三方公司是否属于本次交易中参与集中的经营者，则须判断交易后第三方公司是否会取得对标的公司的控制权或者能对标的公司施加决定性影响。鉴于本次交易完成后，南海控股和第三方公司分别持有标的公司70%和30%的股权，且根据南海控股提供的资料，第三方公司并不会取得对标的公司的控制权或者能够施加决定性影响，基于上述规定，我们认为，第三方公司被主管部门认定为属于本次交易中参与集中的经营者的风险较低。

3. 关于本次交易是否达到经营者集中申报的标准

根据《国务院关于经营者集中申报标准的规定》之相关规定以及南海控股的说明，本次交易中参与集中的经营者南海控股在中国2015年度的营业额超过20亿元，但目标公司在中国2015年度的营业额并未达到4亿元的标准，因此，本次交易不符合《国务院关于经营者集中申报标准的规定》规定的营业额标准，本次交易无须在中国境内进行经营者集中申报。

四、项目特点

本项目标的公司众多，遍布全球20多个司法区域。为确保本次交易的顺利完成，中伦作为牵头律师事务所，为客户量身打造了由20多个司法区域的境外中介机构共同组成的项目法律团队。标的公司所涉司法区域广泛，这也是本次收购交易的特点之一，对办案律师的工作效率、专业水平和协调能力的要求都很高。20多个司法区域分别分布在欧洲、亚洲、大洋洲、美洲，要求作为牵头律所的中伦需要对应不同国家的时区及工作时间安排和落实工作，以保证法律工作顺利进行。

中伦在牵头及协调法律工作的过程中,根据不同的司法区域,负责联络境外律师进行报价、制作境外律师工作时间表、讨论确定尽调资料清单,协助客户审阅各司法区域的尽调报告、统和境外各国的工作成果,保证工作质量和效率,最终顺利地在限定的短期时间内完成了20多个司法区域的法律尽调工作、反垄断分析及商标核查工作等法律服务。

五、律师建议

海外并购涉及的目标公司往往在全球拥有子公司、机构或资产,由于各国法律制度的差异,并且通常会牵涉各标的国的审批事宜,为顺利完成交割,收购方通常会在涉及的相关国家聘请律师事务所进行该国(或地区)范围内的尽职调查及相关政府审批工作。为方便协调各标的国的工作进度,提高前期法律工作效率,预防法理风险,我们建议客户选择一家具备良好的沟通协调能力以及全球化视角的牵头律师事务所协调相关法律工作,为客户统筹安排尽职调查范围、要求、进度、项目审批等事宜,为项目之促成做好法律保障工作。

混合合并交易反垄断申报相关问题解析*

——以机构改革后首起附条件获批的陆逊梯卡集团与依视路合并案为例

项目团队主要合伙人**

** 作者简介：

余昕刚　合伙人

中伦律师事务所北京办公室

scottyu@ zhonglun. com

蒋蕙匡　合伙人

中伦律师事务所北京办公室

jianghuikuang@ zhonglun. com

* 声明：本案例分析基于中伦参与案件的过程以及国家市场监督管理总局（以下简称市场监管总局）于2018年7月25日发布的关于附加限制性条件批准依视路国际与陆逊梯卡集团合并案反垄断审查决定的公告，其中非公开信息已作适当处理。

重点综述:本案所涉交易为全球最大的两家眼镜企业陆逊梯卡与依视路的合并交易,其中前者主要从事眼镜镜架和太阳镜业务,后者主要从事眼镜镜片业务。本次交易属于涉及有限横向重叠、纵向关系的混合合并。审查过程中,反垄断局向各相关方征求了意见,在横向重叠不明显、合并市场份额相对不高的情况下基于中国市场和行业的特点综合分析了本案所涉交易双方的市场力量、潜在的封锁效应和传导效应等,最终经过多轮协商沟通达成行为性救济以解决潜在竞争问题。

一、引言

确保及时获得包括中国在内的多法域的反垄断批准一直是顺利推进大型国际并购交易的主要难题之一。特别地,随着中国反垄断审查经验的不断丰富、审查能力的不断提升,中国反垄断审查机关对于大型国际交易对国内市场影响的审查也越来越自信而细致。

本次反垄断申报所涉交易是陆逊梯卡集团与依视路国际合并交易,合并双方均为眼镜行业的领先者。就眼镜行业而言,我国眼镜市场规模庞大且增长潜力巨大。据统计,2016 年中国眼镜行业销售收入达 330 亿元,预计到 2022 年将达 547 亿元。但总体上,中国眼镜行业的分销渠道较为分散,本土眼镜企业的市场竞争力相对有限。因此业内对于此案自始均高度关注。

在此背景下,本案历时一年多,审查过程中经历了国家反垄断执法机构改革,是商务部、国家发改委和原工商总局三家反垄断执法机构合并进入国家市场监管总局之后审结的第一起附加限制性条件批准的案件,对于后续国际交易(特别是混合并购交易)的经营者集中申报具有重要的参考意义。

二、案件简介

本案所涉交易为陆逊梯卡(一家总部在意大利的世界领先眼镜产品供应商)与依视路(世界上最大的镜片供应商之一)的合并交易,交易完成后将合并成一家市值超过 500 亿欧元的全球最大眼镜企业。

陆逊梯卡于 1981 年成立于意大利,是世界知名的眼镜生产商。其零售部门于 2006 年进入中国,通过雷朋、亮视点等品牌,开展镜架、太阳镜和镜片与其他第三方品牌的隐形眼镜的零售业务。此外，陆逊梯卡的批发部门于 2008 年进入中国，通过陆逊梯卡（上海）向国内眼镜店铺批发太阳镜和光学镜架，至今已经颇具规模。

依视路于 1971 年成立于法国，是世界知名的眼镜生产商，业务覆盖的 100 多个国家。依视路于 1995 年进入中国，在上海附近设立了第一家生产工厂以满足逐渐壮大的亚洲市场，后通过一系列收购与新建合营企业，发展至今已成为中国最大的眼镜生产商和销售商之一，业务线覆盖光学镜片、光学镜架、太阳镜批发和眼镜产品零售，其旗下的知名品牌包括暴龙、木九十等。

依视路和陆逊梯卡于 2017 年 1 月 15 日签署了合并协议。作为交易交割的前提条件，本次交易需在包括中国、美国、欧盟在内的 20 余个法域获得反垄断审查批准。在中国，该交易于 2018 年 7 月 25 日获得附条件批准。该交易于 2018 年 10 月 1 日完成交割。所附加限制性条件的承诺实施期限为 5 年。

三、本案审查过程

本案于 2017 年 8 月 17 日获得商务部正式立案，并开始初步审查。在法定的三个阶段审查期限届满时，交易双方为配合商务部审查，申请撤回案件，本案于 2018 年 3 月 7 日再次立案。本次交易最终于 2018 年 7 月 25 日，在撤回重报后的审查延长阶段（第三阶段）获得批准。

在中国反垄断审查的过程中，本次交易于 2018 年 3 月同时得到的美国和欧盟的无条件批准。截至 2018 年 5 月，本次交易获得了除中国之外所有法域的反垄断的批准。

中伦在长达一年多的审查中，代表客户回答了数十轮补充问题，参与了十余次现场会议，向审查机关展示了扎实的专业能力。同时，针对利益相关方的反对意见，中伦协助客户提出了有效的抗辩理由。在执法机关确定了竞争担忧后，中伦又根据客户商业战略的需要，协助客户制作并提出了合理的行为性救济方案。

此外，在本案审查过程中，市场监管总局通过问卷、走访等形式进行大量市场调研，与其他主要法域反垄断审查机关就本案进行交流，并聘请经济学家就竞争影响进行经济学分析。本案审查过程时间轴如图1所示。

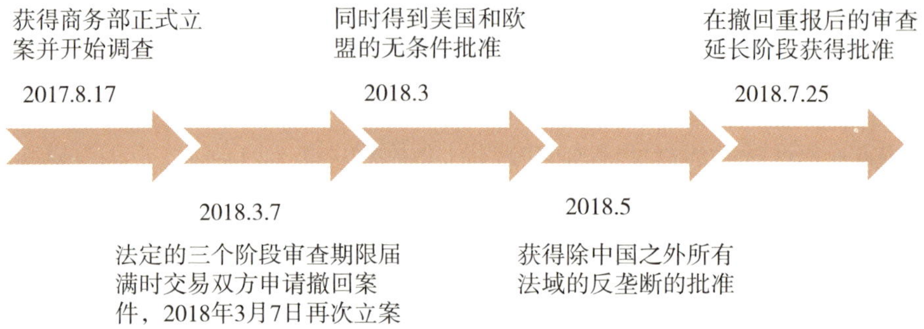

图1　本案审查过程时间轴

四、本案审查所涉主要竞争问题

反垄断审查的核心包括相关市场界定以及竞争分析，本案在这两个方面均有较强的特色和借鉴意义。此外，本案在审查过程中，市场监管总局运用了市场调研、经济分析等辅助进行竞争分析，并最终附加行为性救济。

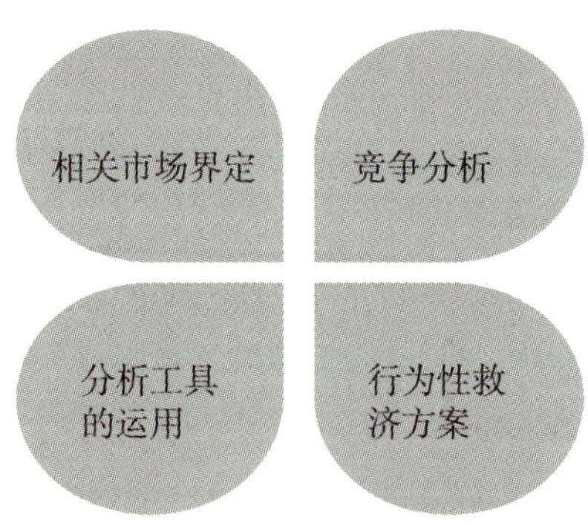

图2　本次反垄断审查核心问题

1. 相关市场界定

本案中，考虑到双方的业务，双方在光学镜片、光学镜架、太阳镜批发和眼镜产品零售存在横向重叠。同时，光学镜片、光学镜架、太阳镜的批发与眼镜产品零售存在纵向关联;光学镜片、光学镜架和太阳镜的批发、存在相邻关系。因此,以上所述业务为本案讨论的相关市场范围。

一般而言,相关产品市场可从功能、材质、规模、产品定位(高中低端)考虑是否需要进行细分。对于本案而言,市场监管总局在审查中与交易双方了解了所涉产品的多种细分可能性,并最终将审查重点放在依价格进行细分上,并考察了多个价格区间的合理性,并在决定中将相关市场界定为中高端/低端镜片、镜架、太阳镜批发市场。目前依照价格细分市场在所有附加限制性条件批准的案件中,尚未有这样的先例。

2. 竞争分析

首先,从市场份额来看,本次交易所涉交易双方在几个被认定有竞争问题的市场合计市场份额分别为40%~45%、30%~35%、35%~40%,与以往附加限制性条件批准的先例中通常50%以上的份额相比不高。与其他考察的相关市场比较可看出,市场监管总局很可能将更低的数字结合其他考量因素作为一个判断是否存在重大市场力量的标准。

其次,评估市场力量时,决定中明确指出集中消除了两家领先竞争者的潜在竞争,进一步加强了集中后实体在各相关市场的控制力。通常而言,评估市场力量着重考察现有竞争以及双方是否为紧密竞争者。然而,本案中虽然双方的竞争紧密程度不高,在任一相关市场增量均十分有限,市场监管总局仍着眼于双方实践中显示出的进入对方强势市场的趋势,并将该等潜在竞争作为考察横向重叠的重要因素。从现在的竞争关系延伸至未来可能的竞争关系,也是市场监管总局在本案中的一个较为创新的少见举措,也反映了执法机构的竞争影响评估的进步和完善。

最后,虽然本案同时存在横向重叠和纵向关系,本案最受利益相关方以及普通消费者关注的性质仍是其互补性——陆逊梯卡的传统优势太阳镜和光学镜架与依视路的传统优势镜片之间的互补关系。决定分析指出,本次交易会使交易双方具有捆绑或搭售的动机和能力。在世界主要反垄断执法法域中,中国是针对非横向交易附加限制性条件较多的国家,尤其是针对单纯或主要涉及混合效应的并购,这与中国目前多数行业集中程度较低、分销体系较为复杂、下游客户多位中小型企业等特殊国情有关,也是本案在中国引起反垄断监管机关更多关注的原因之一。

3. 分析工具的运用

如上文所述,在可能引起竞争问题的案件中,本案的市场份额不高,基于此,为了证明交易双方的市场力量,在本案审查过程中,双方和市场监管总局均运用了市场调研、经济分析等工具辅助证明观点。例如,在本案决定中,市场监管总局指出,市场调查显示较高比例的眼镜产品零售店将双方的品牌视为经营业务的必需品牌;双方的实际市场渗透率较高。再如,市场监管总局在分析可能的捆绑或搭售策略时,对依视路光学镜片和陆逊梯卡光学镜架产品的批发价格、毛利率等进行了临界转移比率分析,表明捆绑或搭售可以增加集中后实体的利润,集中后实体存在捆绑或搭售的动机。

4. 行为性救济方案

如前文所述,本案是涉及有限横向重叠和纵向关联的混合并购交易。一般而言,除了潜在的竞争问题外,混合交易也不可忽视地会产生有利于行业效率、消费者福利的协同效应。同时,在混合交易的案件中,互补产品(行业)的整合也是交易进行的根本目的,因此,剥离、保持独立等传统结构性救济一般并不适用。在本案中,虽然行业中各方担忧双方的合并会使双方的市场力量进一步增强,但鉴于有限的横向重叠、非紧密的竞争关系以及不算高的市场份额,结构性救济并不适用。在此背景下,律师代表双方与市场监管总局进行充分沟通,最终提出几项行为性承诺,主要包括不搭售、保证供应、非歧视、不排他等,以解决市场监管总局的竞争担忧以及市场中各利益相关方的顾虑。

此外,本案是目前少数几个在美国、欧盟等其他主要法域均获无条件批准而在中国附加限制性条件的案件之一。考虑到中国市场的重要性,这提示我们中国反垄断并购审查的结果和时间对于跨国交易的重要性,也展现出中国反垄断执法机关日益增长的业务能力和自信心。就本案而言,主要原因之一是中国眼镜产业尚不成熟,行业中小型企业及小型眼镜店铺数量庞大,因而本案引起了行业的强烈关注。市场监管总局基于中国自身的国情和行业特点,最终作出了附加限制性条件批准的决定。

五、结语

如上文所述,本案作为市场监管总局重组以来批准的第一个附加限制性条件案件，一方面承继了商务部时期的传统，另一方面也在不断发展创新和成熟。这对反垄断律师也提出了更高的要求，需要进一步关注市场竞争实质，且增强理论功底和善用各种工具，以便更加专业、高效地为客户提供满意的服务。

5

私募投资

如何降低重组不确定性风险*

——私募股权融资前跨境重组项目案分析

项目团队主要合伙人**

** 作者简介：
赵　靖　合伙人
中伦律师事务所上海办公室
anthonyzhao@ zhonglun. com
张欣路　合伙人
中伦律师事务所上海办公室
lukezhang@ zhonglun. com
沈　进　授薪合伙人
中伦律师事务所上海办公室
shenjin@ zhonglun. com

* 声明：本案例系我们近期协助客户处理的一个私募股权融资前跨境重组项目。因本项目包含非公开信息，因此在本文中，我们隐去了有关交易各方的名称、标的金额等信息。另外，为了突出重点和说明问题，从便于理解的角度出发，我们对重组方案进行了调整和简化，故并不完全与实际情况一致。因近期政策环境变动，本文起草时与项目开展时已有不同。而且，由于项目的特殊性，有些操作也并不常规，就具体重组方案而言，普遍适用的价值有限。

一、引言

在私募股权融资项目中,往往会涉及跨境重组的安排。有的项目中,是将原先的境外架构拆除,即所谓的"拆红筹",而有的项目则相反,是在原先的境内架构的基础上,搭建境外架构,即所谓的"搭红筹"。"拆红筹"或"搭红筹"的选择通常是和公司对最终资本市场退出渠道的选择相关,即公司究竟是计划在境内上市,还是计划在境外(美国或香港)上市。公司往往也是在运营一段时间以后,对自己在资本市场上的定位和目标方才有比较清晰的认识,如果当前的架构与此不符,就需要对当前的架构进行涉及境内和境外两个层面的调整,即跨境重组。

我们团队曾代表一家外资基金对一家全国性的平台公司进行少数股权投资,融资金额超过百亿元人民币。在重组之前,目标公司为一家在中国境内组建的有限责任公司,所有股东均为境内股东,而该外资基金拟连同其他投资人在目标公司完成跨境重组后在境外层面以美元进行投资。而为境外融资目的,需要完成目标公司的跨境重组。本文希望通过分享私募股权融资前跨境重组的案例,给大家一些启示。

二、基本情况及重组目标

目标公司(以下称境内运营公司)系一家依据中国法律在中国境内组建的有限责任公司。现境内运营公司的境内股东拟对境内运营公司进行重组,将其对于境内运营公司的权益翻至境外并在境外开展融资活动,同时将境内运营公司变更为开曼控股公司的一家间接全资子公司。

境内运营公司在重组前的股权架构如图1所示。

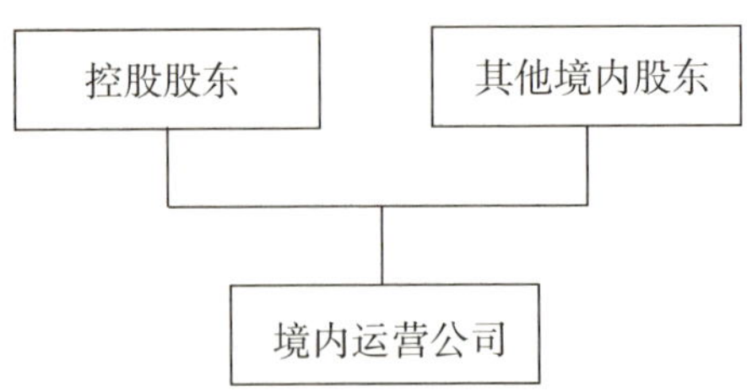

图1　境内运营公司重组前的股权架构图

三、重组方案

> 拟进行的重组方案为先通过增资和转股的方式将境内运营公司变更为一家中外合资企业(以下简称合资企业),再通过减资的方式将当前所有境内运营公司的境内剩余股东的权益逐步翻至境外,将境内运营公司变更为香港控股公司的全资子公司,最后通过增资将境外融资贷款逐步注入境内运营公司或由其投资设立新的项目公司,或注入已有的境内项目子公司。

1. 境内运营公司境内股东认购开曼控股公司发行的可转债,完成权益上翻

(1)认购:境内运营公司的境内股东将通过其境外关联方完成认购开曼控股公司发行的可转换债券(以下简称可转债),认购金额与其分别在境内运营公司中的出资额相同。

(2)支付对价/时间:

境内运营公司的控股股东的境外 SPV 将于:

①以下第 2 步增资、转股完成之前,支付其所持可转债的部分对价(金额控制在 3 亿美元以下),作为以下第 2 步增资和收购部分股权的资金来源。

②境外融资交割后的约定期限内支付其所持可转债的剩余价款。

境内运营公司的其他境内股东的境外 SPV,将在境外融资交割后的约定期限内支付其所持有可转债的全部价款。

(3)转股:在以下第 2 步增资及收购部分股权完成(完成工商登记并取得合资企业的新营业执照)后,境内运营公司的境内股东(除控股股东之外)的境外 SPV 将其持有的可转债转换为开曼控股公司的普通股。控股股东的境外 SPV 持有的可转债则将于以下第 3 步减资完成后或控股股东选择的更早的时间,转换为开曼控股公司的普通股。在其持有开曼控股公司发行的可转债全部转换为开曼控股公司的普通股后,境内运营公司的境内股东的境外 SPV 在开曼控股公司的股权比例应镜像反映重组前境内股东在境内运营公司的持股比例。

完成该步骤以后的股权架构如图 2 所示。

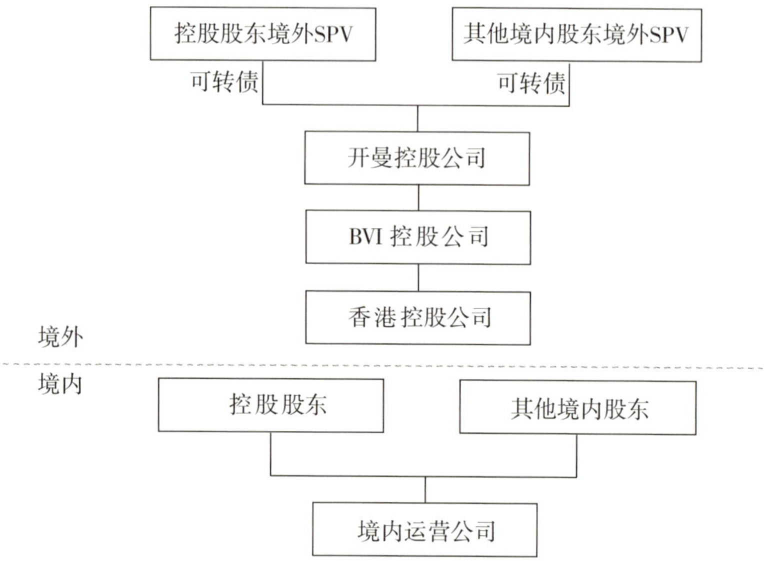

图 2　境内运营公司境内股东完成认购可转债后的股权架构图

2. 香港控股公司第一次认购境内运营公司增资、收购部分股权并完成相关政府审批和备案

开曼控股公司通过 BVI 控股公司及香港控股公司，以现金方式认购境内运营公司的增资及收购部分境内股东股权，金额合计控制在 3 亿美元以下。开曼控股公司支付本步增资及收购股权的资金来源为上述第 1 步中控股股东的境外 SPV 就其认购开曼控股公司发行的可转债所支付的部分对价(金额合计控制在 3 亿美元以下)。本步完成后，境内运营公司将由内资企业变更为一家合资企业。

主要审批事项如下:(1)如果本次增资和转股低于 3 亿美元，本步骤需经当地商务部门批准。[①] 预计时间约为 1 个月。(2)向当地工商局进行变更登记，并获得显示境内运营公司已成为合资企业的营业执照。该步骤的预计时间约为两周。

完成该步骤以后的股权架构如图 3 所示。

---

① 根据商务部有关规定，如果并购价格高于 3 亿美元，则该交易(被认定为 10 号文项下的外资并购)须经商务部批准。

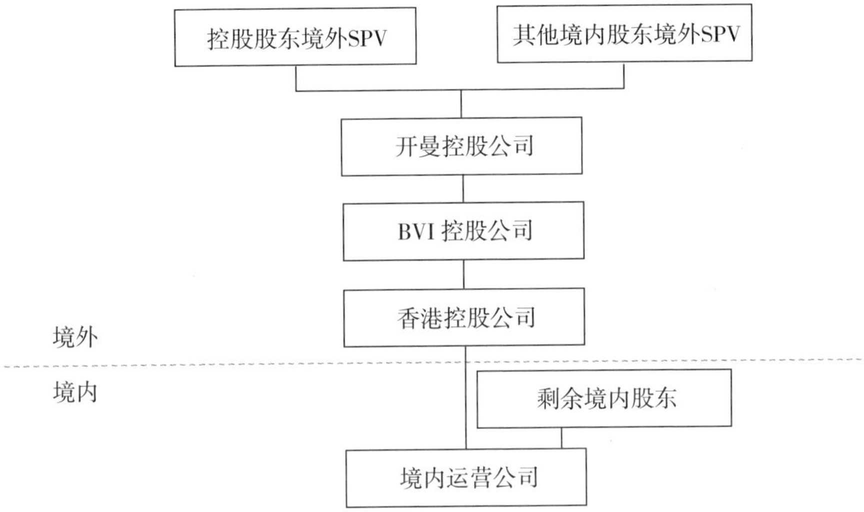

图 3　境内运营公司变更为合资企业后的股权架构图

3. 境内运营公司减资

境内运营公司按照注册资本价值减资，回购所有剩余境内股东在境内运营公司中的股权，由一家合资企业变更为香港控股公司的全资子公司。

主要审批事项如下：(1)向当地商务部门申请减资和股权变更的批准。(2)在当地工商局完成登记程序，获得营业执照。(3)如一切顺利，整个过程需要约四个月时间。

完成该步骤以后的股权架构如图 4 所示。

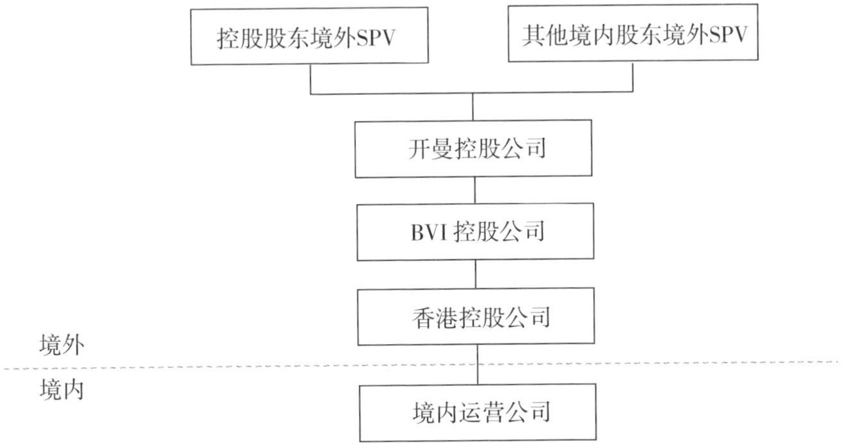

图 4　境内运营公司减资后的股权架构图

4. 重组后增资:香港控股公司后续分批逐步认购境内运营公司增资

开曼控股公司根据需要,用境外融资所获得的款项和境内股东境外关联方或其新设的境外 SPV 支付可转债的对价,通过 BVI 控股公司及香港控股公司分批逐步对境内运营公司实施增资。

主要审批事项如下:(1)如果每次增资低于 3 亿美元,本步骤将经当地商务部门批准。(2)在当地工商局完成登记程序,获得营业执照。

四、降低重组不确定性风险的措施

在谈判过程中,各方认识到,要完成整个重组过程需要花相当长的时间,尤其是上述重组的第 3 步(境内运营公司减资),即使一切顺利,也需要花大约 4 个月的时间,而各方对实现融资的快速交割已经形成了共识,不愿意再等这么长的时间。出于这个考虑,各方曾经探讨过在上述重组的第 3 步(境内运营公司减资)未完成之前就进行融资交割的可行性,同时采取一定的措施,一方面最大限度地降低重组完成的时间表对融资交割的影响;另一方面在融资交割后,最大限度地降低重组因其他境内股东原因而无法完成的风险。

1. 境外融资交割前提

为了增加完成重组的确定性,各方拟在境外融资交割前采取如下所述行动:

(1)完成上述重组的第 1 步(认购开曼控股公司发行的可转债)和第 2 步(境内运营公司增资和转股)。

(2)在境内运营公司完成增资、转股及变更为合资企业后,剩余境内股东和香港控股公司将作为境内运营公司的股东应通过同意境内运营公司进行减资的股东会决议;剩余境内股东和香港控股公司各自委派至境内运营公司的董事应在同意境内运营公司进行减资的董事会会议上出席并投赞成票,通过境内运营公司进行减资的董事会决议;剩余境内股东与境内运营公司应签订有法律约束力的减资协议;境内运营公司应已准备完毕及签署商务部门审批申请文件和工商登记申请文件;境内运营公司应将上述同意减资的所有股东会决议、董事会决议、减资协议、商务部门审批申请文件和工商登记申请文件交由香港控股公司指定的顾问保管。此项意在确保融资交割后,减资回购不需要剩余境内股东或其委派的董事签署任何其他必要的文件即可完成。

(3)剩余境内股东应与香港控股公司签署一份投票权委托协议,将其附于其持有的境内运营公司股权之上的投票权分别不可撤销地委托给香港控股公司行使;剩余境内股东委派至境内运营公司的董事应将其投票权不可撤销地委托给香港控股公司委派至境内运营公司的董事行使;且剩余境内股东应签署承诺函未经香港控股公司的书面同意,不得更换其委派至境内运营公司的董事,亦不得促使其委派至境内运营公司的董事辞职。①

2. 境外融资交割交易文件中对新投资人的保护

为保护新投资人的利益,境外融资交割交易文件中还将包含以下内容:

(1)开曼控股公司将承诺在签署该等交易文件后尽快完成重组,从而实现开曼控股公司通过 BVI 控股公司以及香港控股公司间接持有境内运营公司 100%的股权。

(2)在开曼控股公司将与新投资人签署的融资协议项下,开曼控股公司将向新投资人提供股票出售权(融资交割后,新投资人将有权在未能按期完成全部重组时,将其所持有的开曼控股公司股权以其认购价格出售给开曼控股公司或者出售给由开曼控股公司指定的开曼控股公司的其他股东)。

3. 融资交割

在上述及融资文件所包含的其他融资交割前提条件满足后,融资即可交割。上述第 1 点和第 2 点所述的措施将会在一定程度上减少新投资人对于在融资交割时开曼控股公司通过香港控股公司仅持有境内运营公司少数股份的顾虑,并会帮助开曼控股公司实现快速的融资交割。

(1)基于香港控股公司持有的股票权委托协议,开曼控股公司将在交割前或交割时实现对境内运营公司的控制。

(2)包括境内运营公司的控股股东在内的主要股东在融资交割前已通过其各自的境外关联方支付了认购开曼控股公司发行的可转债的部分对价,而尚未通过境内运营公司的减资回购实现境内的资本退出,因此,该等主要股东就完成重组

---

① 根据相关法律法规,合资企业的减资需要由出席董事会会议的董事一致通过方可作出决议。为确保减资的董事会决议得以通过,可以考虑在境内运营公司变更为合资企业之后立即促使董事将其投票权委托给香港持股公司委派至境内运营公司的董事,且各境内股东应承诺不得自行更换其委派的董事,亦不得促使其委派至境内运营公司的董事辞职。

的利益和新投资人是一致的。

(3)在融资交割前,境内运营公司就剩余境内股东所持有的剩余股权进行减资回购的相关协议已经签署,且相关董事会、股东会的决议也已经通过,因而重组完成所需的唯一事项仅剩下当地商务部门对减资回购的批准及其他减资需要履行的一些程序,剩余境内股东不配合完成减资回购的违约风险相对可控。

(4)新投资人可以在开曼控股公司未能在限定期限内完成全部重组时行使其股票出售权,以其融资交易认购价格从开曼控股公司层面退出。

五、结语

虽然在本项目中,出于各方面的考虑,各方最终还是同意仍然将重组全部完成作为融资交割的前提条件之一,但上述为了加快融资交割的进度同时降低重组不确定性风险而拟采取的措施还是有一定的借鉴意义。

跨境重组项目涉及的中国法律问题还有很多,包括关联并购、税务的影响、外汇和跨境投资等,本文不再特别讨论。

创新行业的法律尽职调查要点与思考*

——软银投资 Wework 案分析

项目团队主要合伙人**

** 作者简介：

赵　靖　合伙人

中伦律师事务所上海办公室

anthonyzhao@ zhonglun. com

* 声明：本案分析基于笔者团队在参与该案过程中的研究和思考，信息来源为本案在公开渠道可获得的相关信息，所涉非公开信息已作适当处理。

一、案件简介

2019 年 1 月,全球共享空间服务企业 WeWork Companies Inc.(近期更名为 The We Company)(以下称 The We Company)宣布获得软银集团共计 60 亿美元的投资。根据公开信息报道,此次投资完成后,The We Company 的估值达到约 470 亿美元,成为全球共享空间行业估值最高的企业,同时也是全球估值最高的未上市企业之一。作为全球领先的共享空间服务企业,The We Company 建立了 WeWork、WeLive 和 WeGrow 三条不同的业务线,其中,WeWork 致力于开拓联合办公行业,WeLive 为用户提供短租/长租结合的居住服务,WeGrow 的使命是释放每个人的超能力(培训)。截至 2019 年年初,The We Company 已在全球 27 个国家 100 座城市的 425 个地点拥有超过 40 万名会员。

中伦律师事务所在本次交易中担任软银的中国法律顾问,此外,中伦律师团队还于 2018 年代表软银完成其对 The We Company 中国约数亿美元的 B 轮融资。在本次交易中,我们对 The We Company 中国部分,包括分布于北京、上海、杭州、成都、深圳等多个城市的数十个办公项目及运营主体进行了法律尽职调查。同时,与软银集团的牵头国际法律顾问美富律师事务所及数十个其他不同法域的各国律师事务所紧密配合,共同完成了对 The We Company 的法律尽调及投资谈判交割事宜。

二、尽调要点:创新行业业务实质的判断

> 由于 The We Company 涉及新兴行业,该交易尽职调查中一个较为突出的特点是如何判断创新行业商业模式的业务实质,准确适用法律并分析,在综合考虑行业发展、监管本意及现实可操作性等因素后就取得相关运营资质给出建议。

在对 The We Company 中国部分进行尽职调查的过程中,我们注意到 WeWork 业务属于创新的共享空间联合办公及附属服务业务,其业务形态及类型相对新颖多样。目前并没有完全对应的单行性法规或规章对该等行业予以明确定义及规范。此外,主管部门对该等业务模式的商业本质亦不甚熟悉,在接受咨询或访谈时可能无法准确地提供监管意见。因此,在判断其是否需要取得相关运营资质时

存在一定的难度。对此,我们采取了如下方案予以解决:首先,通过基础信息搜集分析、管理层业务访谈、业务合同审阅等途径全面了解业务运转的全过程,拨开外在业务形态的迷雾,从法律角度综合判断其商业实质;其次,在准确把握商业实质的基础上正确地适用法规予以分析,如果没有完全对应的法规或法规规定不甚清晰,则从现有法规根据其立法意图及监管本意予以分析,得出初步结论;最后,准确地将业务本质提炼出来,客观且不带偏向性地与主管部门进行深入沟通或访谈,进一步核实确认我们的分析结论。

经过以上步骤,我们得以尽可能精确地判断该等创新行业是否需要取得相关运营资质。

比如,在尽调过程中,有相关方提出,共享空间业务是否可概括理解为"转租业务",即用优惠的价格租下写字楼,经过精良的装修将其分隔成单间的办公空间,然后转租给企业团队、初创企业和自由职业者,再向他们收取租金(会员费)。如果这样理解的话,那么其是否需要取得房地产经纪备案资质。根据《房地产经纪管理办法》第三条的规定,房地产经纪是指房地产经纪机构和房地产经纪人员为促成房地产交易,向委托人提供房地产居间、代理等服务并收取佣金的行为,应取得房地产经纪备案资质。然而,该等规定并未直接规定,共享空间联合办公的业务形态是否属于房地产经纪业务,也未区分住宅用房与办公用房适用的区别。根据《关于鼓励社会各类机构代理经租社会闲置存量住房的试行意见》等法规及我们在办理短租/长租公寓相关项目的经验,实践中,主管部门要求公寓的代理经租机构需在工商登记部门取得"房地产经纪"经营范围,并办理房地产经纪机构备案。

在仔细审阅相关协议及梳理业务模式后,我们觉得标的企业所提供的不止于办公场地租赁,它同时为企业提供各种办公及附属服务,包括打印、会议室、饮料食品、健身房、游戏室、组织安排线上线下活动、软件集中采购等系列性服务,其业务本质已超越单纯的转租或房屋代理经纪,而是提供综合多维度的共享空间及附属服务的会员服务,系一种全新的商业形态,即没有落在现有法规规制的范围内,也不属于现有法规监管本意拟规制的范围,因此我们初步判断,就目前阶段而言,共享空间联合办公行业无须取得房地产经纪备案资质,之后与全国各地主管部门的沟通也进一步证实了我们的判断。我们据此对客户给出了相关建议,避免了给标的企业带来不必要的负担,得到了标的企业及客户的高度认可。

此外,在尽调过程中,我们注意到共享空间行业为打造自身品牌及提升服务质量,往往将餐饮服务作为其中一部分增值服务,其常规运营模式为向入驻企业提供免费的酒水饮料或自动贩卖服务。就该等服务,是否需要取得食品经营许可证或酒类零售备案资质引起了大家的讨论。一种观点认为鉴于经营者并未针对该等饮料或食品另行收费,因而不属于经营性行为,不需要取得相关资质。在仔细审阅相关法律协议及与管理层沟通业务流程后,我们理解虽然经营者不会单独就饮料零食收取费用,但通常会向客户打包收取服务费用,而饮料零食的成本已经包含在了打包的费用范围内,或者虽然没有明确包含在内,但该等服务系一种增值服务,其本质是为收费业务服务的,因此该等行为仍可能被认定构成经营性行为。从监管角度来看,食品经营许可证或酒类零售备案资质的监管本意是为了保证食品安全,保障公众身体健康和生命安全,即使该等服务是一项综合打包服务,并非特别收费或单独提供,但该等因素不影响其涉及食品安全和公众身体健康的特性,因此,提供该等服务需要取得相关资质并得到监管乃应有之义,不会因为外在服务形式和收费方式的变化而豁免。在此基础上,我们和全国各地主管部门的沟通也进一步证实了我们的判断,更好地梳理了该行业所需的资质要求。

三、结语

随着社会经济的飞速发展,各行各业正不断涌现出新型的商业模式及业务形态。对从事私募基金股权投资的律师而言,我们接触到的行业常常就是处于风口的创新行业,其业务形态时刻发生着变化,可谓日日新,月月新!并且,这种商业模式及业务形态的创新一定是走在法律更新及监管更新之前的。因此,在具体对应的法规或监管措施出台之前,如何协助投资人或公司准确定位商业实质,在业务创新与合规经营间把握好度并揭露潜在风险,是真正体现律师能力和价值之所在。我们既不应对法条过分解读,给企业施加不必要的负担,又要避免业务创新触及监管红线,带来实质风险隐患。我们应揭开笼罩在外的复杂业务形态的面纱,准确触及业务本质,在深刻理解立法意图及监管本意的基础上作出判断,并在与主管部门客观且深入的沟通中求证结论,从而更好地为公司和投资人保驾护航,为行业创新添砖加瓦!

6

融资交易

大型综合性地产开发系列银团贷款的法律架构简析*

项目团队主要合伙人**

** 作者简介：

何植松　合伙人

中伦律师事务所上海办公室

hezhisong@ zhonglun. com

张　静　授薪合伙人

中伦律师事务所上海办公室

zhangjingsh@ zhonglun. com

* 声明：本文讨论基于以笔者团队为主的中伦律师参与的多个大型综合性地产开发项目的研究与思考，本文不涉及具体案件信息与非公开信息。

一、引言

大型综合性地产开发项目由于融资规模巨大、回款周期各异等因素,为了有效满足于该类项目的融资需求,实践中银行主要通过搭建结构化的系列银团贷款方式为其提供融资支持。由于大型综合性地产开发项目本身的复杂性、各家商业银行的风险偏好的差异性等多方面因素,在搭建结构化的系列银团贷款过程中,涌现出众多创新性的法律架构。

本文拟结合近年来参与的多个大型综合性地产开发项目系列银团贷款项目过程中所遇到的问题及模式,简要分析大型综合性地产开发项目系列银团贷款的法律架构。

二、银团贷款创新架构

大型综合性地产开发项目通常涉及如商业地产开发项目、住宅地产开发项目、文化地产开发项目等众多具体建设项目,如果涉及棚户区改造、旧区改造,还会涉及一级土地动迁项目。虽然大型综合性地产开发项目通常为同一集团公司开发,但是各具体建设项目的建设主体、建设周期、还款来源、还款周期等因素不尽相同,且各建设主体能够实际提供的担保措施尤其是物权担保措施并不足以满足各具体建设项目融资的担保要求。为了有效解决大型综合性地产开发项目上述问题,实践中对银团贷款创设了不同的法律架构(见图1)。

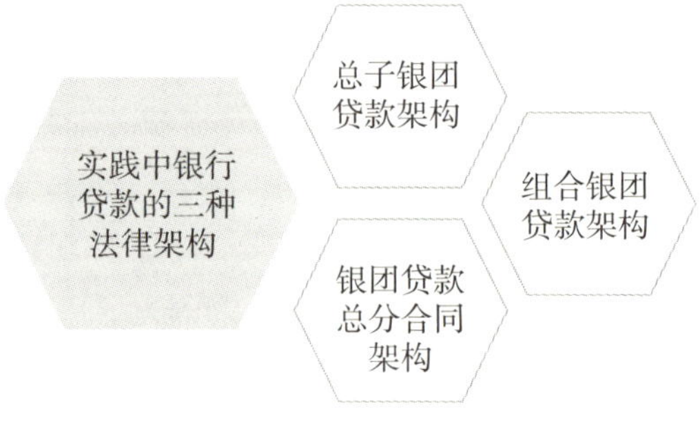

图1　银行贷款主要法律架构

(一)总子银团贷款架构

遵循银行通常将大型综合性地产开发项目项下各具体建设项目的数个融资作为一个总体授信项目进行审批的操作惯例,银行在实践中可以搭建结构化的总子银团贷款架构。银行通过总子银团贷款架构可以将整个大型综合性地产开发项目涉及的多个具体建设项目融资需求纳入总银团贷款安排中,各子银团贷款相互之间分配有限的担保措施,以最大限度地满足各银团的担保要求。

总子银团贷款架构通常由一个总银团和若干子银团组成,总银团由所有子银团的贷款人组成,子银团由参与各具体建设项目融资安排的贷款人组成。总银团的贷款人可以根据各贷款人的意愿随机组建子银团,各贷款人在各子银团中的贷款承诺额比例不尽相同,各子银团可以根据各具体建设项目融资安排确定不同的贷款条件、贷款期限、贷款利率等因素。在银团贷款总合同签署后,总银团新增任何新的贷款人必须通过银团贷款总合同所有签署人共同签署补充协议方式予以确认。

《银团贷款业务指引》第三条规定,“银团贷款是指由两家或两家以上银行基于相同贷款条件,依据同一贷款合同,按约定时间和比例,通过代理行向借款人提供的本外币贷款或授信业务”。由于各子银团的贷款条件不尽相同,总子银团贷款架构中的总银团并非典型意义上的银团,而是在大型银团贷款项目实践中衍生而来的创新性结构化银团。子银团通常在总银团组建初期即已基本确定,并在总银团贷款合同中明确总银团所包括的子银团范围,后续新增子银团需签署总银团贷款合同补充协议方式予以明确。实践中,在轨道交通建设项目、大型市政基础设施项目等超大型银团贷款实践中,也存在总银团组建初期子银团尚未特定化,后续根据各具体建设项目融资安排确定后再行以补充协议新增子银团的情形。

总银团融资文件通常由总银团贷款合同、总银团担保合同、总银团债权人间合同、总银团资金监管合同等融资文件组成,约定关于总银团组成、总银团贷款额度及各子银团贷款额度、各贷款人在各子银团中的贷款承诺额及比例、贷款额度的使用条件、子银团贷款安排、总银团资金监管、总担保安排、总牵头行及总代理行职责、总银团会议职权等适用于所有子银团的条款。总银团融资文件项下任何贷款额度的使用必须以签订子银团融资文件为前提条件,各子银团的贷款额度不得超过总银团融资文件中明确的各子银团贷款额度。子银团融资文件通常由子银团贷款合同、子银团担保合同、子银团资金监管合同等融资文件组成,约定适用于具体子银团的条款。子银团融资文件构成总银团融资文件的组成部分,总银团融资文件未约定事项由子银团融资文件具体约定,子银团融资文件未约定事项应遵循总银团融资文件的相关约定。子银团贷款可以享有总银团担保合同项下约定的担保措施担保,将有限的担保措施尤其是土地使用权等物权担保措施在总银团项下各子银团之间实现平衡安排,也是总子银团结构的核心价值之一。

(二)组合银团贷款架构

组合银团贷款架构是根据大型综合性地产开发项目各具体建设项目的不同贷款条件、贷款期限等因素由各银行自行组建若干个独立的贷款银团分别为各具体建设项目的借款人提供融资支持。与总子银团架构不同,组合银团贷款架构项下各银团贷款人之间未签署统一的银团贷款总合同,不存在总子银团架构中的总银团。组合银团项下各银团之间相互独立,在银团会议决议、放款及还款计划、追究借款人违约责任等重大事项上不受制于任何其他银团。实践中,下述交叉担保安排通常在法律层面上在组合银团贷款各贷款银团之间建立了法律关系,实现了将大型综合性地产开发项目组合银团贷款各贷款银团利益捆绑在一起的目的。

(三)银团贷款总分合同架构

大型综合性地产开发项目银团贷款属于房地产开发贷款,根据中国银监会《商业银行房地产贷款风险管理指引》等监管规定,房地产开发贷款发放前必须取得“四证”(土地使用权证、建设用地规划许可证、建设工程规划许可证、建筑工程施工许可证)。

实践中,一个银团贷款项下多个建设工程的建设工程规划许可证通常无法同时取得且全部取得所有建设工程规划许可证的时间周期较长,通过在一个银团贷款合同项下搭建银团贷款总分合同架构可以有效解决上述合规性风险。银团贷款总分合同架构通常由一个银团贷款总合同及若干银团贷款分合同组成,总分合同的签署主体一致,各分合同为总合同不可分割的组成部分。分合同数量根据银团贷款项下建设工程数量及批文取得时间随机确定,根据建设工程具体情况将银团贷款总合同中的贷款额度拆分为若干分合同种的贷款额度。与总子银团贷款架构类似,银团贷款总合同中明确任何贷款额度的使用必须以具体建设工程建设工程规划许可证取得后签署的银团贷款分合同为前提条件,各分合同的贷款额度之和不超过银团贷款总合同中约定的贷款额度。

三、核心法律问题

(一)总银团及子银团决策机制

在总子银团贷款架构下,通常会形成总银团会议、子银团会议两个层级银团的权力机构。总银团会议及子银团会议在决议事项上的权力分配及决议程序不仅应当结合子银团贷款人的贷款承诺额及其比例,还应当处理好总银团会议与子银团会议决议的效力位阶,以保障总银团各贷款人的权利不受单个子银团决议事项损害。尤其是子银团会议在变更担保措施、暂停或终止放款、要求借款人提前还款或宣告借款人违约等重大事项上进行决议时,实践中因各贷款人在不同子银团的贷款承诺额及其比例不同可能会产生较大的利益冲突。

为了平衡该等利益冲突,银行可以在总银团融资文件及子银团融资文件中明确约定总银团会议室总银团的最高权力机构,子银团代理行在子银团会议通过上述重大事项决议后一定期限内向总代理行备案或事先征得总银团会议决议通过后方可实施。为了保持总银团会议对子银团融资文件中贷款额度、贷款用途、期限、担保安排、还款计划等核心条款的知情权,总银团融资文件中可以设置子银团代理行向总银团会议或总代理行报备子银团融资文件核心条款方式。关于重大事项、核心条款的具体范围,需要结合大型综合性地产开发项目具体情况及银团贷款架构的复杂程度由各贷款人具体协商确定。

(二)同等受偿权安排

如上文所述,总子银团的一个核心目的是有效和平等利用大型综合性地产开发项目的“物保”。《物权法》第一百九十四条规定,“抵押权人可以放弃抵押权或者抵押权的顺位。抵押权人与抵押人可以协议变更抵押权顺位以及被担保的债权数额等内容,但抵押权的变更,未经其他抵押权人书面同意,不得对其他抵押权人产生不利影响。债务人以自己的财产设定抵押,抵押权人放弃该抵押权、抵押权顺位或者变更抵押权的,其他担保人在抵押权人丧失优先受偿权益的范围内免除担保责任,但其他担保人承诺仍然提供担保的除外”。

上述《物权法》关于抵押权顺位的规定为约定同等受偿权的实现提供了法律依据,约定同等受偿权条款在大型综合性地产开发项目银团贷款中能够更好地解决不同子银团之间关于抵押物登记先后顺次之争,使各贷款人在总银团贷款合同项下实现共享收益、共担风险。实践中,通过在银团贷款总合同中明确总银团各债权人就大型综合性地产开发项目银团贷款总合同及各子银团贷款合同项下所享有的抵押权均为同一顺位,不受抵押权登记顺位的影响,各贷款人按照银团贷款总合同项下的贷款余额比例享有同等受偿权。同等受偿权条款仅限于银团贷款总合同项下各债权人,仅限于银团贷款总合同及各子银团贷款合同项下的抵押权,不适用于各债权人与借款人签署的其他双边贷款合同或其他银团贷款合同项下的抵押权。同等受偿权条款从某种意义上意味着按法定登记顺序享有优先受偿权的主体放弃优先受偿权地位,让渡优先受让权益给其他债权人,在同等受偿权条款的具体表述、适用的抵押权范围、与其他担保人担保权益关系等方面需要格外谨慎。

(三)交叉担保安排

大型综合性地产开发项目的核心担保措施通常在项目启动建设初期仅为各具体建设项目所取得的土地使用权,而土地使用权的价值按照各银团贷款人的抵押率折算后通常并不能够一一对应地覆盖该具体建设项目所需贷款额度。

为了解决这一抵押物相对不足问题,商业银行在实践中可以将大型综合性地产开发项目所涉及的各具体建设项目所取得的土地使用权、将来建成后的在建工程、在建工程竣工后的房产为各银团贷款提供交叉担保。交叉担保安排在解决抵押物相对不足问题的同时结合常用的交叉违约条款可以更好地将各银团的利益捆绑在整个大型综合性地产开发项目的框架下。

(四)滚动抵押、滚动放款安排

由于各商业银行对于抵押率的计算标准不尽相同,大型综合性地产开发项目在项目启动建设初期土地使用权价值按照严格的抵押率折算后能够担保的主债权金额通常与项目所需贷款金额存在一定差距。

为了控制银团贷款风险,滚动抵押、滚动放款安排在实现银行风险控制的同时满足了大型综合性地产开发项目的融资需求。滚动抵押、滚动放款即在银团贷款融资文件中约定借款人以具体建设项目上将来建成的所有在建工程为银团贷款提供抵押担保,在建工程竣工后转为房产抵押,银行以已经办理抵押登记的土地使用权、在建工程及房屋所有权的价值按照抵押率折算后能够担保的主债权金额在银团贷款额度范围内分批次放款。滚动抵押、滚动放款安排通过提供不断增值的抵押物以支撑不断增加的放款金额以实现抵押率控制要求。实践中,滚动抵押安排需要重点关注土地使用权、在建工程及房产抵押变更登记之间的衔接问题。

四、结语

> 大型综合性地产开发项目系列银团贷款中涉及的参与方众多、法律问题纷繁复杂,实践中不断涌现出创新性的法律架构,上述总子银团架构、总子银团决策机制、同等受偿权安排等法律架构也在不断丰富其内涵和功能。

期待复杂的银团贷款实践需求催生不断创新的法律架构,进而以不断创新的法律架构丰富结构化银团贷款法律实践。

全球并购中境内资产对并购融资交易的意义*

——凯雷投资集团并购安美特项目分析

项目团队主要合伙人**

** 作者简介：
陆　菁　合伙人
中伦律师事务所上海办公室
shirleylu@ zhonglun. com

* 声明：本案的分析基于笔者办理的凯雷投资集团（The Carlyle Group）通过其境外子公司从道达尔集团（TOTAL）收购 Atotech B. V.（安美特）的并购融资项目以及笔者在融资领域多年的实务经验。由于部分信息尚未公开，下文中在描述项目情况时会将项目情况予以简化处理，在提及相关境内外主体的名称时，也将使用简称。

重点综述：本次交易是近年国际化学品市场上影响重大的杠杆并购交易之一。本次交易的并购对价为32亿美元，其中，很大比重的资金通过债务融资的形式获得。鉴于海外目标公司在中国境内的资产占目标公司资产的比重非常大，如何利用目标公司的境内资产为凯雷投资集团获得并购融资提供支持，对于并购项目的顺利完成具有重要意义。而利用境内资产提供融资担保支持，需要理顺中国法律法规对以境内资产提供跨境担保的监管要求，结合项目具体情况设计合理可行的融资安排和担保结构。

一、引言

德勤在其发布的《2016年全球化工行业并购展望》中表示，“2016年全球化工行业并购活动将延续强劲势头，各细分领域继续进行资产组合的重组与合并。化工企业着力发展核心优势，希望通过并购活动实现增长”。而本项目中凯雷投资集团的并购契机正来自于安美特的实际控制人道达尔集团调整其产业布局，剥离非核心资产的战略安排。安美特此前业绩表现良好，凯雷投资集团收购其股权，进一步丰富了产业结构并能促进其持续发展。考虑到安美特有接近50%的资产位于中国境内，在融资环节，我们重点帮助凯雷投资集团对其境内资产进行梳理、分析和研究，并且充分考虑了境内资产未来产生的收益作为境外主要还款来源的可能性，从而就设计合理的融资安排和担保结构提供建议。我们注意到，涉及目标公司在境内持有大量资产的全球并购交易在国际市场上相当活跃，本文将结合凯雷投资集团并购安美特项目（以下简称本项目），就该等类型的并购交易中充分利用境内资产提供融资担保涉及的法律问题进行分析。

二、基础事实介绍

在本项目中，为了筹集用于向卖方道达尔集团支付并购价款的资金，凯雷投资集团的数家境外子公司（作为“借款人”）从由巴克莱银行和中国银行股份有限公司上海分行（以下简称中行上海分行）联合牵头安排，并由其他六家知名国际性银行组成的国际银团获得了14亿美元的优先级定期贷款（附加增量贷款的安排）。其中，中行上海分行通过上海自贸区分账核算单元（FTU）提供了5亿美元的贷款额度。

前述贷款的担保措施涉及安美特在全球二十多个国家和地区内的资产,其中包括安美特的中国子公司保证、资产抵押担保以及第一层级中国子公司股权质押。本项目的大致交易结构如图1所示。

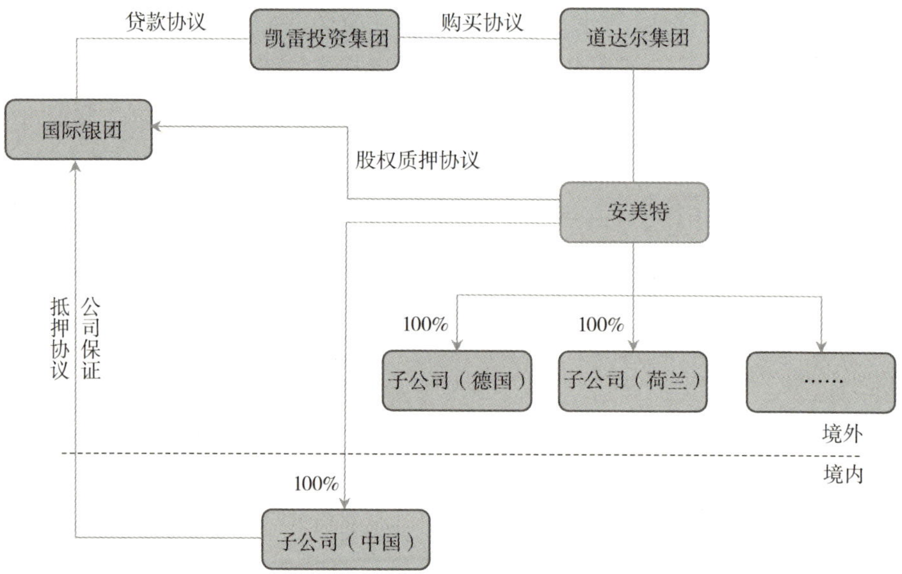

图1　凯雷投资集团并购安美特项目交易结构图

融资交易各方约定,在并购交易交割及贷款发放后,作为后续义务,凯雷投资集团应以安美特公司直接或间接持有的境内资产为融资提供担保。我们在本项目中担任凯雷投资集团的中国法律顾问,在下述方面提供了法律服务:(1)协助凯雷投资集团设计和论证有关中国子公司提供包括公司保证、资产抵押以及在第一层中国子公司的股权上设定质押等跨境担保措施的可行性;(2)就前述跨境担保措施协助凯雷投资集团参与谈判,修改完善跨境担保文件,协助凯雷投资集团与相关中国政府机构进行沟通;(3)与凯雷投资集团就"自贸贷"以及还贷币种转换机制进行讨论、分析并提供意见。同时,由于本项目进行过程中适逢国家外汇管理局(以下简称外管局)相关法规的重大调整和修订,我们协助凯雷投资集团评估了法规修订对担保结构的影响,并顺应法规修订和实务调整制定了相应的应对措施。

三、本项目中的重要考量因素及特点和创新

为了在本项目中充分发挥安美特中国子公司对并购融资的支持作用,我们协助凯雷投资集团就融资安排和担保结构在中国法下的可操作性进行了分析和论证。整体而言,安美特中国子公司的支持作用主要体现在融资担保措施的设定上,如何在中国法律允许的范畴内提供不同种类的担保措施以匹配贷款人的需求,对融资项目的顺利推进具有非常重要的意义。同时,中行上海分行后期参与到银团中,还促成了具有创新性的币种转换机制的引入,给借款人的融资带来了比较明显的便利和商业利益。

1. 跨境担保结构复杂

如前所述,本项目涉及全球多个法域的担保,其中涉及安美特中国境内资产担保结构的复杂性体现在以下几个方面:

(1)担保形式多样化。该等担保措施包含了由数家中国子公司提供的公司保证、在多处房产上设立的房地产抵押以及在数家第一层级中国子公司股权上设立的股权质押。

(2)担保完善手续复杂。该等跨境担保的完善,涉及与多个政府部门的沟通,包括不动产登记机构、工商部门和外管局。其中,不动产抵押登记手续涉及广州、上海和天津的不动产登记中心,股权质押登记手续涉及广州和扬州地区的工商部门。不同的登记机关对于申请材料的要求有所不同,且每一个登记机关对于同一份文件也存在不同的要求,使得担保登记手续复杂而烦琐。尤其是本项目中权利人为境外主体,部分登记机关从未操作过具有涉外因素的担保登记/备案事宜,无法提供清晰的要求,均须进行个案资料的审查判断。我们事先与相关登记机关进行了充分沟通,运用我们以往处理跨境融资项目的成功经验和先例,与登记机关讨论确认申请材料在形式和内容方面的各项要求。

(3)担保完善手续与内保外贷登记相关联。由于在未完成内保外贷登记之前,境内主体提供的担保措施可能因未能完成登记而影响担保的可执行性,且内保外贷登记的办理存在较大难度(详见下述第 2 点和第 3 点的分析),为避免因未

能完成内保外贷登记而给凯雷投资集团带来潜在的合规风险,[①]我们将内保外贷登记与中国子公司提供的担保关联,约定在内保外贷登记未能依照合同约定办理完成时,保证合同和抵押合同将自动终止。

2. 跨境担保的可操作性面临挑战

如前所述,由于本项目的并购融资涉及由安美特的中国子公司提供担保,这一结构构成"内保外贷"。根据国家外汇管理局于2014年5月12日发布的《关于发布〈跨境担保外汇管理规定〉的通知》(汇发〔2014〕29号,以下简称29号文)第三条第二款的规定,内保外贷是指担保人注册地在境内、债务人和债权人注册地均在境外的跨境担保(见图2)。从字面上理解,内保外贷即为"境内担保+境外债务",由境内担保人为境外债务人向境外债权人提供担保,用于担保境外债务的偿付;当境外债务到期应付或者因其他原因应当予以清偿而境外债务人未履行清偿义务时,境内担保人需要履行担保义务,将资金汇出境外以向境外债权人偿还被担保的境外债务。

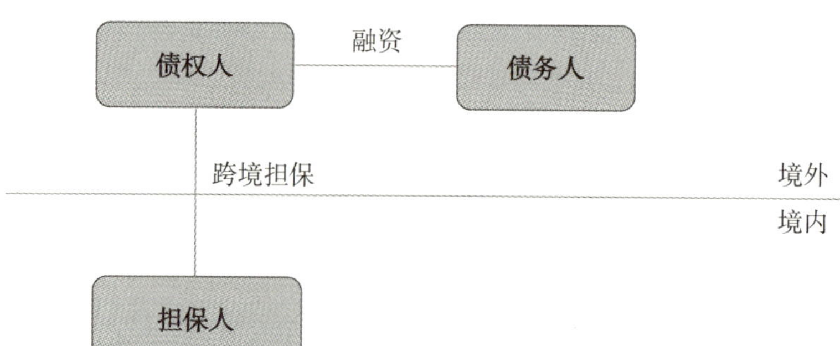

图2 "内保外贷"结构示意图

在本项目进行前期(2016年下半年),规范内保外贷交易的法规主要为29号文。根据29号文的相关规定,内保外贷项下的资金不得直接或者间接以股权、债

① 国家外汇管理局《关于发布〈跨境担保外汇管理规定〉的通知》(以下简称29号文)附件1第九条规定,担保人签订内保外贷合同后,如担保人为非银行金融机构或企业的,应在签订担保合同后15个工作日内到所在地外汇局办理内保外贷签约登记手续。29号文附件2第四部分第七条规定,担保人未按规定办理内保外贷登记的,应当按照《中华人民共和国外汇管理条例》(国务院令第532号,2008年5月8日生效)第四十八条的规定进行处罚。《中华人民共和国外汇管理条例》第四十八条规定,违反外汇登记管理规定的,由外汇管理机关责令改正,给予警告,对机构可以处30万元以下的罚款,对个人可以处5万元以下的罚款。

权投资回流境内。如果海外目标公司有超过50%的资产位于中国境内,则目标公司的中国子公司不得提供担保,否则即构成了29号文中列举的内保外贷项下资金间接回流境内的情形(根据29号文,担保项下资金直接或间接用于获得海外目标公司的股权,如目标公司50%以上资产在中国境内的,则视为内保外贷项下资金间接回流境内)。因此,在29号文项下,如目标公司有超过50%的资产位于中国境内时(更常见的情况是,只要目标公司有重大资产位于中国境内,外管局往往会对目标公司在中国境内的资产比例是否超过50%予以高度重视,要求提供充分材料予以证明),境外并购方无法使用目标公司境内资产为并购融资提供担保,这在很大程度上削弱境外并购方的融资能力。如前所述,考虑到本项目中安美特有接近50%的资产在中国境内,内保外贷的安排能否操作,存在比较大的不确定性。

在本项目进行过程中(2016年年底),国家的外汇政策开始转向以“鼓励流入,控制流出”的管理思路为指导,在此契机下,外管局于2017年1月26日发布了《关于进一步推进外汇管理改革完善真实合规性审核的通知》(汇发〔2017〕3号,以下简称3号文)。3号文实施以后,不论目标公司是否有50%以上资产在中国境内,并购方都可以利用目标公司在境内的资产/实体搭建内保外贷结构进行境外融资,既可以由中国境内公司提供保证,也可以考虑通过在目标公司的中国子公司持有的房地产、股权、设备、应收账款等资产之上设立担保。该等安排,一方面可以增强并购方的融资能力,使并购方可以尽快在境外落实并购所需的融资,加快并购交易的进程;另一方面提供充足的担保措施也为降低并购方的融资成本起到重要作用。

3. 内保外贷登记的审核要求趋严

根据29号文的规定,外管局应按照真实、合规原则对非银行机构担保人的登记申请进行程序性审核并办理登记手续。一直以来,并没有规定明确外管局在审查内保外贷登记时,需要从哪些方面来审核交易的真实性和合规性。但随着国家的外汇政策转向以“鼓励流入,控制流出”的管理思路为指导,且由于实践中出现了一些境内机构滥用内保外贷交易结构、通过担保履约的方式将资金转移出境的情形,外管局进一步加强了对内保外贷交易结构的审查。在此背景下,2017年11月24日,国家外汇管理局综合司印发了《关于完善银行内保外贷外汇管理的通知》(汇综发〔2017〕108号),进一步明确和细化了对于内保外贷交易的审核要求,并将重点放在债务人自身是否具备足够的清偿能力或可预期的还款资金来源上,这在客观上限制了内保外贷结构在部分跨境交易中的使用。

例如,在跨境并购交易中,并购主体往往是投资人为了并购之目的而设立的特殊目的公司;由于特殊目的公司通常仅仅是作为投资和融资平台存在,本身并不拥有成熟的、与母公司的经营形成协同效应的运营模式,其通常也很难在短期内从所投资的项目中获得较为稳定的收益。有鉴于此,一般此类跨境并购交易中作为债务人的特殊目的公司较难证明自身的偿债能力。为此,需要就借款人本身的资产状况以及现金流、目标公司的财务状况以及分红情况以及投资人在作出投资决策时的财务预测等资料和信息进行梳理和分析,并与当地外管局官员进行充分沟通和交流。此外,考虑到外管局监管态度的这一转变,在设计包含内保外贷安排的跨境并购项目的交易架构时,选择合适的主体作为并购方和借款人就显得尤为重要。

由于完成内保外贷登记往往是跨境融资交易中融资方的一项重要义务,该义务未完成很可能造成贷款资金无法提取,或者(在完成登记作为融资方的后续义务的情况下)触发融资方在融资文件项下的违约并导致融资交易的最终失败,因此,在内保外贷审核要求趋严的形势下,如何顺应政策变化提供符合要求的申请材料,对涉及内保外贷安排的融资交易而言是一个挑战。

4. 利用"自贸贷"为借款人量身定制币种转换机制

考虑到借款人来源于其中国子公司的利润分配和现金流将构成还款资金来源的重要组成部分,而该等利润分配及现金流均为人民币,因此还贷币种转换机制的独特设计可以更好地匹配借款人未来的还款资金来源,降低本项目的汇率风险。具体而言,中国银行上海市分行通过自贸区分账核算单元(FTU)承担定期贷款中5亿美元的贷款额度,在交割时向借款人开立在自贸区的境外机构自由贸易账户(FTN)发放美元贷款,并约定在贷款期间内借款人可以将美元贷款转换为等值人民币贷款并以人民币进行还款。对于现金流主要来源于境内的跨国公司来说,这种创新的"自贸贷"安排,可以较好地匹配借款人的还款来源币种,有效地降低汇率风险,对同类型的项目具有一定的借鉴意义。

自贸贷的另一个优势是由境内主体为自贸区分行提供的担保措施,不属于内保外贷而属于跨境担保中的其他形式担保,依照法律规定当事人可自行签订担保合同,不需要办理跨境担保登记或备案手续。

四、结语

在全球跨境并购中目标公司持有大量境内资产的情况下，并购方可以充分利用目标公司的境内资产为其跨境并购融资提供支持。在中国法允许的范围内，可以在目标公司的境内资产上设定的担保措施包括但不限于抵押、质押和保证以及其他具有类似效果的安排。同时，可以充分考虑诸如自贸区贷款的金融创新安排，利用币种转换机制来规避汇率风险。此外，考虑到外汇管理相关法规可能会根据国家政策的调整而发生较为显著的变化，在具体项目开展过程中需要密切关注相关领域法规的变化，以及时地作出调整和应对，促进项目的顺利完成。

7

资产证券化

某权益型类 REITs 项目相关法律问题分析*

项目团队主要合伙人**

** 作者简介：
刘柏荣　合伙人
中伦律师事务所北京办公室
liuborong@ zhonglun. com
马会军　合伙人
中伦律师事务所北京办公室
mahuijun@ zhonglun. com
许　苇　合伙人
中伦律师事务所北京办公室
weixu@ zhonglun. com
贾　勇　授薪合伙人
中伦律师事务所北京办公室
jiayong@ zhonglun. com

* 声明：本文所涉及的案例分析，是对笔者所在团队参与的某权益型类 REITs 项目的相关实践进行的提炼和总结，相关分析意见仅供同类权益型类 REITs 项目操作的一般性参考，不作为本所出具的法律意见。

重点综述:目前我国尚未正式出台 REITs 制度,但近年来逐渐形成了以专项计划为载体开展类 REITs 项目的主要实践模式。本文以笔者所在团队参与的某权益型类 REITs 项目为例,介绍和分析了本项目的交易结构及其法律关注要点,以及不动产等底层资产重组、相关治理结构、投资者固定收益的兑付、项目退出等主要交易安排。此外,本文还就本项目中关于引入过桥资金、构建项目公司负债、外资企业股权转让等交易节点问题进行了探讨。类 REITs 项目实践对将来 REITs 制度的出台和 REITs 产品的开展具有重要的铺垫意义。

一、引言

房地产投资信托基金(Real Estate Investment Trusts,REITs),是指通过公司、信托或其他组织形式募集资金并投资于具有稳定收入的房地产,由专业的机构进行管理,并将大部分收益分配给投资者的一种金融工具。除我国香港和台湾地区外,我国目前尚未正式出台 REITs 制度,而是借助资产证券化等方式进行类 REITs 的探索。

2016 年,为了落实中央关于盘活存量资产,开展资产证券化的精神,某客户拟以其所持有的优质商业物业作为标的物业开展权益型类 REITs 的业务创新,为市场推出最具有 REITs 特征的资产证券化产品。笔者所在团队为该权益型类 REITs 项目(以下简称本项目)提供了全程法律服务。与目前我国市场上绝大多数属于融资型类 REITs 的产品相比,我们认为,本项目是我国市场上首单真正的权益型类 REITs 项目。上海证券交易所相关领导评价本项目为“出表型权益类 REITs 项目的标杆,很有典型意义,是真正实现资产出表且同时条款设计也比较细致的一个项目”。下文我们将以本项目为例,通过对本项目中的相关法律问题的分析,以期能够对其他的类 REITs 项目提供有益的借鉴。

二、本项目的交易结构及其法律关注要点

从实践来看,目前我国主要以中国证券监督管理委员会(以下简称证监会)主管的证券公司、基金管理公司子公司资产支持专项计划(以下简称专项计划)为载体开展类 REITs 项目,并主要采用了“私募基金 + 专项计划”“财产权信托 + 专项

计划”“资金信托 + 专项计划”“股权 + 专项计划”四种典型交易结构。其中,“私募基金 + 专项计划”的交易结构被广泛地采用,是目前我国类 REITs 项目中的主流交易结构,本项目亦是采用了该种交易结构。以下我们将对本项目的交易结构的基本交易结构图、主要交易流程、交易结构设计要点与考虑因素以及相应法律关注要点进行具体介绍和分析。

(一)交易结构概述

本项目的交易结构的基本交易结构如图 1 所示。

本项目的主要交易流程为:

(1)成立私募基金:原始权益人作为初始基金份额认购人与基金管理人等签署《基金合同》等文件,基金管理人设立契约型私募基金(以下简称私募基金),原始权益人认购全部基金份额并实缴首期出资。

(2)专项计划设立与基础资产投资:计划管理人与投资者签署《认购协议》等文件,计划管理人设立专项计划并向投资者发行资产支持证券募集资金,计划管理人(代表专项计划)以募集资金向原始权益人受让全部基金份额,并向私募基金履行剩余实缴出资义务。

(3)私募基金对 SPV 进行“股权 + 债权”投资:基金管理人(代表私募基金)设立 SPV 并向 SPV 进行债权投资,从而私募基金取得对 SPV 的股权和债权。

(4)SPV 购买项目公司股权与反向吸收合并:SPV 向项目公司的股东购买项目公司 100% 的股权,在 SPV 取得项目公司的股权后,项目公司反向吸收合并 SPV,从而实现私募基金对项目公司进行“股权 + 债权”的投资。

(5)产品的分配机制:本项目设置普通分配、处置分配和清算分配等分配退出机制。本项目的期间收益是在普通分配情形下以标的物业运营收入作为最终的现金流来源,其本金退出是通过处置分配、清算分配等方式实现。

(二)交易结构的设计要点与考虑因素

就本项目的交易结构的主要设计要点与考虑因素,简要分析如下:

1. 采用“双 SPV”结构设计的考虑因素

从法律的角度,本项目采用“双 SPV”结构设计的主要考虑因素是避免基础资产违反负面清单的相关要求。根据中国证券投资基金业协会(以下简称基金业协

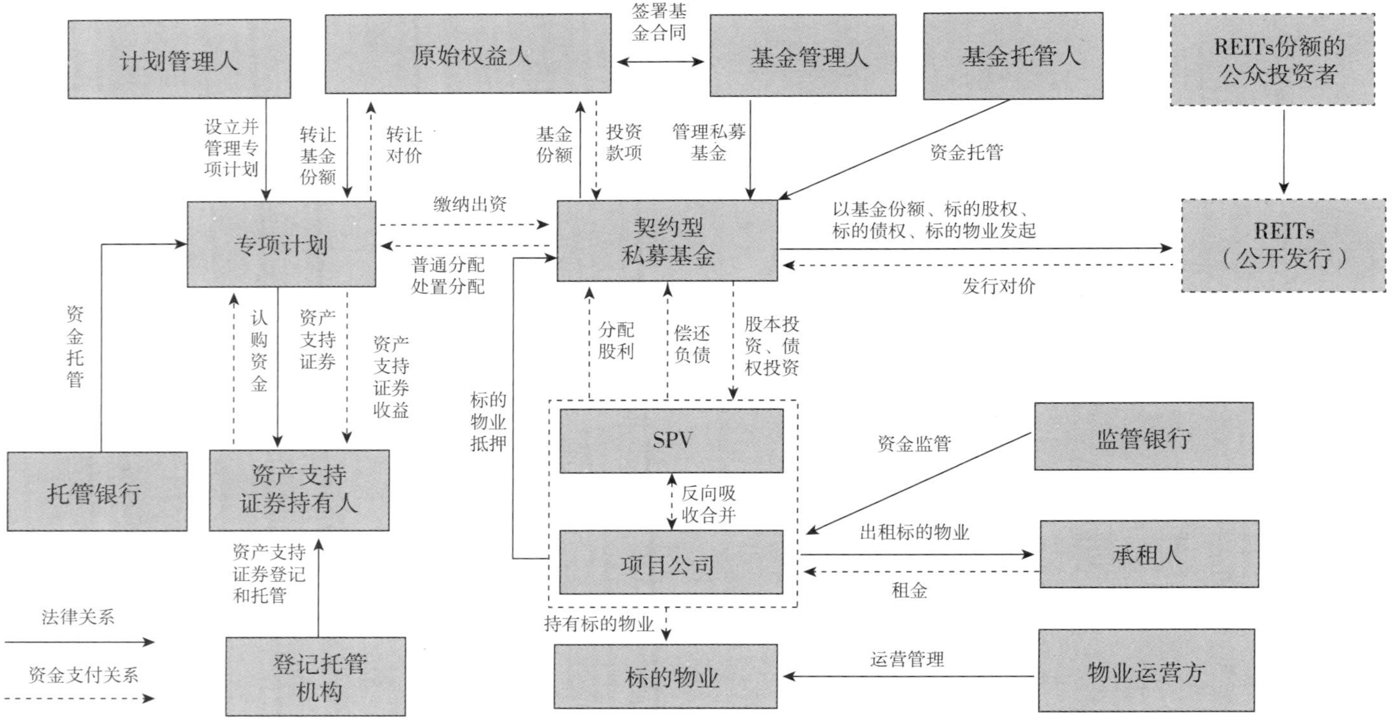

图 1　本项目基本交易结构图

会）发布的《资产证券化基础资产负面清单》（以下简称《负面清单》）第六条[①]的规定，“法律界定及业务形态属于不同类型且缺乏相关性的资产组合”，不得作为资产证券化的基础资产。因此，如由专项计划直接持有项目公司股权和对项目公司的债权这两种不同性质、类型的资产组合，可能违反前述第六条的规定。所以，本项目将股权、债权的资产组合下沉并装入私募基金的载体，然后以私募基金份额作为基础资产，以避免违反《负面清单》的规定。

2. 构建“股 + 债”结构设计的考虑因素

在本项目中，除由私募基金的载体通过 SPV 间接持有项目公司的股权外，还构建了私募基金的载体对 SPV 的债权，从而形成“股 + 债”的结构。其中，关于负债构建的具体方案，详见本文“本项目的主要交易节点问题”部分的分析。关于构建债权的结构设计主要有以下几个方面的考虑：

（1）基于满足证券化基础资产现金流持续、稳定的要求。根据《证券公司及基金管理公司子公司资产证券化业务管理规定》（以下简称《证券化管理规定》）第三条第二款[②]的规定，基础资产的“现金流应当持续、稳定”。其中，就股权项下的股利分配而言，需要以满足《公司法》规定的有税后利润为基本前提，并遵守先行弥补亏损、提取法定公积金及任意公积金（如有）、履行内部决议审批程序等相关规定，因此，股利分配所产生的现金流稳定性、确定性可能相对较弱，而债权具有固定还本付息的特征，且可以相对灵活设置债权的还本付息安排，从而更好地实现与专项计划兑付的现金流匹配。

（2）基于税收优化的考虑。根据《企业所得税法》第六条[③]的规定，企业取得

---

① 《资产证券化基础资产负面清单》第六条规定：“法律界定及业务形态属于不同类型且缺乏相关性的资产组合，如基础资产中包含企业应收账款、高速公路收费权等两种或两种以上不同类型资产。”

② 《证券公司及基金管理公司子公司资产证券化业务管理规定》第三条规定：“本规定所称基础资产，是指符合法律法规规定，权属明确，可以产生独立、可预测的现金流且可特定化的财产权利或者财产。基础资产可以是单项财产权利或者财产，也可以是多项财产权利或者财产构成的资产组合。前款规定的财产权利或者财产，其交易基础应当真实，交易对价应当公允，现金流应当持续、稳定。基础资产可以是企业应收款、租赁债权、信贷资产、信托受益权等财产权利，基础设施、商业物业等不动产财产或不动产收益权，以及中国证监会认可的其他财产或财产权利。”

③ 《企业所得税法》第六条规定：“企业以货币形式和非货币形式从各种来源取得的收入，为收入总额。包括：（一）销售货物收入；（二）提供劳务收入；（三）转让财产收入；（四）股息、红利等权益性投资收益；（五）利息收入；（六）租金收入；（七）特许权使用费收入；（八）接受捐赠收入；（九）其他收入。”

的股利分配收入需要缴纳企业所得税。根据《企业所得税法》第十条[①]的规定,在计算应纳税所得额时,向投资者支付的股息、红利等权益性投资收益款项不得扣除。而根据财政部、国家税务总局《关于企业关联方利息支出税前扣除标准有关税收政策问题的通知》(财税〔2008〕121 号,以下简称《通知》)第一条[②]的规定,企业实际支付给关联方的利息支出在其接受关联方债权性投资与其权益性投资比例不超过 2∶1 的范围内准予扣除。因此,在符合前述《通知》相关规定的前提下,SPV 偿还债权的相应利息可以进行税前扣除。

(3)基于构造不动产抵押的主债务的需要。根据《物权法》第一百七十九条[③]的规定,不动产的抵押权人对于不动产具有优先受偿的权利,且不动产的抵押权登记具有公示和对抗善意第三人的法律效力。因此,在本项目中,投资者希望引入不动产抵押的增信方式作为风控措施之一。而根据《担保法》第三十三条[④]以及《物权法》第一百七十九条[⑤]的规定,抵押权的设立需要以被担保的主债务存在为前提。因此,在本项目中,需要构造私募基金的载体对 SPV 的债权,从而实现设

---

① 《企业所得税法》第十条规定:"在计算应纳税所得额时,下列支出不得扣除:(一)向投资者支付的股息、红利等权益性投资收益款项;(二)企业所得税税款;(三)税收滞纳金;(四)罚金、罚款和被没收财物的损失;(五)本法第九条规定以外的捐赠支出;(六)赞助支出;(七)未经核定的准备金支出;(八)与取得收入无关的其他支出。"

② 财政部、国家税务总局《关于企业关联方利息支出税前扣除标准有关税收政策问题的通知》第一条规定:"在计算应纳税所得额时,企业实际支付给关联方的利息支出,不超过以下规定比例和税法及其实施条例有关规定计算的部分,准予扣除,超过的部分不得在发生当期和以后年度扣除。

企业实际支付给关联方的利息支出,除符合本通知第二条规定外,其接受关联方债权性投资与其权益性投资比例为:

(一)金融企业,为 5∶1;

(二)其他企业,为 2∶1。"

③ 《物权法》第一百七十九条规定:"为担保债务的履行,债务人或者第三人不转移财产的占有,将该财产抵押给债权人的,债务人不履行到期债务或者发生当事人约定的实现抵押权的情形,债权人有权就该财产优先受偿。前款规定的债务人或者第三人为抵押人,债权人为抵押权人,提供担保的财产为抵押财产。"

④ 《担保法》第三十三条规定:"本法所称抵押,是指债务人或者第三人不转移对本法第三十四条所列财产的占有,将该财产作为债权的担保。债务人不履行债务时,债权人有权依照本法规定以该财产折价或者以拍卖、变卖该财产的价款优先受偿。前款规定的债务人或者第三人为抵押人,债权人为抵押权人,提供担保的财产为抵押物。"

⑤ 《物权法》第一百七十九条规定:"为担保债务的履行,债务人或者第三人不转移财产的占有,将该财产抵押给债权人的,债务人不履行到期债务或者发生当事人约定的实现抵押权的情形,债权人有权就该财产优先受偿。前款规定的债务人或者第三人为抵押人,债权人为抵押权人,提供担保的财产为抵押财产。"

立不动产抵押权的目的。

（三）交易结构的法律关注要点

本项目的交易结构的主要特点在于引入了私募基金结构，因此，其法律关注要点主要是关于私募基金的设立、投资运作等方面的合法合规性要求，具体包括但不限于以下方面。

1. 私募基金应遵守“先备案，后投资”的监管要求

根据《私募投资基金监督管理暂行办法》（证监会令第105号）第八条①的规定，私募基金应当遵守“先备案、后投资”的监管要求。因此，在本项目中，一方面，基金管理人、基金托管人等主体应当严格遵守前述监管要求，防范在私募基金完成备案之前即对SPV进行股权和债权投资的合规性风险；另一方面，本项目的整体项目进度需要充分考虑私募基金备案的时间周期，合理安排项目时间表。

2. 私募基金需关注和遵守债权投资的相关监管要求

近年来，基金业协会提出对私募基金专业化经营的要求，其中，关于私募股权投资基金进行股权加债权的投资方式，可能属于不被鼓励的范畴。当然，从本项目的实践来看，经先行尝试备案并根据基金业协会的反馈、沟通进行产品备案调整后，本项目的私募基金最终获得了基金业协会的备案。但鉴于私募基金专业化经营的原则以及私募基金备案要求可能的变动性，对于以后的类REITs项目，建议高度关注相关监管要求，并就该等安排提前与基金业协会予以沟通确认，并严格按照基金业协会关于是否可以进行债权投资以及股债比例等事项的监管要求设计产品结构，或者改为采用“财产权信托＋专项计划”“资金信托＋专项计划”等交易结构以避免采用私募基金结构所存在的备案结果不确定的风险。

三、本项目的主要交易安排

在一般的公募REITs产品中，REITs份额类似于股票，投资者的股利收入主要来源于期间物业的租金收入而非任何主体的非资产现金流入，本金的偿付有赖

① 《私募投资基金监督管理暂行办法》（证监会令第105号）第八条规定：“各类私募基金募集完毕，私募基金管理人应当根据基金业协会的规定，办理基金备案手续，报送以下基本信息……基金业协会应当在私募基金备案材料齐备后的20个工作日内，通过网站公告私募基金名单及其基本情况的方式，为私募基金办结备案手续。”

于对物业的处置。但目前我国市场上绝大多数的类 REITs 产品,实际是以原始权益人的融资为目的,在交易安排上往往会设置较多的增信措施,引入相关主体的主体信用,为投资者的收益和本金的偿付提供实质兜底,与标准的公募 REITs 产品存在较大差异。而本项目与公募 REITs 产品相同,投资者期间的现金流偿付仅依靠物业的租金收入,到期本金的偿付仅依靠对物业进行处置,因此,我们认为本项目是目前我国类 REITs 项目中最具有典型代表意义的、真正的权益型类 REITs 项目。

从交易安排上,权益型类 REITs 项目一般需要在法律上实现破产隔离,在会计上实现项目公司及其所持有的标的物业的真正出表。由于本项目的原始权益人的关联公司持有全部权益级资产支持证券,因此本项目实现资产出表的难度极大。但根据我们与会计师进行的细致沟通,并且对交易文件相关条款的内容进行了复杂的设计,最终仍然实现了资产的真正出表,产生了较大的市场示范效应。以下我们将基于前述目标,对本项目的主要交易安排进行具体的解释和分析。

(一)不动产等底层资产的重组安排

不动产等底层资产的重组安排主要是关于如何将不动产装入项目公司以及如何将项目公司的股权直接或间接(如引入 SPV)装入私募基金或信托或专项计划等载体的一系列安排,从而在法律上实现破产隔离。

在本项目中,关于不动产等底层资产的重组安排较为复杂,一方面,由于项目公司为外资企业,底层资产重组过程涉及了商管、工商、外汇等诸多方面的法律和监管问题;另一方面,为了实现税收优化和资金使用效率的提高,底层资产重组涉及的交易步骤较为复杂,即先由基金管理人(代表私募基金)设立 SPV 并向其发放委托贷款,之后由 SPV 向项目公司的股东(某境外公司)购买项目公司 100% 的股权,然后项目公司反向吸收合并 SPV,从而最终实现基金管理人(代表私募基金)间接持有标的物业。底层资产重组的具体安排见图 2:

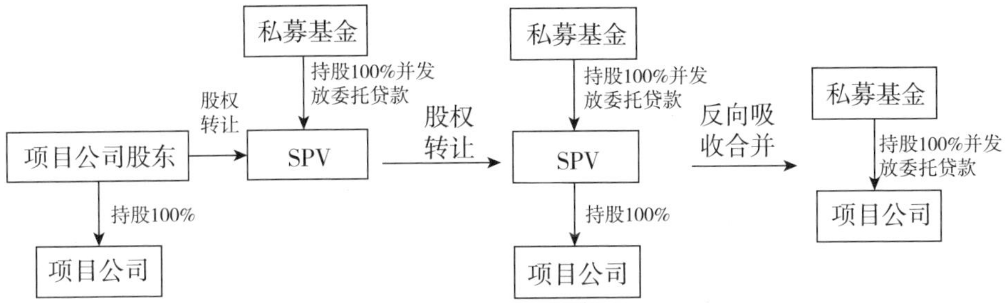

图 2 底层资产重组安排结构图

（二）相关治理结构安排

本项目涉及专项计划、私募基金、SPV、项目公司等多层主体或载体，为保障专项计划对项目公司的实际控制，我们在相关交易文件以及 SPV 和项目公司的章程中设计了相应的条款，规定就 SPV 和项目公司的资产处置、对外融资、对外担保、经营计划、预算以及预算外支出的审批、董事、监事、高级管理人员等的委派等事项，最终由专项计划或私募基金决定。相关治理结构安排，往往也是会计师判断资产能否真正出表的重要考量因素。

在本项目中，为了实现投资者对标的物业的价值享有真正的权益，交易文件约定优先 B 级资产支持证券持有人对标的物业的增值部分享有超额收益。为满足会计师基于资产出表目的提出的相关要求，交易文件在关于相关治理结构的安排中，赋予了优先 B 级资产支持证券持有人对标的物业运营、管理、处置等相关事项的重要表决权，保证优先 B 级资产支持证券持有人能够积极有效地参与标的物业的运营、管理与处置。具体如下：

（1）涉及标的资产处置的安排：根据交易文件的约定，资产支持证券持有人大会有权决定出售、转让全部或部分基金份额、标的股权、标的物业或标的债权以及相关的处置方案（包括但不限于处置的具体资产内容、处置价格等），并且前述事项必须经出席的全部资产支持证券持有人表决权总数的一定比例以上的同意方可通过。

（2）涉及项目公司资本支出和对外举债的安排：根据交易文件的约定，资产支持证券持有人大会有权决定超过一定限额的项目公司的资本支出和对外举债，并且前述事项必须经出席的全部资产支持证券持有人表决权总数的一定比例以上的同意方可通过。

(3)涉及项目公司年度预算审议的安排:根据交易文件的约定,项目公司的年度预算由计划管理人审议决定。但计划管理人在决定项目公司的年度预算时,应提前通知全体资产支持证券持有人。如对项目公司的年度预算提出异议的资产支持证券持有人超过全体资产支持证券持有人的一定表决权数额,则计划管理人应要求项目公司调整年度预算方案并重新履行前述程序。

在上述治理结构的安排中,通过相关事项所需的资产支持证券持有人所拥有的表决权数额,是根据专项计划不同类别的资产支持证券持有人(特别是优先B级资产支持证券持有人)在资产支持证券持有人大会中所拥有的表决权的比例进行的特殊设置,从而能够真正实现优先B级资产支持证券持有人对相关事项享有重要表决权。

(三)投资者固定收益的兑付安排

关于类REITs项目中投资者的固定收益的兑付,实践中主要存在如下常见安排:(1)通过项目公司负债的构建为期间收益兑付提供稳定的现金流来源。(2)由相关方定期支付权利对价金或权利维持费的安排。(3)由相关方对底层物业租金提供差额补足、包租、履约保证金等安排。(4)在专项计划层面设置差额补足、储备金等安排。投资者固定收益的兑付安排,同样也是会计师判断资产能否真正出表的重要考量因素。

在融资型类REITs项目中,往往会同时设置以上全部或大部分的安排,旨在引入相关主体的主体信用,为投资者的固定收益的兑付提供实质兜底。但在本项目中,仅安排了通过项目公司负债的构建为期间收益兑付提供稳定的现金流来源,投资者的固定收益的兑付仍然仅依靠底层物业的租金收入,这也是权益型类REITs与融资型类REITs相区别的重要特征。

(四)项目退出安排

本项目的退出安排,主要包括售回优先级资产支持证券并由流动性支持机构提供流动性支持、优先收购权人行使对优先B级资产支持证券、标的资产的优先收购权、向第三方处置标的资产、公募REITs上市等方式,其同样也是会计师判断资产能否真正出表的重要考量因素。

在本项目中,为实现资产的真正出表,我们根据与会计师的沟通,对本项目退出安排中的流动性支持安排和优先收购安排所涉及的价格确定方式进行了较为特殊的设计，主要如下：

(1)关于流动性支持机构提供流动性支持的价格确定方式：根据交易文件的约定，流动性支持机构对优先级资产支持证券的售回承担流动性支持义务，但流动性支持机构应基于届时的市场价格接收售回。市场价格由流动性支持机构与参与售回的优先级资产支持证券持有人在计划管理人询价的基础上协商或根据询价结果确定，从而保障参与售回的优先级资产支持证券持有人的利益。

(2)关于优先收购权人行使优先收购权的价格确定方式：根据交易文件的约定，优先收购权人对优先B级资产支持证券和标的资产享有优先收购权，但优先收购权人的行权价格应基于优先B级资产支持证券、标的资产的市场价格确定。在无法协商确定优先B级资产支持证券、标的资产的市场价格的情况下，优先收购权人的优先收购权不具有强制性，从而确保优先收购权不会剥夺优先B级资产支持证券持有人获取超额收益的权利。

四、本项目的主要交易节点问题

本项目涉及的主要交易节点问题，包括引入过桥资金、构建项目公司负债以及外资企业股权转让等问题。

(一)关于引入过桥资金的问题

在本项目中，需要引入过桥资金先行形成基础资产。因为根据《证券化管理规定》第十条①的规定，原始权益人应当确保基础资产真实、合法、有效。因此，基础资产的形成是其"真实、合法、有效"的基本前提。在实践中，交易所一般也要求在专项计划设立前须先行形成基础资产，而不宜完全以专项计划募集资金去新投资形成基础资产。对此，为了缓释引入过桥资金导致的资金沉淀成本，本项目采用了私募基金分期实缴的方式，即在私募基金设立时，仅对私募基金进行部分实缴出资；在专项计划设立并受让私募基金份额后，再由专项计划履行对私募基金的剩余实缴出资义务。

如前所述，引入过桥资金先行形成基础资产的安排主要是为了满足当前证券

① 《证券公司及基金管理公司子公司资产证券化业务管理规定》第十条规定："原始权益人向管理人等有关业务参与人所提交的文件应当真实、准确、完整，不存在虚假记载、误导性陈述或者重大遗漏；原始权益人应当确保基础资产真实、合法、有效，不存在虚假或欺诈性转移等任何影响专项计划设立的情形。"

化的相关监管要求,但会因此增加交易成本。对此,建议在我国未来推出 REITs 制度时,能够更加注重交易的实质,允许发起机构直接以股权、债权或不动产等财产或财产权利实物认缴相应的 REITs 份额,或者采取类资金信托模式,从而能够简化交易流程、提高交易效率、节省交易成本。

(二)关于构建项目公司负债的问题

在本项目中,项目公司负债的构建,采用的是新发放委托贷款的方案。该方案具体系指由私募基金通过委贷银行向 SPV 发放委托贷款;在 SPV 取得项目公司 100% 的股权后,由项目公司反向吸收合并 SPV,并承继 SPV 对私募基金在委托贷款项下的债务。

然而,需要注意的是,中国银行保险监督管理委员会(以下简称银保监会)于 2018 年 1 月 5 日发布了《商业银行委托贷款管理办法》(银监发〔2018〕2 号,以下简称《委贷管理办法》),对于委托贷款业务定位和各方当事人职责、委托贷款的资金来源、资金用途等方面进行了具体规定。该《委贷管理办法》对于本项目所采用的构建项目公司负债的方案可能产生较大的影响,具体如下:

(1)委托贷款资金来源不得为“受托管理的他人资金”。根据《委贷管理办法》第十条[①]第一款第一项的规定,商业银行不得接受委托人以“受托管理的他人资金”发放委托贷款。本项目采用了由私募基金通过委贷银行向 SPV 发放委托贷款的安排,但由于私募基金并非我国法律项下的独立法律主体,不享有独立的财产权利,私募基金财产由基金管理人接受基金份额持有人的委托进行受托管理,而且专项计划作为私募基金份额持有人的资金来源也属于通过发行资产支持证券取得的募集资金。因此,在《委贷管理办法》发布之后,将无法继续采用前述由私募基金发放委托贷款的方案,否则,将违反《委贷管理办法》的相关规定。另外,如由原始权益人或相关方先行通过委贷银行向 SPV 和/或项目公司发放委托贷款之后,将该等委托贷款债权转让给私募基金的,按照穿透审查的原则,该等安排在实质上业存在违反《委贷管理办法》第十条规定的风险。

---

① 《商业银行委托贷款管理办法》第十条规定:“商业银行不得接受委托人下述资金发放委托贷款:(一)受托管理的他人资金。(二)银行的授信资金。(三)具有特定用途的各类专项基金(国务院有关部门另有规定的除外)。(四)其他债务性资金(国务院有关部门另有规定的除外)。(五)无法证明来源的资金。

企业集团发行债券筹集并用于集团内部的资金,不受本条规定限制。”

(2)委托贷款原则上不得用于进行股权性投资。根据《委贷管理办法》第十一条[①]第三项和第四项的规定,委托贷款的资金用途不得为:"(三)作为注册资本金、注册验资。(四)用于股本权益性投资或增资扩股(监管部门另有规定的除外)。"在本项目中,存在由SPV以从私募基金借入的委托贷款资金用于收购项目公司的股权的股权性投资安排。在《委贷管理办法》发布之后,将无法继续采用该等交易安排,否则存在违规的风险。

结合以上分析,鉴于信托公司具有直接发放信托贷款的业务资格,因此,对于以后的类REITs项目,我们建议:

第一,可以改为采用"财产权信托 + 专项计划""资金信托 + 专项计划"等交易结构。

第二,如确需采用"私募基金 + 专项计划"的交易结构,且需要对项目公司进行债权性投资的,建议采取由私募基金先行设立单一资金信托并通过信托公司向项目公司发放信托贷款的方案。当然,根据中国人民银行(以下简称人民银行)会同其他金融主管机关发布的《关于规范金融机构资产管理业务的指导意见》(以下简称《指导意见》)第二十二条第二款[②]的规定,前述"专项计划 + 私募基金 + 资金信托"的模式可能属于"多层嵌套"的情形,虽然该《指导意见》第三条[③]规定,"依据金融监督管理部门颁布规则开展的资产证券化业务,不适用本意见",但前述"不适用"是仅指狭义的"专项计划"不适用,还是宽泛地指同一单证券化产品项下所涉的各部分交易安排均不适用,有待相关主管机关对该《指导意见》的进一步解释、确认。因此,如采用前述方案,建议密切关注后续相关主管机关对于该《指导意见》的相关解释、确认,以确保交易方案的合法合规。

---

① 《商业银行委托贷款管理办法》第十一条规定:"商业银行受托发放的贷款应有明确用途,资金用途应符合法律法规、国家宏观调控和产业政策。资金用途不得为以下方面:(一)生产、经营或投资国家禁止的领域和用途。(二)从事债券、期货、金融衍生品、资产管理产品等投资。(三)作为注册资本金、注册验资。(四)用于股本权益性投资或增资扩股(监管部门另有规定的除外)。(五)其他违反监管规定的用途。"

② 《关于规范金融机构资产管理业务的指导意见》第二十二条第二款规定:"资产管理产品可以投资一层资产管理产品,但所投资的资产管理产品不得再投资公募证券投资基金以外的资产管理产品。"

③ 《关于规范金融机构资产管理业务的指导意见》第三条规定:"资产管理产品包括但不限于人民币或外币形式的银行非保本理财产品,资金信托,证券公司、证券公司子公司、基金管理公司、基金管理子公司、期货公司、期货公司子公司、保险资产管理机构、金融资产投资公司发行的资产管理产品等。依据金融管理部门颁布规则开展的资产证券化业务,依据人力资源社会保障部门颁布规则发行的养老金产品,不适用本意见。"

（三）关于外资企业股权转让的相关问题

1. 外资企业股权转让的审批问题

在本项目中，由于项目公司为外资企业，因此在底层资产的重组过程中，涉及项目公司的股权转让是否需要经过外商投资相关审批程序的问题。

根据《外资企业法》第十条①和第二十三条②的规定，以及《外商投资企业设立及变更备案管理暂行办法》第二条③和第六条第一款④的规定，除涉及国家规定实施特别管理措施的外商投资企业的股权转让应当经过相关审批机构的批准外，其他外商投资企业的股权转让无须经过相关审批程序，仅须办理相关商务变更备案手续。在本项目中，由于项目公司不涉及外商投资准入特别管理措施，因而项目公司的股权转让无须经过上述相关审批程序。

需要注意的是，虽然根据国家发展和改革委员会、商务部发布的《外商投资准入特别管理措施（负面清单）（2018 年版）》的规定，一般的房地产领域已不涉及外

① 《外资企业法》第十条规定："外资企业分立、合并或者其他重要事项变更，应当报审查批准机关批准，并向工商行政管理机关办理变更登记手续。"

② 《外资企业法》第二十三条规定："举办外资企业不涉及国家规定实施准入特别管理措施的，对本法第六条、第十条、第二十条规定的审批事项，适用备案管理。国家规定的准入特别管理措施由国务院发布或者批准发布。"

③ 《外商投资企业设立及变更备案管理暂行办法》第二条规定："外商投资企业的设立及变更，不涉及国家规定实施准入特别管理措施的，适用本办法。"

④ 《外商投资企业设立及变更备案管理暂行办法》第六条第一款、第二款规定："属于本办法规定的备案范围的外商投资企业，发生以下变更事项的，应由外商投资企业指定的代表或委托的代理人在变更事项发生后30 日内通过综合管理系统在线填报和提交《外商投资企业变更备案申报表》（以下简称《变更申报表》）及相关文件，办理变更备案手续：

（一）外商投资企业基本信息变更，包括名称、注册地址、企业类型、经营期限、投资行业、业务类型、经营范围、是否属于国家规定的进口设备减免税范围、注册资本、投资总额、组织机构构成、法定代表人、外商投资企业最终实际控制人信息、联系人及联系方式变更；

（二）外商投资企业投资者基本信息变更，包括姓名（名称）、国籍/地区或地址（注册地或注册地址）、证照类型及号码、认缴出资额、出资方式、出资期限、资金来源地、投资者类型变更；

（三）并购设立外商投资企业交易基本信息变更；

（四）股权（股份）、合作权益变更；

（五）合并、分立、终止；

（六）外资企业财产权益对外抵押转让；

（七）中外合作企业外国合作者先行回收投资；

（八）中外合作企业委托经营管理。

其中，合并、分立、减资等事项依照相关法律法规规定应当公告的，应当在办理变更备案时说明依法办理公告手续情况。"

商投资准入特别管理措施。但是，由于涉及外商投资准入特别管理措施的领域后续会根据我国的政策需要不断进行调整、更新，因此，对于以后的类 REITs 项目，建议密切关注后续我国关于外商投资准入特别管理措施（负面清单）所涉及领域的变化，以确保项目的合法合规。

2. 股权转让价款的跨境支付问题

在本项目中，由于项目公司的股权转让方为境外公司，因而涉及项目公司股权转让价款的跨境支付问题。根据我国外汇管理的相关规定，如涉及项目公司股权转让价款的跨境支付，可以考虑以下几种方案：

（1）购汇并向境外支付股权转让价款。根据《外国投资者境内直接投资外汇管理规定》第十条第二款①的规定，项目公司的股权受让方可以在银行办理购汇并向境外的股权转让方支付相应的股权转让价款。

（2）以人民币向境外支付股权转让价款。根据《外商直接投资人民币结算业务管理办法》第十三条②的规定，项目公司的股权受让方可以在银行审核国家有关部门的批准或备案文件和纳税证明后以人民币向境外的股权转让方支付相应的股权转让价款。

（3）将股权转让价款用于境内再投资。根据《境内直接投资业务操作指引》③的相关规定，以及《外商直接投资人民币结算业务管理办法》第五条④的规定，项

① 《外国投资者境内直接投资外汇管理规定》第十条第二款规定："因受让外国投资者所持外商投资企业股权需向境外汇出资金的，境内股权受让方在外商投资企业办理相应登记后，可在银行办理购汇及对外支付。"

② 《外商直接投资人民币结算业务管理办法》第十三条规定："境外投资者将因减资、转股、清算、先行回收投资等所得人民币资金汇出境内的，银行应当在审核国家有关部门的批准或备案文件和纳税证明后为其办理人民币资金汇出手续。"

③ 《境内直接投资业务操作指引》规定："外国投资者以其在境内合法取得的利润用于境内再投资或转增资本的，出资方式登记为人民币利润再投资，以其在境内股权转让所得、减资所得、先行回收所得、清算所得用于境内再投资和以所投资企业的盈余公积、资本公积转增资本的，出资方式登记为非人民币利润再投资。"

④ 《外商直接投资人民币结算业务管理办法》第五条规定："境外投资者办理外商直接投资人民币结算业务，可以按照《人民币银行结算账户管理办法》、《境外机构人民币银行结算账户管理办法》（银发〔2010〕249 号文印发）等银行结算账户管理规定，申请开立境外机构人民币银行结算账户。其中，与投资项目有关的人民币前期费用资金和通过利润分配、清算、减资、股权转让、先行回收投资等获得的用于境内再投资人民币资金应当按照专户专用原则，分别开立人民币前期费用专用存款账户和人民币再投资专用存款账户存放，账户不得办理现金收付业务。"

目公司的股权转让方可以在境内开立人民币再投资专用存款账户,将项目公司股权转让所得的人民币资金存入前述账户用于境内再投资。

在本项目中,考虑到我国外汇管理政策的持续变动性,为降低股权转让价款支付中的不确定性,我们在交易文件中进行了如下安排:(1)从转让价款的支付方式上,约定项目公司的股权受让方可以以人民币或者股权转让方可接受的其他币种支付股权转让价款;(2)从转让价款的接收方式上,约定股权转让方通过股权受让方开立的共管账户或者双方另行约定的其他方式接收股权转让价款。

五、结语

虽然除我国香港和台湾地区外,我国目前尚未正式出台 REITs 制度,但近年来,相应主管机关以及市场机构已对 REITs 制度以及 REITs 产品进行了较为深入的研究和探索。其中,我国类 REITs 项目的实践在一定程度上弥补了 REITs 产品的缺憾,尤其是以专项计划为载体的类 REITs 项目,在借鉴 REITs 的核心理念与交易机制基础上,已经达到了相当可观的发行规模,在交易结构、底层资产、项目操作经验、投资者市场等诸多方面对将来 REITs 制度的出台和 REITs 产品的开展具有重要的铺垫意义。

当然,相较于国际上成熟的 REITs 产品,我国的类 REITs 毕竟不是真正的 REITs,仍然存在诸多的问题。并且,我国目前绝大多数的类 REITs 产品属于融资型类 REITs,与标准 REITs 产品的权益属性仍有较大的差距。因此,一方面,我们呼吁市场相关各方能够共同努力,推出更多的真正的权益型类 REITs 产品,不断向标准 REITs 产品靠拢,为未来 REITs 产品的开展培养更好的市场土壤;另一方面,我们也应当明确,上述问题的根本解决之路乃是我国应当尽快出台 REITs 的专门、统一性法律规定,实现类 REITs 向 REITs 的转换。

某住房租赁权益型类 REITs 项目的案例分析*

项目团队主要合伙人**

** 作者简介：

刘柏荣　合伙人
中伦律师事务所北京办公室
liuborong@ zhonglun. com

许　苇　合伙人
中伦律师事务所北京办公室
weixu@ zhonglun. com

魏轶东　合伙人
中伦律师事务所北京办公室
weiyidong@ zhonglun. com

陈　芳　合伙人
中伦律师事务所上海办公室
catherinechen@ zhonglun. com

* 声明：本案例分析主要是结合笔者作为专项法律服务顾问所参与的某储架发行模式住房租赁权益型类 RETIs 项目（以下简称本项目），以及市场上同类项目的相关实践提炼、撰写，相关分析意见仅供同类住房租赁权益型类 REITs 项目操作的一般参考，就该类项目的物业选择、交易结构以及交易安排等相关事宜，具体建议结合每一个项目的实际情况以及届时有效的监管要求具体确定。

重点综述:近年来,随着国务院及住房和城乡建设部等国家部委、北上广深等多个城市相关政策的积极引导,国内住房租赁[①]市场快速起步、迅速发展。虽然我国目前尚未正式出台公募REITs制度,但自2014年起国内已开始采用以专项计划为载体的模式开展类REITs项目,尤其自2017年以来,住房租赁类REITs项目成为备受关注的证券化产品。近期,笔者参与了某储架发行模式住房租赁权益型类RETIs项目,希望以本项目为例,对租赁住房权益型类REITs项目中可入池标的物业的选择及其法律关注要点、基本交易结构与交易流程以及涵盖不动产等底层资产重组、治理结构、投资者固定收益的兑付、产品退出等交易安排及其法律关注要点进行具体介绍和分析;并对于本项目所采用的"储架发行"模式操作要点进行梳理,以期对同类项目操作与探讨有一定的参考和借鉴意义。

一、引言

近年来,随着国家和地方关于鼓励和规范发展住房租赁市场的积极引导,国内租房租赁市场的快速兴起并迅速发展。近年来,国务院及相应国家部委、北上广深等大城市关于促进住房租赁市场发展的文件密集出台,2015年住房和城乡建设部(以下简称住建部)《关于加快培育和发展住房租赁市场的指导意见》(建房〔2015〕4号,以下简称4号文)、2016年国务院办公厅发布了《关于加快培育和发展住房租赁市场的若干意见》(国办发〔2016〕39号,以下简称39号文)、2017年7月住建部、发改委、证监会等九部委印发《关于在人口净流入的大中城市加快发展住房租赁市场的通知》(建房〔2017〕153号,以下简称153号文);2017年,北京、上海、广州、深圳、南京等大城市密集出台了关于促进和规范本地住房租赁市场发展的地方性政策文件,进一步落实和细化了前述国务院以及住建部等国家部委的政策性要求。

本项目中的原始权益人也已较早地开始了在住房租赁市场领域的布局。在该项业务发展的初期,探索一条能够打通从物业的取得(如建设或收购)、运营与

① 除本文另有特别说明外,本文中"租赁住房"在多数情形下与"长租公寓"具有相同含义,仅为保持统一,在此使用"租赁住房"的表述。

管理、退出到再投资的完整产业“闭环”，对于快速扩大业务规模和业务健康发展，具有重要意义。通过资产证券化的方式盘活存量资产，无疑成为包括本项目原始权益人在内相关住房租赁企业，探索解决这一问题的最有效方案之一。

本项目正是在当前住房租赁市场发展火爆、国家重点支持住房租赁发行权益型证券化产品的背景下开展，在交易结构设计上更加强调资产信用，实现了相关方的破产隔离，产品退出主要依赖于物业处置、上市、再融资等相关安排而非相关主体的信用兜底，属于典型的权益型类 RETIs 产品；同时，本项目采用了“储架发行”的创新方案，使原始权益人的发行安排更加灵活、高效。在本项目获得批准之后，中国证监会与住建部于 2018 年 4 月 25 日联合发布了《关于推进住房租赁资产证券化相关工作的通知》（以下简称 30 号文），旗帜鲜明地提出了重点支持以自持物业开展权益类证券化产品的宏观政策导向，而本项目作为住房租赁权益型类 REITs 产品的典型代表，对于行业具有十分重要的示范和参考意义。

二、物业选择及其法律关注要点

本项目的入池物业需要满足不动产证券化项目的一般共性要求，也需要符合该类产品的特殊性条件与标准，尤其是土地性质与用途、租赁合同备案等问题，十分值得关注。同时，在采用储架式发行的住房租赁类 REITs 项目中，一般会结合监管规定、交易安排和投资者要求等综合确定入池物业的合格标准，以保证入池物业的同质性。

（一）本项目的入池标准

本项目采用储架发行模式，在储架发行注册申请阶段，需要对将来各期专项计划项目项下拟入池标的物业等相关事项设置相应的合格标准，确保各期专项计划项下入池物业满足同质性的要求。在本项目中，对标的物业、租赁合同、项目公司和 SPV 等均设置了明确的入池标准，为将来各期专项计划项下的物业选择确定了具体的标准和指引，主要如下：

第一，关于标的物业的相关标准：主要包括但不限于物业的城市区位、完成竣工验收备案手续、合法取得物业所有权、不存在权利限制或权利负担或既有权利负担可在专项计划设立后一定期限内解除、不涉及诉讼等司法程序、土地使用权剩余期限、物业运营相关的处罚情况等。

第二,关于租赁合同的相关标准:主要包括但不限于合法有效性、备案手续办理、不存在权利限制或权利负担或既有权利负担可在专项计划设立后一定期限内解除、不涉及诉讼等司法程序、承租人或付费义务人的合法存续、出租率等。

第三,关于项目公司及SPV(如有)等主体的相关标准:主要包括但不限于合法存续、不涉及政府融资平台、不存在权利限制或权利负担或既有权利负担可在专项计划设立后一定期限内解除、不涉及诉讼等司法程序等。

在采用储架发行模式的类REITs项目中,入池标准的设定,将直接影响未来可选择入池物业的范围、规模、质量,需要结合相应监管要求、已储备以及未来拟开拓物业的特点综合确定。因此,不同住房租赁类REITs项目所设定入池标准在所涵盖内容、具体标准等方面,也具有一定差异。以已获得批准的"中联前海开源—保利地产租赁住房一号第一期资产支持专项计划(储架发行)"[①]为例,该项目的合格标准总体比较宏观和原则,主要涵盖基础资产(私募基金份额)、物业资产等事项,对于物业区位、出租率、用地性质、项目公司等相关主体、租赁合同等未设置具体的标准。

(二)物业选择的相关法律关注要点

为便于参考和全面分析,以下将结合本项目以及同类项目的实践,对住房租赁权益型类REITs项目物业选择的相关法律关注要点(见图1),结合30号文、《深圳证券交易所资产证券化业务问答》(以下简称《深交所问答》)、《资产证券化业务基础资产负面清单指引》(以下简称《负面清单指引》)等相关监管规定进行具体分析和探讨。以下内容,并不限于本项目所涉事项。

① 关于本项目的相关信息,详见《中联前海开源—保利地产租赁住房一号第一期资产支持专项计划说明书》,载中国资产证券化分析网,https://www.cn-abs.com/Document.aspx?dealid=2863。

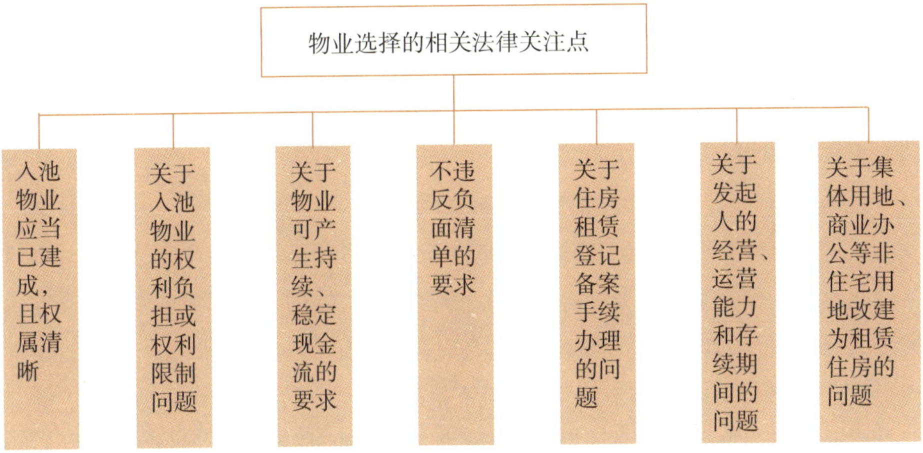

图1 物业选择的相关法律关注点

1. 入池物业应当已建成,且权属清晰

本项目中,将物业“已完成竣工验收备案”“项目公司合法所有标的物业”设置为入池标准之一。对此,参考《深圳证券交易所资产证券化业务问答》第5.14款关于“基础资产为不动产或者专项计划现金流来源于不动产的资产证券化项目,对于不动产有哪些要求?”项下的要求,“物业权属清晰,且不涉及纠纷”,具体系指“物业或其租金的原始持有人享有物业的完全所有权或长期租赁物业,权属清晰,相关证照齐备,不存在经济或法律纠纷”。在此基础上,30号文进一步明确强调拟证券化的租赁住房应当满足“物业已建成并权属清晰,工程建设质量及安全标准符合相关要求”的条件。因此,换言之,对于尚处于建设阶段的在建工程,或者相应权属证明文件不齐备的租赁住房物业,存在入池的困难。

2. 关于入池物业的权利负担或权利限制问题

根据中国证监会《证券公司及基金管理公司子公司资产证券化业务管理规定》(以下简称《证券化管理规定》)及《深交所问答》的要求,标的物业不得存在抵押、质押等他项权利限制,但通过专项计划相关安排,在原始权益人向专项计划转移基础资产时能够解除相关担保负担和其他权利限制的除外。本项目中,不排除将来拟入池物业存在已向银行等金融进行了抵押融资并设置了物业抵押、租金应收账款质押、现金流监管等权利负担的情形。对此,结合前述监管要求,在本项目中,对此设置了相对灵活和开放的合格标准,即对于即使存在一定权利负担和权利限制的,如在专项计划设立后一定期限内能够接触安排的,也可以入池。同时,在每一期专项计划项下,将采取事先取得相应抵/质押权人关于同意提前还款和解除抵质押权利负担的书面同意文件,并以专项计划募集资金解除该等权利负担的方案。

3. 关于物业可产生持续、稳定现金流的要求

入池物业"可产生持续、稳定的现金流",是证券化原理的基本要求,也是本项目期间收益兑付来源的重要保障。参考《深交所问答》的相关规定,将该要求具体解释为"经营记录良好,租金收入稳定,有充分依据证明未来其可以产生长期稳定现金流"。其中,30 号文进一步强调,租赁租房证券化项目应当满足"物业正常运营,且产生持续、稳定的现金流"的发行条件。就本项目而言,一个值得探讨的问题是,如后续分期发行时,新建成的租赁住房物业在达到运营成熟阶段前,对外出租率相对较低,在目前证券化项目中往往会采用先整体包租给相应总租人,再由总租人对外向小租户进行转租的培育模式,即物业项下产生的现金流直接来源于总租人根据总租合同支付的总租租金,而非最底层的小租户,那么,目前该等"培育型"租赁住房物业是否可以理解仍能够满足 30 号文的前述要求,值得进一步探讨和监管明确。

4. 不违反负面清单的要求

《负面清单指引》具体列示了八种构成基础资产负面清单的情形。在本项目中,将"标的物业、租赁合同、项目公司和 SPV(如有)而言,系指在基准日、专项计划设立日均不存在中国证券投资基金业协会颁布的《资产证券化业务基础资产负面清单指引》所列的任一情形"设置为首要的入池标准。其中,比较值得关注的事项包括但不限于:第一,项目公司、承租人等不得为政府融资平台公司;第二,标的物业不得存在因"因空置等原因不能产生稳定现金流"等闲置情形。

5. 关于住房租赁登记备案手续办理的问题

30 号文特别强调将"已办理住房租赁登记备案手续"作为发行条件。其中,目前住房租赁企业以及住房租赁企业开展住房租赁业务形成的租赁合同均有相关的登记、备案要求。一方面,对于租赁合同而言,实践中较多住房租赁企业由于种种原因对这一项管理性要求并未严格执行。对此,我们理解,根据最高人民法院《关于审理城镇房屋租赁合同纠纷案件具体应用法律若干问题的解释》(法释

〔2009〕11 号）第四条第一款[①]的规定，前述租赁合同未在相关行政主管部门办理房屋租赁登记备案手续，不会影响该等租赁合同的合法有效性。但是，根据《商品房屋租赁管理办法》（住房和城乡建设部令 2010 年第 6 号）第十四条第一款[②]、第二十三条[③]的规定，在前述租赁合同在相关行政主管部门办理房屋租赁登记备案手续之前，项目公司存在被相关行政主管部门处以相应罚款的风险。从过去已发行证券化项目来看，租赁合同未办理备案手续未构成证券化的入池障碍，一般对该等合规性瑕疵等相关风险如实充分披露即可。但 30 号文第三项特别强调要求将“物业已按相关规定办理住房租赁登记备案相关手续”作为发行条件，如果意味着未办理完毕备案登记手续的租赁合同即视为不符合发行条件而影响入池，则对于拟开展证券化的住房租赁企业日常经营、税收甚至资产的形成模式等造成一定程度的影响。另一方面，国务院等相关政策性文件明确提出，住房租赁企业本身的登记备案后可以享受相应的税收优惠政策，但该等税收优惠政策的具体落地还有待各地出台相应配套性制度。作为配套规定，30 号文第八项有针对性地提出，各地住房建设管理部门应对相关租赁住房备案等事项建立绿色通道以提高住房租赁企业办理租赁备案登记手续的效率。

6. 关于发起人（原始权益人）的经营、运营能力和存续期限的问题

30 号文要求“三是发起人（原始权益人）公司治理完善，具有持续经营能力及较强运营管理能力，最近 2 年无重大违法违规行为”。对此，第一，是否意味着发起人（原始权益人）或物业持有人应满足存续满 2 年的要求，以及入池物业持续运营是否应满足相应的期限要求等，有待进一步探讨和明确；第二，如果发起人（原始权益人）或物业持有人不具备相应物业运营管理能力，但其所委托的物业运营方具备相应物业运营管理能力的，是否可以视为满足该条要求，具体以有权监管

① 最高人民法院《关于审理城镇房屋租赁合同纠纷案件具体应用法律若干问题的解释》（法释〔2009〕11 号）第四条第一款规定：“当事人以房屋租赁合同未按照法律、行政法规规定办理登记备案手续为由，请求确认合同无效的，人民法院不予支持。”

② 《商品房屋租赁管理办法》（住房和城乡建设部令 2010 年第 6 号）第十四条第一款规定：“房屋租赁合同订立后三十日内，房屋租赁当事人应当到租赁房屋所在地直辖市、市、县人民政府建设（房地产）主管部门办理房屋租赁登记备案。”

③ 《商品房屋租赁管理办法》（住房和城乡建设部令 2010 年第 6 号）第二十三条规定：“违反本办法第十四条第一款、第十九条规定的，由直辖市、市、县人民政府建设（房地产）主管部门责令限期改正；个人逾期不改正的，处以一千元以下罚款；单位逾期不改正的，处以一千元以上一万元以下罚款。”

机构、证券交易所的意见为准。

7. 关于集体用地、商业办公等非住宅用地改建为租赁住房的问题

住房租赁企业的房源获取成本是住房租赁企业进入住房租赁市场关注的重点,目前相关企业所持有租赁住房的土地性质、房屋用途等,呈现多样化的特点,可能存在集体土地、商业办公、厂房等非住宅改建为租赁住房等不同情形。当然,为鼓励住房租赁市场的发展,此前北京、上海、南京等地方的相应规范性文件明确提出允许以非住宅性质用地上房屋改建为租赁住房。其中,30 号文以列举的方式明确了可以利用集体建设用地建设租赁住房的 13 个试点城市的住房租赁项目、商业办公用房等改建的租赁住房开展资产证券化。相比于国务院批复的《上海市城市总体规划(2017 ~2035 年)报告》、北京市住房和城乡建设委员会等多部门发布的《关于加快发展和规范管理本市住房租赁市场的通知》(以下简称《通知》),《通知》列举范围有所限缩,文中"等"是否涵盖工厂、产业园区、仓库、公寓式酒店等改建的租赁住房开展资产证券化,有待相关部门的进一步明确。

虽然从国务院及相应部委到北上广深等地方,对以非住宅性质用地上房屋改建为租赁住房给予了很大的宏观政策支持,但改建的合法合规施行尚需实施细则出台使政策得以落地。在该等改建的实施细则具体出台之前,仍需要按照现行有效的《土地管理法》《城乡规划法》等法律法规的规定履行土地、规划、房屋用途等各项变更手续,否则,仍存在相应合规性瑕疵以及处罚风险,具体而言:

第一,根据现有法律规定,改变出让合同约定用途须取得出让方、规划部门的同意,变更出让合同并调整土地出让金。根据《城市房地产管理法》(2007 年修订)第十七条①,《土地管理法》(2004 年修正)第五十六条②、国土资源部《关于加强土地供应管理促进房地产市场持续健康发展的通知》(国土资发〔2003〕356 号)

① 《城市房地产管理法》第十七条规定:"土地使用者需要改变土地使用权出让合同约定的土地用途的,必须取得出让方和市、县人民政府城市规划行政主管部门的同意,签订土地使用权出让合同变更协议或者重新签订土地使用权出让合同,相应调整土地使用权出让金。"

② 《土地管理法》第五十六条规定:"建设单位使用国有土地的,应当按照土地使用权出让等有偿使用合同的约定或者土地使用权划拨批准文件的规定使用土地;确需改变该幅土地建设用途的,应当经有关人民政府土地行政主管部门同意,报原批准用地的人民政府批准。其中,在城市规划区内改变土地用途的,在报批前,应当先经有关城市规划行政主管部门同意。"

第三条[①]、《城镇国有土地使用权出让和转让暂行条例》(国务院令1990年第55号)第十八条[②]之规定，土地使用者应当按照土地使用权出让等有偿使用合同的约定或者土地使用权划拨批准文件的规定使用土地。土地使用者需要改变土地使用权出让合同约定的土地用途的，必须取得出让方和市、县人民政府城市规划行政主管部门的同意，签订土地使用权出让合同变更协议或者重新签订土地使用权出让合同，相应调整土地使用权出让金。

第二，根据现有法律规定，受让方擅自改变出让合同约定土地用途的，属非法占地，视违法行为程度决定是否立案查处；土地行政主管部门有权责令交还土地，处以罚款。根据国土资源部《关于印发〈查处土地违法行为立案标准〉的通知》第二条[③]，不按照批准用途使用土地的，属于非法占地。依法应当给予行政处罚或行政处分的，应及时予以立案。但是违法行为轻微并及时纠正，没有造成危害后果的，或者法律、法规和规章未规定法律责任的，不予立案。根据《土地管理法》(2004年修

---

① 国土资源部《关于加强土地供应管理促进房地产市场持续健康发展的通知》(国土资发〔2003〕356号)第三条规定："……严禁擅自改变土地出让合同约定的土地使用条件。以出让方式取得土地使用权的单位和个人，必须按土地出让合同约定进行开发，不得擅自更改；确需改变容积率等规划条件的，必须经原出让方和规划部门同意，并按照同等地段土地的市场成交价，补交相应的土地差价。"

② 《城镇国有土地使用权出让和转让暂行条例》第十八条规定："土地使用者需要改变土地使用权出让合同规定的土地用途的，应当征得出让方同意并经土地管理部门和城市规划部门批准，依照本章的有关规定重新签订土地使用权出让合同，调整土地使用权出让金，并办理登记。"

③ 国土资源部《关于印发〈查处土地违法行为立案标准〉的通知》(国土资发〔2005〕176号)第二条规定：

"二、非法占地类

(一)未经批准或者采取欺骗手段骗取批准，非法占用土地的；

(二)农村村民未经批准或者采取欺骗手段骗取批准，非法占用土地建住宅的；

(三)超过批准的数量占用土地的；

(四)依法收回非法批准、使用的土地，有关当事人拒不归还的；

(五)依法收回国有土地使用权，当事人拒不交出土地的；

(六)临时使用土地期满，拒不归还土地的；

(七)不按照批准的用途使用土地的；

(八)不按照批准的用地位置和范围占用土地的；

(九)在土地利用总体规划确定的禁止开垦区内进行开垦，经责令限期改正，逾期不改正的；

(十)在临时使用的土地上修建永久性建筑物、构筑物的；

(十一)在土地利用总体规划制定前已建的不符合土地利用总体规划确定的用途的建筑物、构筑物，重建、扩建的。"

正)第八十条[①]、《土地管理法实施条例》(2014 年修订)第四十三条[②]规定,不按照批准的用途使用国有土地的,由县级以上人民政府土地行政主管部门责令交还土地,处以罚款,罚款额为非法占用土地每平方米 10 元以上 30 元以下。根据最高人民法院《关于审理涉及国有土地使用权合同纠纷案件适用法律问题的解释》(法释〔2005〕5 号)第一条[③]、第六条[④]土地使用权出让合同的受让方擅自改变土地使用权出让合同约定的土地用途,出让方有权请求解除合同。

三、本项目的交易结构及其法律关注要点

本项目采用了类 REITs 项目中常见的"私募基金 + 专项计划"之"双 SPV"的典型交易结构。

(一)基本交易结构图与交易流程概述

本项目的基本交易结构如图 2 所示。

本项目的主要交易流程简要概括如下:

(1)成立私募基金:原始权益人作为初始基金份额认购人与基金管理人等签署《基金合同》等文件,基金管理人设立契约型私募基金(以下简称私募基金),原始权益人认购全部基金份额并实缴首期出资。

(2)专项计划设立与基础资产投资:计划管理人与投资者签署《认购协议》等文件,计划管理人设立专项计划并向投资者发行资产支持证券募集资金,计划管理人(代表专项计划)以募集资金向原始权益人受让全部基金份额,并向私募基金履行剩余实缴出资义务。

(3)与 SPV 和项目公司相关的"股权 + 债权"投资安排:基金管理人(代表私

---

① 《土地管理法》(2004 年修正)第八十条规定:"依法收回国有土地使用权当事人拒不交出土地的,临时使用土地期满拒不归还的,或者不按照批准的用途使用国有土地的,由县级以上人民政府土地行政主管部门责令交还土地,处以罚款。"

② 《土地管理法实施条例》(2014 年修订)第四十三条规定:"依照《土地管理法》第八十条的规定处以罚款的,罚款额为非法占用土地每平方米 10 元以上 30 元以下。"

③ 最高人民法院《关于审理涉及国有土地使用权合同纠纷案件适用法律问题的解释》第一条规定:"本解释所称的土地使用权出让合同,是指市、县人民政府土地管理部门作为出让方将国有土地使用权在一定年限内让与受让方,受让方支付土地使用权出让金的协议。"

④ 最高人民法院《关于审理涉及国有土地使用权合同纠纷案件适用法律问题的解释》第六条规定:"受让方擅自改变土地使用权出让合同约定的土地用途,出让方请求解除合同的,应予支持。"

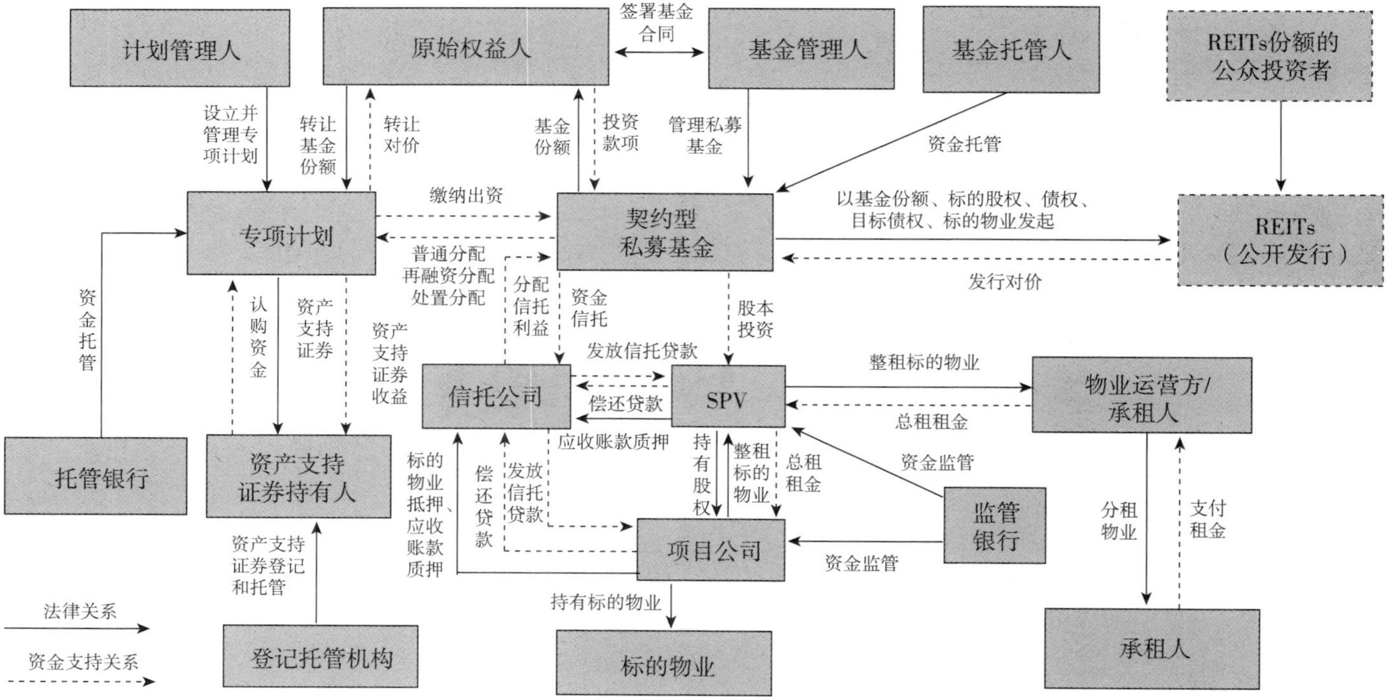

图 2　本项目基本交易结构图

募基金)出资设立SPV后,由SPV收购项目公司100%股权进行债球按投资;基金管理人通过设立资金信托的方式,分别向SPV和项目公司发放相应的信托贷款进行债权投资,从而形成基金管理人(代表私募基金)对SPV和项目公司的“股权+债权”的投资。

(4)产品的分配机制:本项目在私募基金和专项计划层面均设置了普通分配、再融资分配、处置分配和清算分配等分配退出机制。其中,投资者的期间收益是在普通分配情形下以标的物业运营收入作为最终的现金流来源,投资者的本金退出是通过再融资分配、处置分配、清算分配等方式实现,前述再融资分配系指为专项计划优先级资产支持证券退出的目的,专项计划通过以标的资产作为担保物取得银行贷款、发行按揭抵押贷款资产支持证券再融资等方式取得的再融资收入作为分配资金来源的分配方式。

(二)交易结构的设计要点与考虑因素

就本项目交易结构的主要设计要点与考虑因素,简要分析如下:

1. 关于“双SPV”的结构设计要点与考虑因素

(1)采用“双SPV”结构设计的考虑因素

从法律的角度,本项目采用“双SPV”结构设计的主要考虑因素是避免基础资产违反负面清单的相关要求。根据中国证券投资基金业协会(以下简称基金业协会)发布的《资产证券化基础资产负面清单》(以下简称《负面清单》)第六条①的规定,“法律界定及业务形态属于不同类型且缺乏相关性的资产组合”,不得作为资产证券化的基础资产。因此,如由专项计划直接持有项目公司股权和对项目公司的债权这两种不同性质、类型的资产组合,可能违反前述第六条的规定。所以,在包括本项目在内的多数类REITs项目中,会将股权、债权等资产组合下沉并装入私募基金或信托等载体,然后以私募基金份额或信托受益权作为基础资产,以避免违反《负面清单》的规定,这也是“财产权信托+专项计划”“资金信托+专项计划”等交易结构中采用“双SPV”结构的共性考虑因素。

(2)引入过桥资金的问题

如上所述,因采用了“双SPV”的交易结构,本项目需要引入过桥资金先行形

① 《资产证券化基础资产负面清单》第六条规定:“法律界定及业务形态属于不同类型且缺乏相关性的资产组合,如基础资产中包含企业应收账款、高速公路收费权等两种或两种以上不同类型资产。”

成基础资产，存在因此增加过桥资金成本的问题。因为根据《证券化管理规定》第十条[①]的规定，原始权益人应当确保基础资产真实、合法、有效。因此，基础资产的形成是其“真实、合法、有效”的基本前提。在实践中，交易所一般也要求在专项计划设立前须先行形成基础资产，而不宜完全以专项计划募集资金去新投资形成基础资产。对此，在本项目的实际操作中，为缓释引入过桥资金导致的资金沉淀成本问题，采用了私募基金分期实缴的方式，即在私募基金设立时，仅对私募基金进行部分实缴出资；在专项计划设立并受让私募基金份额后，再由专项计划履行对私募基金的剩余实缴出资义务。

2. 关于“股 + 债”的结构设计要点与考虑因素

(1)关于“股 + 债”的结构设计的考虑因素

在本项目中，构建了基金管理人(代表私募基金)对 SPV 和项目公司的“股权 + 债权”的投资安排，主要有以下方面的考虑：①相较于股权项下股利分配存在严格的分配条件、分配程序等问题，债权具有固定还本付息特征，更加符合证券化关于基础资产现金流持续、稳定的要求。②基于税收优化的考虑。债权利息在符合资本弱化限制的范围内，可享有相应的所得税税前扣除的政策，而股利分配现金流需要依法缴纳较高的所得税。③基于构造不动产抵押的主债务的需要。为实现对标的物业的更有效控制，本项目将在标的物业之上设置抵押担保，因此，需要构建抵押担保相应主债务。

(2)关于构建项目公司负债的方案探讨

本项目采用了由基金管理人(代表私募基金)先行设立资金信托，然后通过信托向 SPV 和项目公司发放信托贷款的负债构建方案。早前的较多类 REITs 项目，一般会采用由私募基金向项目公司发放委托贷款的方案，而本项目采用了引入信托公司发放信托贷款的方案，使底层交易安排略显复杂，且在一定程度上增加了交易成本，但该等安排主要是为了满足合规性的要求。因为，根据《商业银行委托

① 《证券公司及基金管理公司子公司资产证券化业务管理规定》第十条规定：“原始权益人向管理人等有关业务参与人所提交的文件应当真实、准确、完整，不存在虚假记载、误导性陈述或者重大遗漏；原始权益人应当确保基础资产真实、合法、有效，不存在虚假或欺诈性转移等任何影响专项计划设立的情形。”

贷款管理办法》(以下简称《委贷管理办法》)第十条[①]规定,商业银行不得接受委托人以"受托管理的他人资金"发放委托贷款。由于私募基金并非我国法律项下的独立法律主体,不享有独立的财产权利,私募基金财产由基金管理人接受基金份额持有人的委托进行受托管理,而且专项计划作为私募基金份额持有人的资金来源也属于通过发行资产支持证券取得的募集资金。因此,在《委贷管理办法》发布之后,本项目将无法继续采用前述由私募基金发放委托贷款的方案,否则,将违反《委贷管理办法》的相关规定。

当然,除本项目所采用的发放信托贷款负债构建方案外,在其他类 REITs 项目中,还可以根据项目公司既有负债情况、注册资本等情况,探讨采用直接接受让股东对项目公司既有债权的方案或者项目公司减资方案。

四、本项目的主要交易安排

在一般的公募 REITs 产品中,REITs 份额类似于股票,投资者的股利收入主要来源于期间物业的租金收入而非任何主体的非资产现金流入,本金的偿付有赖于对物业的处置。区别于融资型证券化产品,本项目更加关注物业本身的处置价值和期间的现金流,一般依赖于相应主体信用对证券本息的兑付提供兜底性增信措施,与公募 REITs 产品理念高度相似。

从交易安排上,本项目作为权益型类 REITs 项目,须在法律上实现破产隔离,在会计上实现项目公司及其所持有的标的物业的真正出表。以下将对本项目的主要交易安排进行具体介绍和分析。

1. 不动产等底层资产的重组安排

本项目中,不动产等底层资产的重组安排主要是关于如何将不动产装入项目公司以及如何将项目公司的股权直接或间接(如引入 SPV)装入私募基金等载体的一系列安排,从而在法律上实现破产隔离。鉴于本项目中原始权益人商业模式的特点,拟入池物业一般系由新设立的"干净"项目公司对外收购取得,专门负责

① 《商业银行委托贷款管理办法》第十条规定:"商业银行不得接受委托人下述资金发放委托贷款:(一)受托管理的他人资金。(二)银行的授信资金。(三)具有特定用途的各类专项基金(国务院有关部门另有规定的除外)。(四)其他债务性资金(国务院有关部门另有规定的除外)。(五)无法证明来源的资金。

企业集团发行债券筹集并用于集团内部的资金,不受本条规定限制。"

物业的持有和运营。因此，本项目与底层物业相关的重组安排相对比较简单。主要是基于税收优惠等考虑，由私募基金新设SPV，通过SPV收购项目公司的股权，从而实现私募基金对项目公司股权的间接持有和控制。

2. 相关治理结构安排

本项目涉及专项计划、私募基金、信托、SPV、项目公司等多层主体或载体，为保障专项计划对项目公司的实际控制，在相关专项计划文件、私募基金文件以及SPV和项目公司的章程中设置了相应条款，就SPV和项目公司的资产处置、对外融资、对外担保、经营计划、预算以及预算外支出的审批、董事、监事、高级管理人员等的委派等事项的审批决策安排作出明确约定。关于本项目的相关治理结构安排，简要介绍如下：

（1）专项计划的资产支持证券持有人大会。本项目中，由优先级资产支持证券持有人和权益级资产支持证券持有人组成全体资产支持证券持有人大会，对包括但不限于如下主要事项享有审批决定权：①当标的资产的处置收入不足以兑付优先级资产支持证券的本息时，决定标的资产的处置方案、公开发行方案；②决定提前终止或延长私募基金存续期限；③更换基金管理人、基金托管人；④更换计划管理人、专项计划托管银行；⑤决定SPV、项目公司在相应情形下的对外担保、融资；⑥决定更换标的物业运营方；⑦在私募基金的投资决策委员会或基金份额持有人大会在一定期限内无法就某一事项作出有效决议的，需由资产支持证券持有人大会对该等待决事项进行审议。

（2）私募基金的投资决策委员会和私募基金份额持有人大会。本项目中，由基金管理人和权益级资产支持证券持有人分别委任的委员共同组成私募基金的投资决策委员会，投资决策委员会主要决定以下事项：①当标的资产的处置收入足以兑付优先级资产支持证券的本息时，决定标的资产的处置方案；②为优先级资产支持证券退出的目的决定再融资（再融资金额不低于优先级证券本息）、对外提供担保；③决定SPV、项目公司为日常经营所需的目的向原始去权益人关联方进行的对外融资；④审批SPV和项目公司的经营计划、预算以及预算外支出；⑤委派和更换SPV和项目公司董事、监事。同时，为保持专项计划、私募基金治理结构的匹配性，本项目综合专项计划资产支持证券持有人大会、私募基金投资决策委员会的决策事项，设置私募基金份额持有人大会的审议事项，其中，前述资产支持证券持有人大会决议的多数事项同属于需经私募基金份额持有人大会审议。

(3)SPV 和项目公司董事会。本项目中,由基金管理人负责委派董事组成 SPV 和项目公司的董事会,主要决定以下事项:①制订公司的经营计划、投资方案,财务预算方案、决算方案以及预算外支出;②制订公司合并、分立、变更公司形式、解散的方案。

(4)SPV 和项目公司经营管理层:在项目中,系由董事会指定人员担任经理和财务负责人,组成 SPV 和项目公司的经营管理层,其中,经理主要负责主持公司的生产经营管理工作,财务负责人主要负责决定预算内支出、监督、检查公司财务情况,具体可根据 SPV 和项目公司的实际经营和风险控制需要设置。

3. 本项目中投资者固定收益的兑付安排

本项目中,投资者的固定收益的兑付,主要设置了如下安排:(1)通过项目公司负债的构建为期间收益兑付提供稳定的现金流来源;(2)在专项计划层面设置差额补足、储备金等安排。

4. 本项目的退出安排

作为典型的权益型类 REITs 项目,本项目设置了如下退出安排:(1)优先收购权人行使对标的资产的优先收购权;(2)向第三方处置标的资产、公募 REITs 上市等退出方式;(3)以标的资产作为担保物取得银行贷款、发行按揭抵押贷款资产支持证券再融资等方式进行再融资分配。区别于融资型类 REITs 项目,本项目本金退出具有"脱离主体信用"的特征和目标,不设置相应主体对资产支持证券、基础资产或底层资产(标的股权及债权)等资产的强制性回购义务。

五、本项目所采用"储架发行"模式的操作要点

本项目的突出特点在于采用了储架发行的模式,一次性注册、分期发行,较大地提高了项目发行的灵活性和效率。

结合本项目,就目前企业资产证券化中的储架发行及其模式操作要点,简要梳理和介绍如下。

1. 证券化中的储架发行模式概述

《上海证券交易所资产证券化业务指南》和《深圳证券交易所资产证券化业务

问答》规定了“分期发行”制度，且在国内证券化业务实践中，部分以小额贷款等基础资产的项目已较早引入了分期发行模式。实践中，按照行业习惯一般将分期发行称为储架发行制度，为便于理解，本文也采用该等表述方式。在证券化业务中，储架发行制度一般是指在满足一定条件的前提下，计划管理人履行一次挂牌条件确认程序，同时申报多期资产支持专项计划，经交易所等机构出具一次《无异议函》后，计划管理人在《无异议函》的额度及有效期内，根据市场及基础资产情况组织分期发行的制度。储架发行制度简化了发行审批流程，并且在注册有效期内，发行人可以根据自身的融资需要，较为灵活地安排证券的发行规模、发行时间等，有利于提高发行效率、节省融资成本，备受欢迎。

“储架发行”模式一般适用于基础资产、交易结构同质性较高的项目。由于类REITs项目中商业物业等房地产项目往往差异化较大且项目交易安排的个性化相对较强，所以，目前采用“储架发行”模式的类REITs产品主要以同质性相对较高的长租公寓类REITs为主。如前所述，目前已有保利地产获得100亿元、旭辉领寓获得30亿元、碧桂园获得100亿元、越秀地产获得50亿元、深圳人才公寓200亿元、阳光城30亿元等储架发行的住房租赁类REITs项目获得证券交易所批准。

2.“储架发行”制度的监管要求

根据《上海证券交易所资产证券化业务指南》和《深圳证券交易所资产证券化业务问答》关于“分期发行”的相关规定，就两大证券交易所关于储架发行制度的相关监管要求及其差异，具体梳理如下（见表1）：

表1 两大证券交易所关于储架发行制度的监管要求比较

	上海证券交易所	深圳证券交易所
基本要求	原始权益人应当资质优良、具有良好的资本市场融资记录、交易结构相同且基础资产具有较高的同质性	各期资产支持专项计划交易结构相同，基础资产具有较高同质性，质量优良，相关参与主体资信良好、履约能力较强
无异议函有效期限	无异议函自出具之日起12个月内有效①	无异议函有效期最长不超过24个月

① 在实践操作中，如旭辉领昱等权益型类REITs项目（储架发行）获得的《无异议函》中所载明有效期为24个月。本文正文暂以《上海证券交易所资产证券化业务指南》的规定为准进行描述，具体项目中以上海证券交易所出具的《无异议函》所载明的有效期为准。

续表

	上海证券交易所	深圳证券交易所
发行要求	分期发行的发行规模、期数应当不超过本所无异议函限定的额度、期数	首期资产支持专项计划应当在6个月内完成发行并向本所提交挂牌转让申请,最后一期应当在《无异议函》有效期内完成发行并向本所提交挂牌转让申请

结合上述规定,采用"储架发行"模式的类REITs产品一般需要满足以下要求:第一,关于发行主体:原始权益人应当资质优良、履约能力较强或具有良好的资本市场融资记录;第二,关于交易结构:专项计划交易结构应当相同;第三,关于基础资产:基础资产以及底层不动产应当具有较高的同质性;第四,关于申报材料要求:申报材料中应当披露总发行规模、期数;第五,关于发行期限:应当不超过无异议函的有效期。

3. 采用"储架发行"模式的操作要点

本项目采用"储架发行"模式,其实务操作要点包括但不限于以下两个方面:

第一,需要就拟入池的标的物业、租赁合同、项目公司、SPV(如有)等相关主体设置明确的合格标准,包括但不限于:其一,标的物业的城市分布、产权状况、权利负担、用地性质及土地用途、运营合规;其二,租赁合同的合法有效性、权利负担情况、出租率水平等;其三,项目公司、SPV等相关主体的合法存续、股权状况、权利负担等方面。

第二,需要按照交易所的要求准备全套的申报材料,包括但不限于计划说明书等全套注册版交易文件、法律意见书、评级报告等全套注册版中介机构报告以及其他申报文件。

六、结语

"房住不炒""租售同权"是近年来国家关于房地产行业的顶层宏观政策导向,而租赁住房的大力发展是落实该等政策的有力方式。在国家大力发展租赁住房市场的背景下,积极推出真正的REITs制度与REITs产品。一方面,对于打造租赁住房市场从物业取得、运营管理、退出等产业链"闭环"具有极为重要的意义;另一方面,公募REITs产品将进一步丰富投资品种,使投资者通过投资REITs产品分享不动产市场的增值收益,对于抑制"投机炒房"和实现"房住不炒"的宏观政策具有重要支持作用。

虽然除我国香港和台湾地区外，我国目前尚未正式出台 REITs 制度，但近年来国内通过专项计划等资产证券化模式先行探索的住房租赁类 REITs 项目，尤其是权益型类 REITs 项目，在核心理念与交易机制上，对 REITs 制度进行借鉴和参考，且已达到了相当可观的发行规模，在交易结构、底层资产、项目操作经验、投资者市场等诸多方面对将来 REITs 制度的出台和 REITs 产品的开展具有重要的铺垫意义。

令人欣喜的是，继 2008 年之后，国内关于出台 REITs 制度和开展公募 REITs 的市场呼声再次高涨，尤其是 2018 年的 30 号文更是旗帜鲜明地提出“试点发行 REITs”，这是否意味着我国公募 REITs 将率先在住房租赁市场“破冰”，给市场带来无限期待和想象空间。

8

破产重整

⊙ 以非实质合并方式实现关联公司整体重整

——铁观音集团暨安溪茶厂破产重整案分析

⊙ 破产重整助力民营企业重生

——深圳市鹏桑普太阳能股份有限公司破产重整案分析

以非实质合并方式实现关联公司整体重整*

——铁观音集团暨安溪茶厂破产重整案分析

项目团队主要合伙人**

** 作者简介：

许胜锋　合伙人
中伦律师事务所深圳办公室
xushengfeng@ zhonglun. com

李成文　授薪合伙人
中伦律师事务所深圳办公室
lichengwen@ zhonglun. com

---

* 声明：本案的分析完全基于铁观音集团暨安溪茶厂重整案中，根据最高人民法院《关于企业破产案件信息公开的规定（试行）》第四条规定的应予公开的审判流程信息以及公告、法律文书、债务人信息等与破产程序有关的信息。信息来源主要为：

（1）（2016）闽05民破1－1号　受理案件民事裁定书；

（2）（2016）闽0524民破1－1号　受理案件民事裁定书；

（3）（2016）闽05民破1－6号　批准重整计划民事裁定书；

（4）（2016）闽05民破2－4号　批准重整计划民事裁定书；

（5）（2016）闽05民破1－15号　确认重整计划执行完毕民事裁定书；

（6）（2016）闽05民破2－13号　确认重整计划执行完毕民事裁定书。

重点综述:铁观音集团暨安溪茶厂重整案系采用形式分案受理、实质合并审理方式实施的关联公司重整案件,在不消灭彼此之间的债权债务关系,不对彼此财产进行合并,对应债权人仍以对应企业财产为限依法获得清偿的情况下,两案在选定重组方、召开债权人会议、表决重整计划草案等方面均同时推进,并取得成功。在重整过程中,通过采用“委托公司管理层+管理人加强监管”的方式在持续亏损的情况下仍然继续营业,维持营运价值,并采取市场化灵活措施,实现了债权人、股东、投资人、企业职工等多方主体的利益平衡和保护。

一、引言

福建安溪铁观音集团股份有限公司(以下简称铁观音集团)是全国茶行业首批农业产业化国家重点龙头企业,在乌龙茶精制加工、技术研究、产品质量与安全检测、品牌建设等方面,一直走在行业前列。其全资子公司福建省安溪茶厂有限公司(以下简称安溪茶厂)前身为国营安溪茶厂,创办于1952年,是国内历史最为悠久的三家国营茶厂之一。2012年,铁观音集团先后投入数亿元资金启动上市计划,但由于国家政策变化等原因,2013年年初,铁观音集团终止上市计划。此后,由于受到消费环境变化和市场调整等综合因素影响,两家公司资金周转陷入困境。在此情况下,破产重整成为两公司走出困境的唯一出路。由于安溪茶厂为铁观音集团的全资子公司,两家公司分别被福建省安溪县人民法院(以下简称安溪法院)、泉州市中级人民法院(以下简称泉州中院)受理重整案件,两公司在资产、人员、债务上虽未达到法律意义上的混同,但经营上存在一定的关联度。

在重整中如何正确处理安溪茶厂和铁观音集团重整之间的关系成为本案的焦点问题。此外,由于铁观音集团在进入程序时已丧失融资能力,在重整过程中采用何种重整路径能够最终实现铁观音集团和安溪茶厂的再生也是本案的重点问题。

本案在处理关联公司重整、债务人营运价值的维护、利害相关人权益平衡等方面为国内的相关案例提供借鉴。

二、案件简述

铁观音集团是一家于2007年12月7日成立，由11名自然人发起设立的股份有限公司（未上市），重整前的铁观音集团包括14名股东，持股金额合计6870万股。公司采用特许加盟连锁的方式建立了主要的销售渠道，亦通过网络途径销售多款“凤山”牌铁观音茶叶；安溪茶厂是铁观音集团的全资子公司，成立于1952年，是历史最悠久的国营三大茶厂之一，其持有的“凤山”商标系“中国驰名商标”，产品出口六十多个国家和地区。2012年，铁观音集团成为中国第一家叩关IPO的茶企，累计投入数亿元资金启动上市计划并于2012年6月进行IPO预披露。在2012～2013年度，铁观音集团年营业额高达2亿余元，加盟店与直营店合计500余家。但由于国家政策变化等原因，2013年年初铁观音集团终止上市计划。由于铁观音集团在品牌建设和上市过程中投入了大量资金，终止上市计划后又受宏观经济下行等不利因素影响，公司陷入困境，特别是由于为关联方提供担保，而主债务陷入困境等原因，经营情况进一步恶化，安溪茶厂亦受此牵连。

鉴于铁观音集团在安溪县乃至泉州市的重大影响力，在其经营陷入困境之后，泉州市人民政府多次就危机化解与企业脱困工作召开专题会议。2015年12月，泉州市市直管理部门与安溪县人民政府牵头成立清算组，并特别吸收中伦律师事务所作为清算组成员，负责两公司重整案件法律专业事务。

清算组成立后对两公司的关联关系进行充分论证，因两公司并未达到实质合并重整的条件，清算组经论证后决定对两公司单独进行重整。2016年1月12日、2016年1月14日，安溪法院、泉州中院分别裁定受理安溪茶厂重整案、铁观音集团重整案，并分别指定安溪茶厂清算组、铁观音集团清算组担任安溪茶厂、铁观音集团管理人，负责两公司的各项重整工作。两公司通过重整程序预期实现的目标为，通过对各方利害关系人的利益协调，对铁观音集团和安溪茶厂进行强制性的营业重组与债务清理，以使铁观音集团、安溪茶厂避免破产、获得更生。铁观音集团发展时间轴如图1所示。

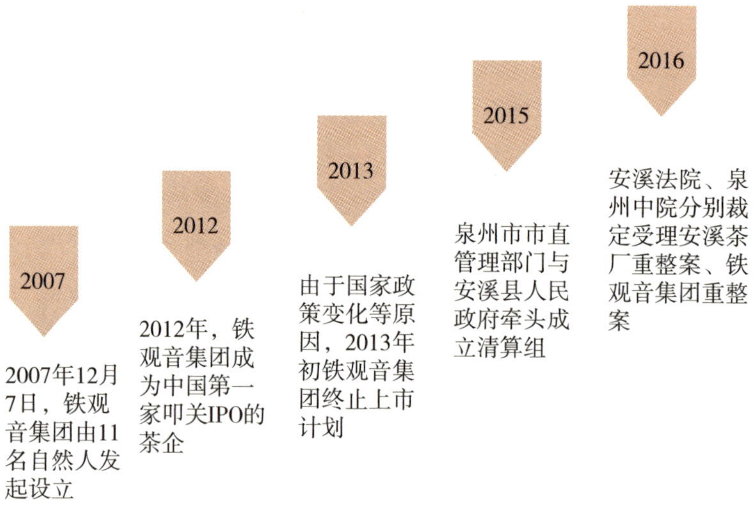

图1　铁观音集团发展时间轴

三、交易方案与交易流程

（一）交易方案

在重整过程中，由于铁观音集团、安溪茶厂已丧失融资能力，因而重整程序中必须引进投资人，方可恢复其持续经营能力，亦可实现普通债权人利益最大化。在评估与审计机构的初步结论已出具、债权审查工作已基本完成的情况下，管理人在安溪县人民政府公众信息网、福建日报上发布遴选重组方公告，并最终选定A集团为重组方。

在重整程序中，两公司现有资产均不处置，由重组方向铁观音集团增资2.2亿元，每股作价1元，铁观音集团总股本增加至2.887亿股，增资扩股工作完成后，重组方合计持有铁观音集团2.2亿股，占总股本的76.20%，原股东合计持股比例降低至23.80%。增资款项用于清偿铁观音集团债权、借款给安溪茶厂偿债以及铁观音集团后续经营。根据铁观音集团重整计划，铁观音集团普通债权组包括债权人40家，涉及金额4.87亿元，重组方向铁观音集团增资款中的2895万元用于提高普通债权清偿率。对于债权金额低于10万元的债权或每笔债权金额低于10万元的部分按照30%清偿，对于每笔债权金额高于10万元部分的清偿率提高至7.54%；根据安溪茶厂重整计划，铁观音集团按照资产评估金额向安溪茶厂提供等额借款清偿普通债权。此外,为提高普通债权的清偿率,铁观音集团另行提供586万元资金用于提高普通债权清偿率。对于债权金额低于10万元的债权或每笔债权金额低于10万元的部分按照40%清偿,对于每笔债权金额高于10万元部分的清偿率提高至16%。重组方向铁观音集团提供的增资款中用于偿债的资金总额不低于2.13亿元,该金额不仅远高于另两家茶企的报价,也高于另一家基金公司的报价,由此在很大程度上提高了两家公司重整案件的普通债权的清偿率。

(二)交易流程

2016年1月12日、2016年1月14日,安溪法院、泉州中院分别裁定受理安溪茶厂、铁观音集团重整案,并分别指定安溪茶厂清算组、铁观音集团清算组担任安溪茶厂、铁观音集团管理人,负责两公司各项重整工作。

2016年1月15日,泉州中院根据安溪法院的申请,裁定审理安溪茶厂重整案。

2016年1月21日,泉州中院根据管理人申请,批复许可继续铁观音集团、安溪茶厂的营业,并同意管理人聘任公司原经营管理团队负责铁观音集团、安溪茶厂的经营工作。

2016年3月11日,铁观音集团、安溪茶厂债权申报期限届满。

2016年3月25日,铁观音集团及安溪茶厂召开第一次债权人会议通报财产状况初步调查情况、债权申报及初步审查情况并提请债权人核查债权表。

2016年10月31日,铁观音集团及安溪茶厂召开第二次债权人会议表决重整计划草案。经现场表决,铁观音集团有财产担保组债权人组与出资人组均100%通过重整计划草案;普通债权组债权人共有40家,债权总额约为4.85亿元,有36家出席,同意重整计划草案的债权人为31家,占本组出席人数的86.11%,所代表债权额约为4.08亿元,占本组债权总额的84.18%。安溪茶厂的有财产担保债权组亦100%通过重整计划草案,普通债权组债权人共132家,债权总额约为2.64亿元,共有108家出席会议,同意重整计划草案的债权人102家,占本组出席人数94.44%,所代表债权约为2.3亿元,占债权总额87.15%。因此,两家公司的债权人会议均高票通过重整计划草案。

2016年11月3日,泉州中院裁定批准铁观音集团及安溪茶厂重整计划并终止两案重整程序。

2017 年 10 月 31 日,泉州中院裁定确认铁观音集团及安溪茶厂重整计划执行完毕。

四、案件要点分析

(一)关联公司重整模式的选择——以非实质合并方式实现关联公司整体重整

铁观音集团体系实际上包括三家公司,除了铁观音集团与安溪茶厂之外,还包括福建省安溪特色农业综合开发有限公司(以下简称特色农业公司),该公司是安溪茶厂的全资子公司,主要负责毛茶的种植与采摘,安溪茶厂主要负责茶叶的生产,铁观音集团主要负责茶叶的销售,三家公司在资产、人员、债务上虽未达到法律意义上的混同,但经营上形成了"农工商一体化",存在一定的关联度,在重整中如何正确处理安溪茶厂和铁观音集团重整之间的关系成为本案的焦点问题。

由于三家公司各有独特的价值:铁观音集团这一知名商号与"安溪铁观音"这一著名地理标志商标紧密关联,商号潜在价值巨大,安溪茶厂是我国历史最为悠久的三大国营茶厂之一,其辉煌的历史应当得以延续,特色农业公司能够为安溪茶厂提供优质的毛茶。经前期了解,特色农业公司资产远大于负债,安溪茶厂与铁观音集团均已资不抵债,根据相关法律的规定,安溪茶厂与铁观音集团分别由安溪法院及泉州中院受理。

根据相关司法实践,适用实体合并规则是基于关联企业法人人格高度混同,关联企业成员丧失财产独立性且无法体现独立意志,损害债权人公平受偿利益的原因。而在具体认定"关联企业法人人格高度混同"过程中,应重点审查并综合分析关联企业主要经营性财产所有权是否难以区分,是否建立独立的会计核算体系,营业事务和交易是否受到过度控制,人员机构是否存在严重混同等因素。如关联企业之间在主要资产、营业事务、财务管理、资金使用、人员机构等方面各自独立,不存在高度的人格混同,则不应适用实体合并规则。

鉴于铁观音集团、安溪茶厂并不符合实质合并的条件,在安溪法院受理安溪茶厂重整案件之后,将该案件上报泉州中院统一审理。虽然两家公司普通债权的清偿率存在差异,但两家公司在重整过程中统一遴选重组方,重整计划同时表决,一举解决了关联企业间复杂的交易关系,实现各债权人之间的实质公平,并提高司法效率。

（二）程序中重整价值的维持——采用“委托公司管理层＋管理人加强监管”的方式在持续亏损的情况下仍然继续营业，维持营运价值

铁观音集团及安溪茶厂的重整，是为再建型而非清算型的重整，目的在于摆脱债务危机，虽然通过减债也能够维持企业的持续经营，但如要实现跨越式发展，引进重组方是重整工作的关键。而在重组方正式介入之前，维持现有的公司商业信誉和影响力，是公司恢复生产和摆脱困境的有利因素，也可以减少重组方的忧虑，增强重组方的信心。因此，在重整程序中维持铁观音集团及安溪茶厂的经营，保留现有销售渠道和市场占有率也是引进重组方、重整成功的关键。实际上，在铁观音集团被裁定重整之前，加盟店已降至200家，但实际销售额均较低，由此则导致安溪茶厂生产经营能力的萎缩。虽然两家公司的生产与维护成本仍然高居不下，持续经营仍有大额亏损的情况下，但管理人经过分析论证后，根据《企业破产法》第二十六条的规定，适时向泉州中院提出继续营业的申请，并获得泉州中院的批准继续营业。实际上，在遴选重组方过程中，多家投资人看中铁观音集团的持续经营能力，并以高于正常评估价值的金额投资。在两家公司重整期间的亏损合计约为500万元的情况下，投资人用于额外提高清偿率的资金高达3600万元，极大保证了债权人的合法权益。

鉴于铁观音集团及安溪茶厂在重整期间继续营业时需要比较健全的经营管理团队，负责日常事务，恢复公司的经营管理。而本案管理人主要由政府部门和中介机构组成，并不擅长于经营事务。而两家公司现有管理团队的构成较为合理，熟悉经营管理事务，具有较丰富的经验，有利于经营事务的稳定和发展。因此，管理人根据《企业破产法》第七十四条规定，聘任债务人的经营管理人员负责营业事务，进而保留了两家公司的营运价值，为重整成功奠定了坚实的基础。

为了确保债权人的利益，由管理人对企业的经营加强监管，对于企业的经营性开支，由企业上报次月的经营预算，并报备管理人及法院备案后执行。在实际经营过程中，由企业上报上个月的经营实际开支情况报送法院及管理人备案。对于预算外开支，则由债务人专项报告管理人及法院后执行，保障了企业的经营及法院与管理人对债务人的监督，保障了债权人利益最大化。

（三）程序中各方利益的平衡和维护——采取市场化灵活措施，平衡和保护相关方的利益

农业是立国之本，由于独特的地理优势，茶树的种植与茶叶的采摘及相关产

业占据安溪县 GDP 的比重极高,管理人在开展工作过程中注意到,安溪茶厂的债权人以茶农为主,考虑到这些债权人的抗风险能力较低,重整计划对于债权金额低于 10 万元的债权由模拟破产清算情况下的 14.78% 提高至 40%(10 万元以上债权部分的清偿率提高至 16%),铁观音集团普通债权清偿率亦按照前述标准分别提高至 30% 和 7.54%。同时,对于重整过程中遭受损失的茶农,管理人协调公司在未来的毛茶收购时给予优先考虑,这在很大程度上兼顾并保障了茶农的利益。另外,铁观音集团与安溪茶厂的重整成功,将在很大程度上维持甚至深化与茶农、茶配套生产商、茶叶营销加盟商的合作,带动相关产业的发展。

从股东层面来看,铁观音集团原股东大部分为安溪县的制茶大师,其在茶业界具有较高的知名度与影响力,为了充分调动其在重整期间及重整后的铁观音集团发展中的积极性,在重整过程中不调整其股权,由重组方直接以增资方式取得铁观音集团的控制权。重组方增资 2.2 亿元,每股作价 1 元,老股东持股数额 6870 万股虽然没有减少,但持股比例降低至 23.80%,有力地兼顾了投资人及老股东的权益。另外,部分股东的股权存在质押的情况,如采取"减法"的方式调减老股东的股权,亦存在实际执行的难题,而通过增量的出资人权益调整方案,有力地避免了前述障碍。同时,对安溪茶厂的出资人权益不作调整,仍作为铁观音集团的全资子公司存在。

铁观音集团与安溪茶厂通过此次重整程序,成功避免落入破产清算的结局,获得了重组方的巨额注资。而作为当地茶业龙头的铁观音集团,其经历磨难后终于涅槃重生,给安溪的茶行业带来新的活力,进一步带动当地乌龙茶产业链的健康发展,提供更多的就业与商业合作机会。

五、结语

在办理铁观音集团暨安溪茶厂重整案过程中,在关联企业未达到实质合并破产条件的情况下,采用"形式分别、实质合并"的方式对关联企业实施重整,是解决关联企业间复杂的交易关系,实现各债权人之间的实质公平的有效进路。

最高人民法院 2018 年 3 月 4 日发布的《全国法院破产审判工作会议纪要》中

关于审理关联企业破产应“立足于破产关联企业之间的具体关系模式,采取不同方式予以处理。既要通过实质合并审理方式处理法人人格高度混同的关联关系,确保全体债权人公平清偿,也要避免不当采用实质合并审理方式损害相关利益主体的合法权益”的要求,而铁观音集团暨安溪茶厂重整案无疑是对关联企业重整采用“协调审理”方式的先期尝试。

铁观音集团、安溪茶厂重整获得成功,既最大限度保证了债权人的部分权益,同时也使债权人获得与重整方一起共享未来发展的机会。两公司通过重整成功引入重组方,探索资源、资本及智力的结合,也为传统民营企业的经营发展提供了有益的借鉴。而铁观音集团与安溪茶厂通过此次重整程序,成功避免落入破产清算的结局,获得重组方的巨额注资,为今后的发展奠定了基础。也必将给安溪的茶行业注入生机与活力,进一步带动茶产业的健康发展,为服务“三农”做出更大的贡献。

破产重整助力民营企业重生*

——深圳市鹏桑普太阳能股份有限公司破产重整案分析

项目团队主要合伙人**

** 作者简介：

许胜锋　合伙人

中伦律师事务所深圳办公室

xushengfeng@ zhonglun. com

胡　迪　合伙人

中伦律师事务所深圳办公室

hudi@ zhonglun. com

* 声明：深圳市鹏桑普太阳能股份有限公司（以下简称鹏桑普公司）破产重整案是深圳市中级人民法院（以下简称深圳中院）审理的一宗民营企业破产重整案件。中伦破产团队作为债务人鹏桑普公司的法律顾问全程参与本案。

重点综述:本案是在重整程序中维持营业,实现民营企业困境重生的典型案例。经最高法院指定,深圳中院就成功审理本案在“推进破产重整、助力民营企业发展座谈会”上作了专题经验介绍。上述专题经验介绍也入选了深圳法院2018年破产审判工作十件大事。该案的成功重整,使债权清偿率由模拟清算的28.46%提高到100%,实现了债权人、债务人、出资人、重整投资人和劳动者的多方共赢,取得了良好的经济和社会效果。

第一部分　引　　言

破产法律体制在促进企业优胜劣汰市场化竞争、优化社会资源配置等方面发挥了不可替代的积极作用。破产重整制度是《企业破产法》在2007年修订时引入的一项制度,经过十余年的实施,破产重整已成为困境企业再生的重要途径。在破产重整制度下,如何识别债务人是否具有拯救价值和拯救可能,如何在《企业破产法》规定较为原则的情况下合理决定是否批准债务人在管理人监督下自行管理财产和营业事务,以及如何合理制定重整计划草案,实现债权人、债务人、职工、股东、重组方等各方利益的最佳保护和平衡,是破产企业及审判法院均面临的重要问题。本文旨在以鹏桑普公司破产重整案件为例探讨与之相关的法律和实践问题。

第二部分　基础事实介绍

一、公司基本情况概述

鹏桑普公司成立于1993年,主要从事平板太阳能热利用行业的研发、制造、系统集成和BOT全产业链经营,在太阳能基础领域和系统集成领域曾多次开创行业先河,包括首家完成高层住宅平板太阳能热水系统设计安装、首创太阳能热水系统BOT经营模式、首家在华南地区建成年产90万平方米世界排名第二的平板太阳能板芯和选择性涂层生产线等,拥有逾25万名在校大学生使用的BOT合同能源管理项目(以下简称BOT项目)。

由于太阳能产品市场行情变化、生产规模扩大过快、大量对外融资致使企业财务成本负担过重以及银行不断收紧贷款等因素,鹏桑普公司于 2014 年出现债务危机,其债权人向深圳中院提出重整申请。鹏桑普公司委托本所担任其重整专项法律顾问,拟通过重整实现重生。

二、重整受理阶段

在本所律师指导下,鹏桑普公司积极准备重整听证所需的材料。本所律师代理鹏桑普公司出席重整听证会,并充分阐述重整对于挽救鹏桑普公司和维护全体债权人利益的可行性和必要性。深圳中院采纳了鹏桑普公司的重整意见,于 2015 年 2 月 5 日裁定受理债权人对鹏桑普公司的破产重整申请,并依法指定管理人。

三、重整期间管理模式的确定

鹏桑普公司主营业务为太阳能热水系统 BOT 经营,即由鹏桑普公司投资建设太阳能热水系统,并在一定期限内负责该热水系统的运营、维护、售后服务,在期限届满后将热水系统整体移交业主方。在进入重整程序前,鹏桑普公司在中南财经政法大学、武汉理工大学、华中科技大学等多个高校已开展 BOT 项目经营,在其出现债务危机后,由于自身资金链断裂和银行账户被司法冻结等原因,运营、维护资金缺乏,原有的 BOT 项目运转已出现严重困难。在重整期间如不妥善安排 BOT 项目的经营,一旦鹏桑普公司严重违约,不仅严重影响到高校约 25 万名大学生日常用水,亦将导致其 BOT 项目运营价值归零,严重影响自身资产的保值增值。

根据鹏桑普公司意愿和公司的实际运营情况,本所律师代理鹏桑普公司向深圳中院申请自行管理财产和营业事务,从多角度说明鹏桑普公司自行管理有利于重整程序的推进和资产价值的维护。深圳中院经调研后批准了鹏桑普公司关于本案采用管理人监督下的债务人自行管理财产和营业事务的申请。管理模式确定后,鹏桑普公司在重整期间维持了自身 BOT 项目的正常运转,经营收入实现了同比增长。

四、重整计划的制定

根据《企业破产法》的规定,本案的重整计划草案由鹏桑普公司负责制定。鉴于鹏桑普公司债权人类别较多，诉求不同，且重组方亦对其投入资金有一定条件的实际情况，深圳中院组织管理人和本所律师多次研究沟通。最终本所律师根据公司意愿和实际情况起草的重整计划草案，很好地实现了债权人、债务人、员工、股东、重组方等各方利益的平衡。在模拟破产清算情况下，鹏桑普公司普通债权的清偿率仅为28.46%，由于核心BOT项目业务在重整期间得以维持并有所增长，重组方和鹏桑普公司对重整成功的信心得以提升，鹏桑普公司重整计划草案最终确定了全额清偿的标准，结合债权人的不同诉求制定了不同的清偿方案，并区分股东经营责任设置了不同的出资人权益调整比例。鹏桑普公司重整计划草案获得债权人和出资人认可，2016年5月23日，重整计划获表决通过。

五、案件结果

深圳中院于2016年6月裁定批准鹏桑普公司重整计划。2018年11月，鹏桑普公司重整计划执行完毕。

第三部分 分 析

本案受理之前如何进行重整识别，受理后如何保证鹏桑普公司的核心业务BOT项目的正常运转，确保其重整价值是案件面临的首要难题。在BOT项目得以稳定运转后，如何制定重整计划草案，满足不同利益主体诉求，平衡各方利益是案件面临的又一重要问题。

在法律规定较为原则，未规定具体适用标准的情况下，本所律师根据以往积累的项目经验、对法律的研究理解以及深圳地区的实践，在重整受理识别、重整阶段财产和营业事务管理以及重整计划利益平衡方面提出了合理的法律方案（见图1），最终起到了良好的效果。

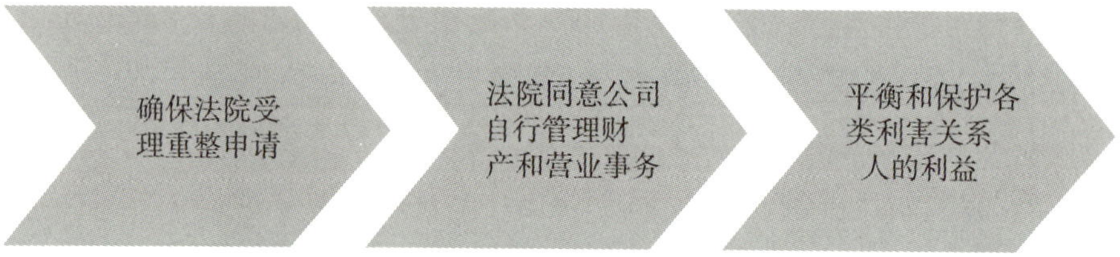

图1　重整法律方案的三大主要方面

一、充分阐述债务人的重整价值和可能性，促成人民法院受理重整申请

作为债务人法律顾问，在接受委托后面临的首要问题是如何确保人民法院能够受理债权人对鹏桑普公司提出的重整申请，也即如何向人民法院充分说明债务人具有挽救的可能性。结合鹏桑普公司的实际情况，本所律师在重整听证中除了说明鹏桑普公司依法符合重整受理条件外，还主要从鹏桑普公司的技术工艺、生产销售、行业前景等因素方面予以说明和举证。

1.鹏桑普公司作为一家新能源企业，先后获得深圳高新技术企业认定和国家高新技术企业认定，公司商标和产品分别获得广东省著名商标和名牌产品荣誉称号，在太阳能基础领域和系统集成领域掌握了核心技术并且多次开创行业先河，包括：首家完成高层住宅平板太阳能热水系统设计安装、首创太阳能热水系统BOT经营模式、首家在华南地区建成年产90万平方米世界排名第二的平板太阳能板芯和选择性涂层生产线、建立广东省行业内唯一一家省级太阳能热利用工程实验室等。同时，鹏桑普公司拥有逾25万名在校大学生使用的合同能源管理项目，开创了学校、企业和学生的多赢局面，成为校园太阳能热水供应BOT经营模式的领导者。作为国内平板太阳能行业中首家在铜铝复合、镀黑铬和真空镀膜三大系列平板集热器产品同时通过欧盟Solar－Keymark认证、中国环境标志产品认证及全国建设行业科技成果推广项目认证的企业，鹏桑普公司产品热销国内外。可见，其具有较为明显的先进技术工艺与广阔的市场前景。

2.鹏桑普公司陷入困境的原因在于太阳能产品市场行情变化、生产成本及人工成本快速上涨，以及生产规模扩大过快、大量对外融资致使企业财务成本负担过重等因素，导致鹏桑普公司经营成本增加，利润减少。加之银行不断收紧贷款，造成企业在短期内偿债压力增大，无法及时清偿到期债务，陷入财务危机，而非高污染、高能耗、连年亏损，产品没有市场，主要靠政府补贴和银行续贷维持经营的僵尸企业。

3. 鹏桑普公司一旦破产清算，鹏桑普公司正在管理的、拥有逾25万学生使用的合同能源管理BOT项目将被迫停止，除鹏桑普公司前期巨大投入无法收回导致债权人损失外，还可能造成巨大社会影响。相反，作为一家在2008～2011年间连续四年在深圳太阳能行业纳税第一的企业，如鹏桑普公司重整成功，各利益相关方均将从企业重生中获益，不但可以保持鹏桑普公司继续营业，摆脱沉重的债务负担，恢复盈利能力，继续为深圳当地的经济发展做出贡献，而且通过新投资者的引进以及现有资产的有效整合，也能使债权人获得相对破产清算更高比例的清偿，职工保留工作岗位，税源得以维持。由此可见，鹏桑普公司亦具有拯救价值和拯救可能。

深圳中院最终采纳了本所律师的意见，依法受理鹏桑普公司重整案件。

二、适用债务人自行管理财产和营业事务

我国《企业破产法》第七十三条规定了债务人自行管理制度，但该法条立法表述较为原则，审判实践中，人民法院审查债务人申请的自行管理人财产和营业事务事宜缺乏具体的审查依据。在此情况下，作为债务人法律顾问，本所律师需要结合债务人实际情况向人民法院充分说明适用债务人自行管理财产和营业事务对重整程序的益处，以便于人民法院作出合理决定。结合鹏桑普公司的实际情况，本所律师在申请和沟通中主要从以下方面予以说明：

鹏桑普公司核心业务BOT项目能否维持正常运转，实现保值增值是其重整能否成功的核心因素。在本案中，债务人自行管理营业事务可以充分调动债务人的积极性，利用其对业务和经营熟悉的优势，维系营业，保护资产价值。另外，通过管理人账户收支款项及依法解除对公司银行账户的司法冻结，化解了公司银行账户冻结，运营资金难以保障的难题，在此基础上可以保证BOT项目的正常运转和资产保值，为重整成功提供重要保障。

同时，本所律师从债务人自身的管理意愿和能力、内部治理结构、经营团队配置、信用评价等方面进行说明并提供相关证明资料，以证明债务人治理结构完整，亦不存在《企业破产法》第三十一条、第三十二条、第三十三条、第三十六条规定的

侵害债权人利益的情形,同时,其在进入重整程序之前,聘请中介机构作为其自行管理的专项法律顾问,对重整可行性进行了论证。在此情况下,其自行管理具有可行性。

深圳中院经审慎研究,同意了鹏桑普公司自行管理财产和营业事务的申请。

三、以市场化手段平衡和保护各类利害关系人的利益

鹏桑普公司债权类型复杂,除了普通债权之外,还包括职工债权、有财产担保债权。普通债权中,亦可分为金融机构债权、民间借贷债权、供应商债权等多种类型。各类型的债权人有不同的诉求,这为本所律师起草重整计划草案增加了相当的难度。在与深圳中院、管理人、债务人、债权人以及股东充分沟通的基础上,重整计划草案逐步完善并平衡各类利害关系人的利益,最终获得表决通过。

考虑到有财产担保债权所对应的担保物是公司后续经营所必需,重整计划规定了延期付息的清偿方案,取得了该类债权人的支持。对于拖欠的职工债权1100余万元,重整计划规定了全额清偿方案,由此保障了职工权益和公司经营的稳定。在普通债权中,债权金额低于10万元的债权人绝大部分为供货商,重整计划规定以现金方式对其实施全额清偿,由此保障了后续的合作。对于金融机构普通债权,考虑到当时法律对于金融机构债转股的限制,重整计划规定对于该类债权人采取延期减息全额清偿的方案。对于民间借贷类普通债权,重整计划规定了债转股的清偿方案,如能重整成功,该类债权人实际上也获得了全额清偿。在此基础上,公司180余名职工权益得到了保护,160余家债权人共计约5.9亿元债权通过"以股偿债清偿方案"和"延期现金清偿方案"均获得了全额清偿,远高于普通债权在模拟破产清算情况下28.46%的清偿率,债权人利益得以最大化保护。

鹏桑普公司股东中,亦可区分为参与经营管理的股东、投资类不参与经营管理的股东以及职工持股平台股东这三种类型,出资人权益调整方案区分了参与经营股东和非参与经营股东,根据股东责任设定不同的调整比例,将调整的股权用于清偿债务。同时,根据重组方的诉求,确定重组方以增资扩股的方式成为公司新的控股股东。上述方案不仅实现了各类股东之间及其与新投资人之间的利益平衡,也在股东和债权人之间实现了利益平衡。

第四部分 结 语

2018年3月4日颁布的《全国法院破产审判工作会议纪要》第十四条对重整企业的识别审查作出规定。其中指出，破产重整的对象应当是具有挽救价值和可能的困境企业；对于僵尸企业，应通过破产清算，果断实现市场出清。人民法院在审查重整申请时，根据债务人的资产状况、技术工艺、生产销售、行业前景等因素，能够认定债务人明显不具备重整价值以及拯救可能性的，应裁定不予受理。本案的审理过程不仅契合了2015年中央经济工作会议提出的“尽可能多兼并重组、少破产清算”的思路，也契合了《全国法院破产审判工作会议纪要》的精神，体现了破产重整制度对民营经济发展的支持、引导和保护。

9 知识产权

从“乔丹案”谈“商业符号”利益之保护*

项目团队主要合伙人**

** 作者简介：
马东晓　合伙人
中伦律师事务所北京办公室
madongxiao@ zhonglun. com
张雪松　合伙人
中伦律师事务所北京办公室

* 声明：本案的分析基于 Michael Jeffery Jordan 与乔丹体育股份有限公司、中国国家工商行政管理总局商标评审委员会商标争议行政纠纷案、Michael Jeffery Jordan 诉乔丹体育股份有限公司侵犯姓名权纠纷案的基本事实和裁判情况。

重点综述:“乔丹案”始于2012年,共涉及78件商标,经历商标行政阶段、一审阶段、二审阶段,Michael Jeffery Jordan的主张均未获得支持,Michael Jeffery Jordan不服,就其中68件商标向最高人民法院申请再审,最终,最高人民法院裁定或判决驳回了Michael Jeffery Jordan就57件案件的再审申请、支持了其就3件涉及“乔丹”汉字商标案件的再审申请,另有8件案件中止审理。本文拟从该案出发,探讨名人“商业符号”利益的保护现状和保护路径,并从法律事务的角度提出了保护建议。

一、引言

美国NBA篮球明星Michael Jeffery Jordan与乔丹体育股份有限公司之间的商标纠纷始于2012年,此后,双方在北京、上海等多地展开了拉锯战。这次著名篮球运动员与本土品牌在市场上的正面交锋在社会各界包括学术界引起了热议,已俨然成为一场民族企业对自己经营已久的民族品牌的保卫战,更由于双方当事人的高知名度、诉讼地位的转换、争议商标的数量等,受到了国内外的高度关注。从法律适用来看,法院在判决书中提出的自然人就特定名称主张姓名权保护时应满足的条件,在一定程度上对名人“姓名权”的保护边界、稳定市场竞争秩序的认定等一系列商标法领域的热点问题进行了探讨。从社会影响看,最高人民法院的公开审理和公开宣判受到了社会各界的广泛关注,不仅有利于展示最高人民法院公开透明的形象,也有利于增强我国司法保护的国际影响力。

二、“乔丹案”始末

“乔丹案”纷争发展阶段如图1所示。

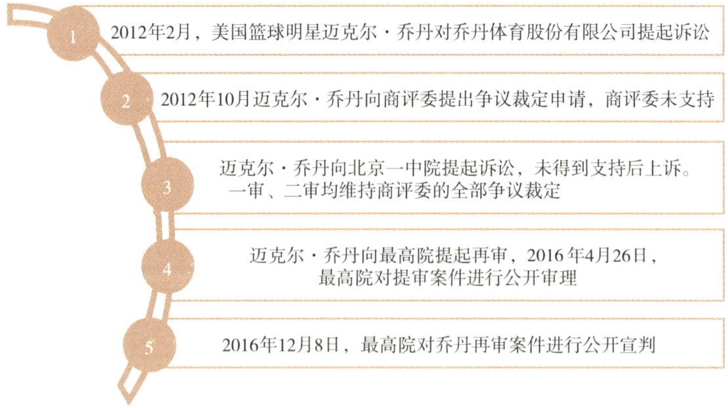

图1 “乔丹案”纷争发展阶段

1. 一场持续六年的纷争

2012 年 2 月,美国 NBA 篮球明星 Michael Jeffery Jordan(以下称迈克尔·乔丹)一纸诉状将仅距上市敲钟一步之遥的乔丹体育股份有限公司(以下简称乔丹体育)起诉到上海市第二中级人民法院,在诉状中迈克尔·乔丹声称"乔丹"是其姓名,乔丹体育侵犯其姓名权,法院经过开庭之后,将该案搁置。

2012 年 10 月,迈克尔·乔丹又向中国国家工商行政管理总局商标评审委员会(以下简称商评委)提出争议裁定申请,申请商评委撤销乔丹体育的 78 件相关注册商标,将双方的缠斗拉入第二阶段,到 2016 年 12 月 8 日最高人民法院就部分商标授权确权行政案件作出判决,这场旷日持久的拉锯战似乎仍未有接近尾声的迹象。

(1)商评委阶段

本案共涉及 78 件争议商标,迈克尔·乔丹认为,其在世界包括中国范围内具有极高知名度,"乔丹"系原告姓名的中文译名,中国公众看到"乔丹""QIAODAN"、乔丹图形等标识,就会将标识与原告联系在一起,争议商标的注册造成了相关公众的混淆误认,产生不良影响,属于 2001 年修正的《商标法》第十条第一款第八项规定的"有其他不良影响"的情形;争议商标属于恶意大规模注册,属于《商标法》第四十一条第一款规定的以"其他不正当手段"取得注册的情形;另外,部分争议商标还侵犯了原告的姓名权或肖像权,属于《商标法》第三十一条前半段"损害他人现有的在先权利"所指情形,故请求对争议商标予以撤销。

尽管迈克尔·乔丹高调维权,但结果并不如愿。商评委在审理后认为:争议商标与迈克尔·乔丹的姓名、肖像存在一定区别,难以认定相关争议商标与迈克尔·乔丹存在一一对应关系。最终,商评委未支持迈克尔·乔丹的主张,维持了全部争议商标的注册。

(2)一审和二审阶段

迈克尔·乔丹不服,向北京市第一中级人民法院提起行政诉讼,请求撤销被告商评委的裁定。后因未得到北京市第一中级人民法院的支持,又向北京市高级人民法院提起上诉。经审理,一审、二审法院均维持了商评委的全部争议裁定。

两级人民法院经审理后认为:首先,争议商标标志本身并没有对社会公共利益或公共秩序造成不良影响,如果仅损害特定民事权益不宜认定其属于具有其他不良影响的情形。其次,现有证据不足以证明乔丹体育属于用欺骗手段以外的扰乱商标注册秩序、损害公共利益、不正当占用公共资源或者以其他方式谋取不正当利益的手段。最后,争议商标中的“乔丹”并不唯一对应于“Jordan”,且“Jordan”为美国人的普通姓氏而不是姓名,故现有证据不足以证明“乔丹”确定性指向“Michael Jordan”和“迈克尔·乔丹”;肖像权是自然人基于其肖像而享有的人格权益,肖像应清楚反映人物的主要容貌特征,至少应清楚到社会公众能够普遍将该肖像识别为肖像权人,本案中,相关公众难以将争议商标中的形象认定为迈克尔·乔丹,故不存在“损害他人现有的在先权利”的情形。

(3)再审阶段

迈克尔·乔丹仍然不服,就78件案件中的68件向最高人民法院提起再审申请。2015年11月,最高人民法院对全部68件案件进行了再审审查,并于2015年12月底,裁定驳回迈克尔·乔丹在50件案件的再审申请,裁定提审10件案件,裁定中止审理8件案件。

2016年4月26日,也即世界知识产权日当天,最高人民法院组成了以副院长陶凯元大法官为审判长的5人合议庭,以全网直播的方式对提审的10件案件进行了公开开庭审理。在这10件案件中,核心争议焦点为争议商标的注册是否损害了迈克尔·乔丹的姓名权,是否违反了2001年修正的《商标法》第三十一条关于“申请商标注册不得损害他人现有的在先权利”的规定。围绕该争议焦点,双方在近4个小时的时间里进行了充分的陈述和辩论。

2016年12月8日,最高人民法院对提审的10件乔丹再审案件进行了公开宣判。

2. 难言孰胜孰负的判决

最高人民法院对“乔丹案”的公开宣判,吸引了社会各界的广泛关注,其中,最核心的问题也是最受瞩目的问题在于最高人民法院将如何划分姓名权与商标权的边界。最终,最高人民法院将10件再审案件分为了两种类型,关于3件涉及“乔丹”汉字的商标,最高人民法院认定此3件商标的注册损害了迈克尔·乔丹的在先姓名权,违反了《商标法》第三十一条“申请商标注册不得损害他人现有的在先权利”的规定，应予撤销[①]；而关于7件大写拼音“QIAODAN”以及小写拼音“qiaodan”与图形组合商标。最高人民法院认定，因再审申请人对拼音“QIAODAN”和“qiaodan”不享有姓名权，此7件商标的注册未损害再审申请人的在先姓名权。[②] 关于迈克尔·乔丹主张的争议商标构成《商标法》第十条第一款第八项规定的“有害于社会主义道德风尚或者有其他不良影响”，以及《商标法》第四十一条第一款“以欺骗手段或者其他不正当手段取得注册”等理由，最高人民法院认为10件商标的注册均不属于相关情形。

很快，各家媒体纷纷对此次公开宣判进行了广泛报道，其中不乏“迈克尔·乔丹与乔丹体育打成平手”“最高法院各打五十大板”这样的题目，也不乏类似“乔丹体育不能再使用‘乔丹’商标”“迈克尔·乔丹只是赢了个名字”等倾向于一方的描述。而本案的当事人迈克尔·乔丹和乔丹体育发布的声明，似乎均表示自己是最后的赢家。那么，这场诉讼最后究竟谁胜谁负了呢？

从迈克尔·乔丹方面来看，最高人民法院认定了迈克尔·乔丹就“乔丹”二字，可以在《商标法》第三十一条下享有姓名权保护。且通过此次公开宣判，中国的消费者能够更加清楚地知道迈克尔·乔丹与乔丹体育没有关联。可见，迈克尔·乔丹面对这一结果有值得欣慰的道理。

从乔丹体育方面来看，此次被最高人民法院判定应予以撤销的三件涉及中文“乔丹”的注册商标，分别注册在第25类、第28类和第32类商品上，涉及的商品项目包括婴儿全套衣、婚纱、体育活动器械、无酒精饮料、豆类饮料、啤酒等，属于乔丹体育周边注册的防御性商标。而对于乔丹体育在主营业务，包括鞋、帽、服装等商品上已注册并使用的商标，由于相关商标的注册不违反2001年《商标法》第十条第一款第八项和第四十一条第一款的规定，且在迈克尔·乔丹提起争议申请时已超过2001年《商标法》第四十一条第二款规定的5年时限从而不适用《商标法》第三十一条，均在先已被最高人民法院维持了注册。另外，值得注意的是，这些之前被最高人民法院维持注册的50件商标中，包含若干“乔丹”汉字商标。可见，乔丹体育并非完全不能使用“乔丹”文字商标，乔丹体育称其主营业务不受影响也有理由。

① 参见(2016)最高法行再27号行政判决书。

② 参见(2016)最高法行再31号行政判决书。

面对如此结果,案外人是雾里看花般的不明就里,当事人似乎也是水中望月般的一厢情愿,未来不论是乔丹体育已注册商标的使用,抑或是迈克尔·乔丹对已被认可的姓名的指代,双方在商业上的发展走向仍旧扑朔迷离。

抛开结果仅从案件本身来看,该系列案件为法院适用2001年《商标法》第四十一条第一款、第十条第一款第八项等提供了明晰的指导;在一定程度上对名人“姓名权”的保护边界问题、稳定市场竞争秩序的认定问题等一系列商标法领域的热点问题作出了集中回应。从社会影响来看,最高人民法院的公开审理和公开宣判,不仅有利于展示最高人民法院公开透明的形象,也有利于增强我国司法保护的国际影响力。但是,在客观地分析“乔丹案”中法律问题的同时,我们也注意到了在互联网及信息大爆炸的时代,个人“商业符号”相关利益越来越受到重视,“明星”“网红”们的“符号利益”保护面临着不小的困境,企业在市场博弈过程中对其品牌的保护面临诸多挑战。如果相关主体未来对此问题能够给予足够的关注,无疑将更有利于自身发展和利益的保护。

三、“乔丹案”折射出的理论难题

1. 迈克尔·乔丹究竟在主张什么

“乔丹案”中,最有争议的问题在于争议商标的注册是否损害了迈克尔·乔丹的在先姓名权。从保护依据和性质来看,我国保护姓名权的主要依据是《民法通则》第九十九条第一款,该条位于《民法通则》第五章第四节“人身权”部分。从权利内涵来看,大陆法系传统民法下的姓名权是不包括其财产利益的,“人格上的精神利益不能以金钱加以计算,不具有财产的性质……姓名、肖像等被他人不法使用于商业广告时,依传统见解,其被侵害的,系人格尊严价值,而非具有财产权性质的利益”。①

表面上看,迈克尔·乔丹是在主张争议商标损害了其在先姓名权,但具体看其所依据的事实和理由,其所主张的“姓名权”实际上对传统民法意义上的姓名权进行了扩张。比如,主张姓名需要具有影响力和知名度、进而将该姓名作为与权利人建立对应关系的主体识别符号,主张姓名权的外延与代言、许可、是否造成相

① 王泽鉴:《人格权保护的课题与展望——人格权的性质及构造:精神利益与财产利益的保护》,载《人大法律评论》2009年第1期。

关公众混淆相联系等,这些为迈克尔·乔丹主张的姓名权赋予了更多财产性利益的内涵,使其更像是一种“商业符号”。

在再审判决中,最高人民法院认为:

在适用商标法第三十一条关于“不得损害他人现有的在先权利”的规定时,自然人就特定名称主张姓名权保护的,该特定名称应当符合以下三项条件:其一,该特定名称在我国具有一定的知名度、为相关公众所知悉;其二,相关公众使用该特定名称指代该自然人;其三,该特定名称已经与该自然人之间建立了稳定的对应关系。

……

在适用商标法第三十一条的规定保护他人在先姓名权时,相关公众是否容易误认为标记有争议商标的商品或者服务与该自然人存在代言、许可等特定联系,是认定争议商标的注册是否损害该自然人姓名权的重要因素。因此,在符合本院阐明的有关姓名权保护的三项条件的情况下,自然人有权根据商标法第三十一条的规定,就其并未主动使用的特定名称获得姓名权的保护,这不仅有利于保护自然人的人格尊严及其姓名所蕴含的经济利益,也有利于防止相关公众误认,借以保护消费者的合法权益。

可见,最高人民法院已经将“相关公众容易误认为标记有争议商标的商品或者服务与该自然人存在代言、许可等特定联系”纳入侵犯姓名权的情形。然而,这部分以姓名为名的财产性利益是从姓名中延伸出来的,已经超出了我国现有法律体系下“姓名权”的内涵。该部分利益在我国尚未被明确类型化,反而更属于近期在学术和实务界被热烈讨论的“商品化权”,更准确的说法可能是美国部分州的法律所保护的“公开权”所保护的范畴。但是,目前“商品化权”或“公开权”并非我国法定的权利类型,其权利的内涵和边界也没有在我国理论界和实务界形成共识,这就给法院在保护相关法益时带来了不小的难题。

2. “商品化权”及“公开权”的法律内涵

“商品化权”一词作为一个“舶来品”最初是从日本引进的,而日文的“商品化权”则是20世纪60年代初对“merchandising right”的直译。随后,我国学者也开始直接翻译英美商品化权的案例及学说,并且在翻译的过程中结合相关汉语的具体含义对这一概念加诸了自己的见解。由于对权利内涵和外延的理解和认识存在差异,我国学界出现了"商品化权""形象权""公开权""角色商品化权""虚拟角色商品化权"等诸多称谓。① 例如,"角色商品化权"则是对 WIPO 所发表 *Character Merchandising* 一文的翻译,在该报告中,将"角色"分为三类,包括真实人物形象、虚拟角色以及视听角色。② 还有学者认为,"商品化权"这个名称实乃误译,根据 WIPO 所发表 *Character Merchandising* 一文中的描述,应该翻译成"角色促销"。③

在美国,一般将虚构性角色的商品化权和真实人物的商品化权分开论述,前者称为"角色权"(Right in Character),后者称为"公开权"(Right of Publicity)。对于角色权,美国的司法实践通常是采用版权法、商标法和反不正当竞争法交叉保护。而"乔丹案"涉及的则是对真实人物迈克尔·乔丹的"公开权"保护问题。

公开权起源于美国的隐私权(right of privacy)制度,该权利阻止任何对个人姓名、肖像等识别符号的未授权商业使用。在美国,公开权通常通过州法保护,仅仅一半的州明确认可公开权。以伊利诺伊州为例,根据伊利诺伊州的公开权法:公开权是指"控制和选择是否以及如何为商业性目的使用一个人的身份特性(Identity)的权利"④。其中,身份特性的定义是"任何个人的特性,这种特性可以使一个普通的理性的观察者或听众辨认出此人。包括但不限于姓名、签字、照片、肖像、声音等⑤"。不认可公开权的州通常在隐私权中概括保护相关权益。《侵权法(第二次)重述》规定了四种对隐私权的侵犯方式:(1)无理侵扰他人(intrusion),(2)非法占用或挪用他人姓名或肖像(appropriation of name or likeness),

---

① 陈林:《商品化权及其法律保护》,华东政法大学2013年硕士学位论文。

② WIPO, Character Merchandising, 载 http://www.wipo.int/copyright/en/activities/pdf/wo_inf_108.pdf, Page 6。

③ 刘银良:《角色促销:商品化权的另一种诠释》,载《法学》2006年第8期。

④ (765 *ILCS* 1075) *Right of Publicity Act*. "Sec. 10. Recognition of right of publicity. The right to control and to choose whether and how to use an individual's identity for commercial purposes is recognized as each individual's right of publicity."

⑤ (765 *ILCS* 1075) *Right of Publicity Act*. "Sec. 5. Definitions. As used in this Act...: 'Identity' means any attribute of an individual that serves to identify that individual to an ordinary, reasonable viewer or listener, including but not limited to (i) name, (ii) signature, (iii) photograph, (iv) image, (v) likeness, or (vi) voice."

(3)不合理公开(unreasonable publicity),(4)歪曲报道(false light)。可见,侵犯公开权和侵犯隐私权的第(2)种方式类似。另外,也有的州通过反不正当竞争法保护相关权益。[①]

可见,从概念上看,所谓“商品化权”所保护的法益,目前在我国并未形成确定统一的称谓,对权利内涵和外延的理解和认识也不尽相同;从保护上看,即便在美国也仅有一半的州明确认可“公开权”,其他的州对相关法益的保护方式更是五花八门。

3. 现阶段引入“商品化权”或“公开权”仍存在障碍

不能否认的是,美国、日本等国家先后确立了人格利益进行商品化保护的制度。但我国属于大陆法系国家,大陆法系每一项民事权利都有其深厚的历史沉淀,在民事法律体系中都有自己特定的位阶,不考虑体系化地创设权利,会造成体系的混乱。很明显,“商品化权”或“公开权”不是一个封闭的权利,而是一个“权利束”,这就可能导致出现诸多问题:

首先,“商品化权”或“公开权”没有清晰的边界。其次,“商品化权”或“公开权”的保护期限难以明确,保护的合理性标准难以统一。最后,“商品化权”或“公开权”既可能同时包含人身权和财产权的成分,又与商标权、著作权等存在交叉,因此在纳入既有权利体系时可能会带来困扰。因此,现阶段我国立法创设“商品化权”时机仍不成熟。

虽然人格财产利益是人格权在现今时代的延伸和发展,在个案中可能“商业符号”所承载的财产权益确有必要予以保护,但鉴于我国现行民法通则只规定了人格权的精神利益,在人格财产利益未经成文法类型化的情况下,法院难以在现实纠纷中用“商品化权”或“公开权”等概念裁断纠纷,否则将有“法官造法”之嫌,这也是目前实践中虽然法院在极个别案例中认可了商品化权(“功夫熊猫”案[②]、“TEAM BEATLES”案[③]),但却遭到学界质疑的原因。

正是因为存在上述问题,2016 年 5 月北京市高级人民院在《当前知识产权审判中需要注意的若干法律问题》中指出:

① 参见 https://www.law.cornell.edu/wex/publicity,最后访问日期:2016 年 12 月 27 日。

② 参见(2015)高行(知)终字第 1969 号行政判决书。

③ 参见(2013)一中知行初字第 1493 号行政判决书。

关于形象的商业化利益保护问题。近年来,关于形象的商业化利益,或者俗称“商品化权”的保护呼声在商标授权确权行政诉讼中越来越高。但是,关于形象的商业化利益的保护对象、保护范围,无论在实践中还是在学术上均有较大争论,因此将该利益作为商标法第三十二条规定的“在先权利”予以保护应当慎重。首先,应当坚持权利法定原则,即对形象的商业化利益的保护,不是对法定权利的保护,我国并无法律规定形象的商业化利用“权利”,因此只有对形象的商业化利益进行分析确定其属于可受法律保护的利益时,才能纳入商标法第三十二条在先权利的保护范围。其次,对形象的商业化利益的保护范围应当慎重研究、严格划定,除非必要,对该利益的保护不应超出未注册驰名商标的保护。各院需要对形象的商业化利益进行保护的,必须事先层报高院民三庭审查。

该表述可以折射出北京市高级人民法院对形象的商业化利益进行保护时的慎重态度。

在“乔丹案”中,最高人民法院在判决书中明确指出“姓名权是自然人对其姓名享有的人身权。而商标的主要作用在于区分商品或服务来源,属于财产权,与姓名权是性质不同的权利”,同时又指出“体现了我国法律对包括姓名权在内的人身权益中所蕴含的经济利益的承认和保护……鉴于商标的主要作用在于区分商品或者服务的来源,故未经许可擅自将他人享有在先姓名权的姓名注册为商标的,不仅会损害该自然人的人格尊严,而且容易导致相关公众误认为标记有该商标的商品或者服务与该自然人之间存在代言、许可等特定联系”。这里,最高人民法院试图将姓名权扩张为包括“代言、许可利益”,从而在姓名权框架下保护“商业符号”所承载的财产性权益,似乎可以解读为最高人民法院在“商品化权”或“公开权”并非类型化权利的情况下解决现有法律框架下姓名权的人身权属性与姓名上承载有“商业符号”财产性利益之间冲突的折中路径。从逻辑自洽的角度看,最高人民法院在判决中提出了在适用《商标法》第三十一条关于“不得损害他人现有的在先权利”的规定时,争议商标损害姓名权的条件和自然人就特定名称主张姓名权保护的三个条件,在一定程度上解决了名人姓名的财产性权益在商标法下保护的边界问题,在一定程度上避免了姓名权在商标法下的肆意扩张导致商标注册制度被“架空”的后果,同时也将“在先姓名权”限制于“在适用商标法第三十一条关于‘不得损害他人现有的在先权利’的规定时，自然人就特定名称主张姓名权保护”的范围内，似乎在某种程度上也给区分通常属于人身权的“姓名权”与构成《商标法》第三十一条下“在先权利”的“姓名权”留下了解释的空间。

值得注意的是，最高人民法院于 2017 年 1 月 10 日发布了《关于审理商标授权确权行政案件若干问题的规定》，其中第二十条对认定“诉争商标损害其姓名权”“以其笔名、艺名、译名等特定名称主张姓名权”的条件进行了明确，且相关条件与“乔丹”商标案件中的认定标准保持了一致；第二十二条则明确了“角色形象著作权”“作品名称、作品中的角色名称等”的两种保护方式，即对于“角色形象著作权”，法院按照“在先著作权”相关规定进行审查，而对于“作品名称、作品中的角色名称等”（本身可能难以构成著作权法下的作品），在“具有较高知名度”“将其作为商标使用在相关商品上容易导致相关公众误认为其经过权利人的许可或者与权利人存在特定联系”时予以保护，但该条中将保护对象表述为“在先权益”，并未创设新的权利类型。

四、“乔丹案”带来的现实启示

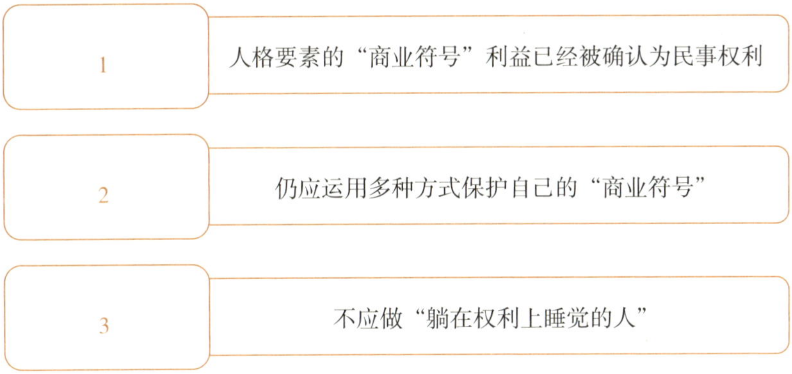

图 2 “乔丹案”带来的三大启示

1. 人格要素的“商业符号”利益被确认为民事权利了吗

虽然在个案中“商业符号”利益确有被保护的必要，但目前我国尚未设立“商品化权”或“公开权”制度。最高人民法院在“乔丹案”的判决中，虽然认可了自然人基于特定名称享有的姓名权财产权益在商标法下可以获得姓名权保护，但也是在姓名权的框架下进行。在最高人民法院于 2017 年 1 月 10 日发布的《关于审理商标授权确权行政案件若干问题的规定》第二十条、第二十二条中,也采用了“姓名权”“著作权”“在先权益”等措辞。同时,最高人民法院《关于审理商标授权确权行政案件若干问题的规定》对相关权利/权益设定了不同的保护条件。而这些条件,不论是“具有一定知名度”“相关公众指代”“稳定的对应关系”,还是“具有较高知名度”,都对相关权利/权益的保护设立了较高的“门槛”。因此,我们认为,在现有法律框架下,权利人如欲保护自己的“人格要素商业利益”仍需要更多采取申请商标注册等传统路径进行保护,切不可当然地认为在“乔丹案”和最高人民法院《关于审理商标授权确权行政案件若干问题的规定》之后,“商品化权”(“公开权”或者“姓名权”等其他商业符号利益)已经被类型化和确认为一项民事权利。

2. 仍应运用多种方式保护自己的“商业符号”利益

自然人和企业所有的“商业符号”,主要是指自然人的人格要素(如姓名、肖像,其上承载着财产性利益)、企业使用的名称、字号、自然人或企业在生产经营过程中使用的标语、口号、作品名称、微博名称、公众号名称等。此外,上述过程还会产生虚拟人物名称、造型、经典动作、声音、对白等。相关“商业符号”可能都会产生类似商标的作用,或者使相关公众将其对于相关“商业符号”的认知和情感移情于与“商业符号”所结合的商品或服务上,进而产生一定的商业利益。但在实践中,很多自然人或企业对自身“商业符号”的保护意识不强,而在相关“商业符号”遭到侵犯时,又难以获得足够的救济。例如,在企业名称方面,传统企业、特别是老字号企业等往往过于依赖“名称权”“字号权”等,但相关“名称权”“字号权”并不当然具有绝对的排他性,特别是在应对商标“抢注”等行为时往往感到相当吃力。对此,相关企业应当重视商标注册的重要性,通过主动注册商标获得商标专用权的强保护。

对于“商业符号”,首先,在满足条件时可以获得著作权法保护,如虚拟角色形象、作品标题、声音等,如果构成受著作权法保护的作品,而他人又擅自对该作品进行商品化利用,则落入了著作权的保护范围,有可能侵犯了企业的复制、发行、信息网络传播等权利。这一点也得到了最高人民法院《关于审理商标授权确权行政案件若干问题的规定》第二十二条第一款的肯定。最高人民法院《关于审理商标授权确权行政案件若干问题的规定》第二十条、第二十一条、第二十二条等还对当事人就姓名(包括笔名、艺名、译名)、字号、作品名称、角色名称等主张在先权益阻碍在后商标注册进行了规定。其次，对于虚构角色的名称、造型，作品的名称、经典对白等，只要此类权利要素具备识别性且不违反相关禁止性条款，即便在著作权法下难以构成作品，也可能通过申请获得商标注册，进而获得商标法的保护。如果相关"商业符号"具有足够的知名度，可以构成"未注册驰名商标"，同样可以在商标法下获得相当程度的保护(通过《商标法》第十三条第二款等)。最后，对于造型、图案设计等，如果构成对产品的形状、图案或者其结合以及色彩与形状、图案的结合所作出的富有美感并适于工业应用的新设计，则可以通过外观设计专利权予以保护。

值得注意的是，2018 年 1 月 1 日起实施的《反不正当竞争法》第六条对擅自使用他人有一定影响的企业名称(包括简称、字号等)、社会组织名称(包括简称等)、姓名(包括笔名、艺名、译名等)、域名主体部分、网站名称、网页等的行为进行了规制。因此，除了上文提到的保护路径，尤其是上述路径难以充分保护相关"商业符号"利益时，自然人和企业在一定条件下依据反不正当竞争法对其笔名、艺名、字号、公众号名称等进行保护和维权也不失为一种好办法。

3. 不应做"躺在权利上睡觉的人"

不论是个人还是企业，都应当及时行使和维护自己的权利。需要承认的是，市场经济是个自由进入的平台，不同的市场主体的起点不同。部分主体基于其在先事业或领域内的成就，在进入市场并开展商业活动的初期具有先天的优势或优势要素。但需要注意的是，市场经济也营造了一个自由的、随着竞争而不断发展变化的环境。与此同时，适当的模仿自由也是市场经济环境下的一个现象，毕竟没有一项创新不是站在先人的肩膀上。因此，一开始处于优势地位的市场主体应当通过积极获得授权、及时行权将优势要素"固化"。否则，该优势要素有可能流入公有领域，法律也没有理由为怠于行使权利的市场主体一直预留空间并限制其他市场主体的发展。

本案中，迈克尔·乔丹在乔丹体育最早的商标注册十多年之后，再向商标行政主管机关申请撤销，虽然最终通过最高人民法院撤销了乔丹体育周边注册的 3 件防御性商标，但乔丹体育另外的至少 57 件商标却获得了最高人民法院的维持判决(仍有 8 件商标处于中止审理状态)，其中主要的原因是这些商标大部分都已经超过了商标法规定的 5 年的争议期限。由此给那些享有"商业符号"利益的权利人一个重要启示就是,一定要尽早积极维护自己的权益,不可对自己的维权行为懈怠,任何法律也不会保护"躺在权利上睡觉的人","放水养鱼""等羊肥了再宰"更是违背诚信的做法,难以得到法院的支持。

五、结语

不论是从理论上还是从实践上,"乔丹案"带来的影响都远远超出了案件本身。在我国现行民事权利体系下,姓名权并不包括财产利益,但随着社会和经济的发展,"商业符号"利益就如同从姓名权中生长的触手,已经在一定程度上突破了传统民法为姓名权划定的范围。尽管有的国家将这些"触手"予以类型化保护,但我国目前理论上并没有统一的认识,立法上也没有做好充分的准备。最高人民法院在本案中选择在一定程度上将姓名权范围扩大以解决个案中的问题,或许可以平息商标抢注等注册环节中的乱象,但是否是最合理的做法,仍有待于历史考验。而对于"商业符号"利益而言,尤其是"明星""网红"的名称等上承载的商业利益,目前最为有效的保护方法仍是依赖其他非姓名权的现有路径,将"商业符号"利益转化为法定的民事权利予以综合保护。并且,尤其需要格外注意保护时效性和合法性,并及时行权,如此,才能最大限度地保护好自己的"商业符号"利益或得到充分的救济。

搜狗诉百度专利无效案*

项目团队主要合伙人**

** 作者简介：

顾　萍　合伙人
中伦律师事务所北京办公室
guping@ zhonglun. com

陈际红　合伙人
中伦律师事务所北京办公室
chenjihong@ zhonglun. com

---

* 声明：本案的分析完全基于搜狗公司（以下简称搜狗）与百度公司（以下简称百度）在本专利无效宣告案件中向专利复审委员会（以下简称专利复审委）提交的书面文件及专利复审委员会公开的无效审查决定。信息来源主要为：《专利无效宣告请求书》《专利无效宣告补充意见》《专利无效意见陈述书》《专利无效宣告审查决定书》。

重点综述:从2015年搜狗公司凭17件专利发起的索赔总额2.6亿元专利侵权诉讼,再到2016年百度公司以10件专利发起的索赔总额1亿元专利侵权诉讼,因该系列案件涉及案件数量之多、索赔金额之高,而被称为"互联网专利第一案",引起业界广泛关注。在该系列案件中,几乎每一件专利侵权诉讼案件都会有并行的专利无效案件如影随形,专利无效案件的结果关系着涉案专利权是否稳定,往往成为是否能够赢得巨额侵权诉讼的关键。然而,在无效、侵权诉讼程序中,因涉及互联网专利的抽象性、虚拟性、技术复杂性等特点,导致其在证据准备、技术方案对比等方面,带来很大难度和挑战。

"新词"专利是搜狗用来起诉百度专利侵权的17件专利中的一个。在中伦代理该案件之前,百度曾就"新词"专利提起第一次无效宣告请求,该"新词"专利部分权利要求5~9、20~24、26~34被维持有效,而其他权利要求被无效。百度又就"新词"专利提起第二次无效宣告请求,试图将全部权利要求无效,以从根本上消除搜狗的专利权,从而终结并行的侵权诉讼程序。在第二次无效程序中,中伦团队代理专利权人搜狗,在程序上,从现有技术证据的真实性、合法性、公开性以及公开时间上着手,对请求人提出的证据进行了充分质疑,导致百度的部分关键证据被迫放弃;在实体上,考虑到互联网专利虚拟性、抽象性、技术复杂性的特点,采取可视化的方式,将抽象的数据流程转化为图文结合的示例,清楚、明确地向专利复审委阐述了涉案权利要求与对比文件之间的关键区别点,成功维持权利要求5~9、20~24、26~34有效。在维持有效的专利权基础上,北京知识产权法院在并行的侵权诉讼案件中,判决百度侵权成立,判令百度停止使用相关"百度手机输入法"产品。

一、引言

中国互联网行业的发展史上不乏专利纠纷案件,但论涉及专利之众多、涉案金额之巨大、案件转折之戏剧,搜狗与百度的专利系列案件堪称"第一案"。百度与搜狗两家输入法行业"领头羊"之间的专利大战一直备受瞩目。搜狗与百度之间这一系列硝烟弥漫的专利大战,始于2015年,搜狗携17个专利,向百度发起了专利战,请求法院认定百度输入法的重要功能侵犯搜狗上述17个专利的专利权,涉案金额总计高达2.6亿元人民币,一时间在各大媒体上形成了强大的舆论攻势。在搜狗起诉后不久,百度很快便做出反应,向专利复审委请求宣告搜狗这17个专利全部无效,如果搜狗控诉百度专利侵权的专利被宣告无效,那么搜狗在法院的请求权基础便不复存在,因此,对专利权人搜狗来说,专利无效程序的结果是并行的专利侵权诉讼案件成败的关键。

在百度的专利无效宣告攻势下,搜狗17个专利中,7个专利被宣告全部无效,4个专利被宣告部分无效。本案专利"一种获取新词的方法、装置以及一种输入法系统",专利号为ZL200610109732. X(以下简称新词专利)在第一轮无效宣告中被百度部分无效,其中,"新词"专利的权利要求1～4、10～19、25被百度无效,权利要求5～9、20～24、26～34维持有效。在这种情况下,百度对"新词"专利又发起第二轮无效宣告,试图将全部权利要求无效,以从根本上消除搜狗的专利权,从而终结并行的侵权诉讼程序。搜狗委托中伦代理这起无效案件,力图保住"新词"专利中指控百度专利侵权的核心技术方案。经过几个月的无效审查,专利复审委最终作出了维持权利要求5～9、20～24、26～34继续有效的决定。在维持有效的专利权基础上,北京知识产权法院在并行的侵权诉讼案件中,判决百度侵权成立,判令百度停止使用相关"百度手机输入法"产品。希望借本文以这一案件为例与大家分享该专利无效案件中的应对策略。

二、案件事实

2017年3月14日,百度对"新词"专利向专利复审委发起第二轮无效宣告,其主要无效理由是本专利权利要求5、8、9、21～24、26不符合《专利法》第二十二条第三款的规定,其中,百度提供了8篇对比文件,试图证明上述权利要求不具备创造性。2017年4月10日,专利复审委受理上述无效宣告请求。百度于2017年4月14日补充提交了意见陈述书,补充提交了6篇对比文件证明上述权利要求不具备创造性。2017年4月19日,搜狗收到专利复审委转送的百度提交的意见陈述书和证据。2017年6月2日,我方代理搜狗提交意见陈述书,详细阐述了权利要求5、8、9、21～24、26具备创造性的理由。2017年7月14日,在口头审理中,我们当庭指出百度多篇证据的真实性、完整性、公开性及公开时间存疑,应不予考虑,并针对互联网专利虚拟性、抽象性、技术复杂性等特点,采取可视化的方式,将抽象的数据流程转化为图文结合的示例,清楚、明确地向专利复审委阐述了涉案权利要求与对比文件之间的关键区别点。百度被迫当场放弃了部分关键证据。2017 年 10 月 24 日,专利复审委最终作出了维持权利要求 5 ~ 9、20 ~ 24、26 ~ 34 有效的决定。2018 年 3 月29 日,北京知识产权法院在并行的侵权诉讼案件中,在维持有效的专利权基础上,判决百度侵权成立,判令百度停止使用相关"百度手机输入法"产品。

三、本案的争议焦点

在无效程序中,百度共提交了 14 篇证据,包括多篇中国专利文献、日本公开特许公报、科学期刊文献、硕士学位论文和博士学位论文等多种类型。对于权利要求 5 ~ 9、20 ~ 24、26 ~ 34 中的每一项,百度均使用了多篇证据进行单独对比,或者多篇证据进行组合对比的方式,以证明权利要求不具备创造性。

在口头审理的第一阶段,双方对百度提交的证据进行质证。对于百度提交的题目为"语料库研究"博士学位论文,百度在口头审理时补充提交了证据,用于证明该博士学位论文的真实性。我方经查验,发现当庭补充提交证据中记载的公开日期与百度在庭前提交的意见陈述书中记载的公开日期不一致,主张上述改变使无效程序中证据的重要事实发生变化(公开日期改变),属于超期提交的新证据,应当不予考虑。另外,百度提交的上述证据不完整,多数页中上半页为空白页,部分重要内容确实,不能直接、毫无疑义地获知该证据所记载的完整的技术方案,应不予考虑。百度当庭放弃了上述证据。

在案件审理的第二阶段,进行目标专利与对比文件的技术特征对比。双方争议焦点包括,目标专利中的"用户所选字词""现有字词""用户个性字词""各个用户的个性字词""新词"等技术特征,是否分别与对比文件 1 的"转换后的单词""未登记单词列表""未登记单词""DB124""DB125"等特征相同或相对应。由于输入法专利涉及计算机程序同时包括前台可见的特征以及后台运行的不可见特征,其具有抽象性、虚拟性和技术复杂性的特点,对于如何说明目标专利与对比文件之间存在明显区别,存在很大难度。

这种情况下,我们采取了可视化的方式,将抽象的数据流程转化为图文结合的示例,通过阐述各个技术特征本身的含义、该特征与相邻特征之间的关系、各特征在不同处理步骤中的变化、各特征所起作用或所获得的技术效果,以及整体处理方法中的数据流转等方面，从多个角度，清楚、形象、明确地向合议组说明了涉案专利的技术方案与对比文件存在明显区别，涉案权利要求具备创造性。例如，对于涉案专利的“现有字词”与对比文件 1 的“未登记单词列表”，结合图 1，我们认为，首先，两者的作用不同：涉案专利的“现有字词”的作用是与用户所选字词比较，来从用户所选字词中挑选出用户个性词，而对比文件 1 的“未登记单词列表”的作用是统计所有转换后的词的信息（如单词名、读法假名、频率）；两者在不同处理步骤中的变化不同，涉案专利的“现有字词”经对比后，对用户所选字词进行筛选，其信息数量变少，而对比文件 1 的“未登记单词列表”统计转换后的词的信息，其信息数量被累计、增加。其次，两者与其比较对象之间的关系不同：涉案专利的“现有字词”与用户所选字词比较后，“现有字词”本身不变，而对比文件 1 的“未登记单词列表”，每次比较后，未登记单词列表均变化。最后，两者对后续步骤的影响不同：涉案专利的“现有字词”在比较步骤之后，不再参与后续步骤，其不作为新词的来源，而对比文件 1 的“未登记单词列表”将作为 DB124、DB125 的来源，继续参与后续步骤。除上述区别特征外，我们也按类似方式，对权利要求 5 ~ 9、20 ~ 24、26 ~ 34 与对比文件中的区别点进行了充分陈述。

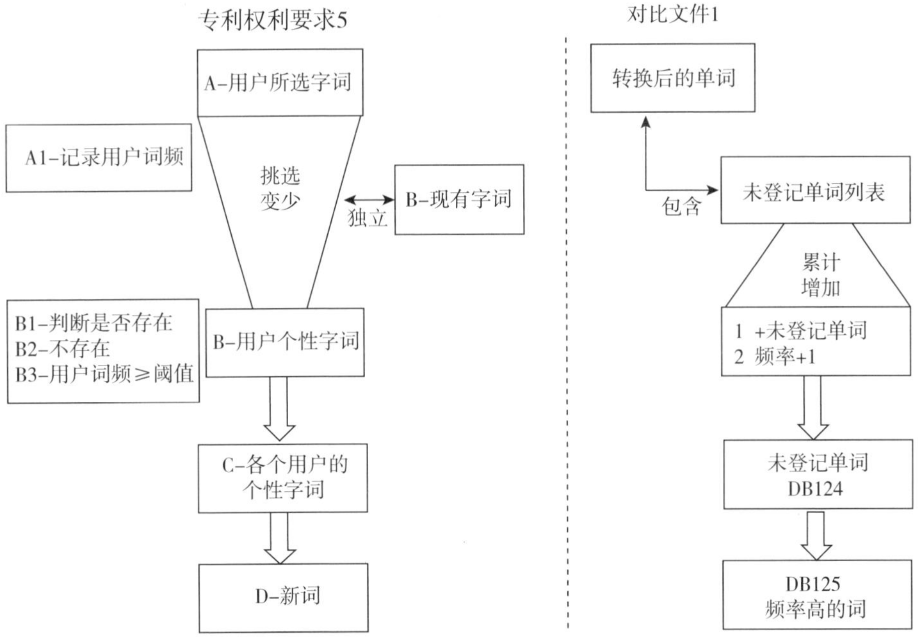

图 1　“现有字词”与“未登记单词列表”区别点对比图

在无效决定中,合议组认为,请求人当庭表示放弃对比文件5,因此,本次无效决定不考虑对比文件5。对于涉案专利技术特征与对比文件是否存在明显区别,合议组认为,涉案专利的“个性字词”“新词”“如何判断个性字词的方式”等特征与对比文件明显不同,本领域技术人员也无法根据对比文件公开的技术手段获得涉案专利技术方案的技术启示,并且,请求人也未提供证据证明上述区别属于本领域公知常识。此外,涉案专利的技术方案还带来了有效去除干扰词汇的技术效果。基于以上理由,权利要求5~9、20~24、26~34具备创造性,决定维持权利要求5~9、20~24、26~34有效。

四、本案的启示

在专利无效程序中,复审委员会还会对作为现有技术使用的证据之真实性、合法性和关联性、公开性以及公开时间进行审查,其公开日期须早于涉案专利的申请日。无效性审查中,当事人双方通常对证据与涉案专利的关联性争议不大,在实践中,争议焦点往往集中在该类证据的合法性、真实性、公开性以及公开时间的判断上。本案中,作为代表专利权人的一方,我们从证据的真实性、合法性、公开性和公开时间等各角度对请求人提出的证据进行充分的质疑,并结合关键证据存在部分关键内容缺失的情况,成功迫使百度放弃了关键证据。

在技术方案的比对中,由于输入法专利涉及计算机程序、同时包括前台可见的特征以及后台运行的不可见特征,其具有抽象性、虚拟性和技术复杂性的特点,给如何说明目标专利与对比文件之间存在明显区别,带来很大难度。这种情况下,我们可以采取可视化的方式,如通过图示或者动画的方式,将相关技术特征用不同形状、颜色、对比度的图标代表,通过不同的图标组合为不同的数据流程,其能够直接、明确、形象地说明涉案专利与对比文件技术方案之间的相同与不同之处。同时,通过阐述各个技术特征本身的含义、该特征与相邻特征之间的关系、各特征在不同处理步骤中的变化、各特征所起作用或所获得的技术效果,以及整体处理方法中的数据流转等方面,从多个角度进行说明。这样,原本抽象、复杂的技术方案,通过图示或动画形式的展示,会变得更加形象、明确、一目了然。相对于晦涩的技术文章,对于图文结合的视觉冲击使合议组更容易理解我们主张的观点,有助于其支持我方观点。

从“恒宝案”看被控专利侵权人的反击武器*

项目团队主要合伙人**

** 作者简介：

马东晓　合伙人

中伦律师事务所北京办公室

madongxiao@ zhonglun. com

张　鹏　授薪合伙人

中伦律师事务所北京办公室

zhangpeng@ zhonglun. com

* 声明：本案的分析基于北京市握奇数据系统有限公司与恒宝股份有限公司专利侵权纠纷案、恒宝公司等针对 ZL200510105502. 1 号专利提起的无效宣告请求案相关事实和裁判情况。

重点综述:“恒宝案”包括握奇公司与恒宝公司专利侵权一审、二审案、恒宝公司等针对握奇公司专利提起的无效宣告请求案及相关纠纷。该案因“破纪录的5000万元判赔额”“USBKey领域首个重大案件”“先行裁驳、另行起诉”等一系列标签,受到了行业内外的广泛关注。本文拟从该案出发,探讨被控专利侵权人面对专利权人的攻击时可用的防御和反击武器,并就专利侵权的避免予以提示。

一、引言

因一件USBkey发明专利,北京市握奇数据系统有限公司(以下简称握奇公司)与恒宝股份有限公司(以下简称恒宝公司)展开了旷日持久的战争。

在本案中,握奇公司攻势猛烈,北京知识产权法院一审判决备受各界瞩目。恒宝公司亦在防守的同时展开了全面反击,向北京市高级人民法院提起上诉,并在案外人赵某威之后,就涉案专利再次向专利复审委员会提起无效宣告请求。最终,因涉案专利的权利要求1、16被专利复审委员会宣告无效,北京市高级人民法院裁定撤销一审判决,驳回了握奇公司的起诉。在本案中,恒宝公司几乎使用了各类常见的侵权抗辩、专利无效的“武器”,最终成功“逆袭”,堪称精彩。

二、战争始末

2015年2月26日,握奇公司向北京知识产权法院起诉恒宝公司制造、销售的多款USBKey产品、恒宝公司使用的物理认证方法侵犯其ZL200510105502.1号专利权(以下简称涉案专利),请求判令恒宝公司停止侵权并赔偿100万元及相关诉讼费用。2016年4月7日,恒宝公司收到北京知识产权法院送达的握奇公司“增加诉讼请求额申请书”,握奇公司将其诉讼请求中的赔偿损失数额变更为5000万元。经审理,北京知识产权法院于2016年12月8日作出(2015)京知民初字第441号民事判决书,其中全额支持了握奇公司主张。此“天价判决”一出,使本案在行业内外引发了“地震”。有人惊叹“此乃破纪录的判赔额”,有人感慨“知识产权保护的春天来了”,也有人担心自己成为握奇的下一个目标。恒宝股份当然不服一审判决,于2016年12月21日向北京市高级人民法院提起上诉,进而拉开了更大规模战争的序幕。

此前,因握奇公司于2014年10月13日向北京市第二中级人民法院起诉恒宝公司侵犯其专利权(后于2015年2月18日主动撤诉),恒宝公司曾于2014年10月23日以涉案专利不具备《专利法》第二十二条第三款规定的创造性为由,向专利复审委员会提起过无效宣告请求,但专利复审委员会在审查后维持了涉案专利的有效性。2016年6月16日,案外人赵某威向专利复审委员会针对涉案专利提起了无效宣告请求。恒宝公司在提起上诉后不久,针对涉案专利再次提起了无效宣告请求。但案件出现了一个小插曲,2016年10月25日,案外人郭某娟以涉案专利存在权属纠纷为由向北京知识产权法院对握奇公司提起了权属纠纷之诉。该诉讼使赵某威提起的无效宣告程序被迫中止,恒宝公司提起的无效宣告程序亦被搁置。这一“中止程序”直到2017年4月6日才因郭某娟的撤诉得以结束(见图1)。

北京市高级人民法院受理恒宝公司的上诉后,先后举行了五次谈话庭。案件双方就证据、侵权比对、现有技术抗辩等问题进行了充分交锋。正当双方在法院战斗正酣时,2017年10月20日,国家知识产权局专利复审委员会作出第33700号无效宣告请求审查决定书,其中,宣告北京握奇数据股份有限公司的ZL20051-0105502.1号,名称为“一种物理认证方法及一种电子装置”的发明专利权的权利要求1、16无效。刹那间,胜利的天平已向恒宝公司倾斜。2017年11月27日,北京市高级人民法院作出(2017)京民终399号民事裁定书,裁定撤销一审判决,驳回握奇公司的起诉。至此,握奇公司与恒宝公司之间的大战暂时告一段落。

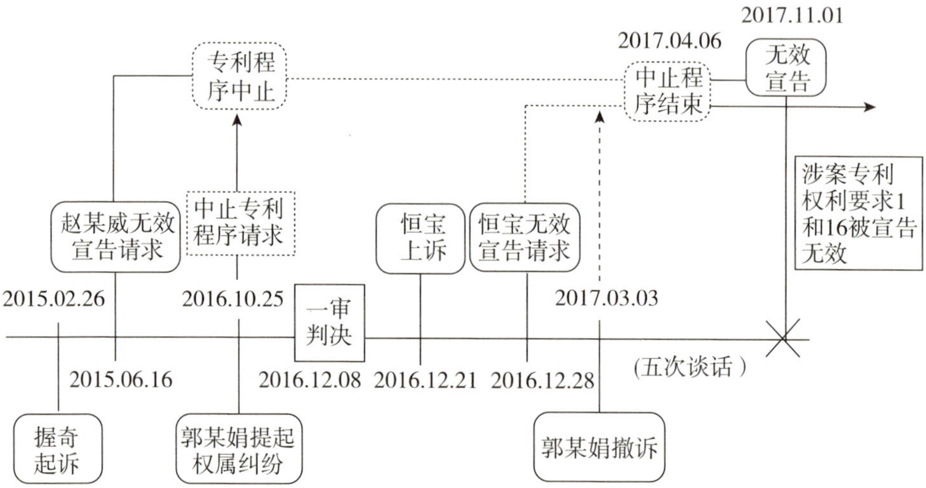

图1 “恒宝案”时间线

三、“恒宝案”中登场的反击武器

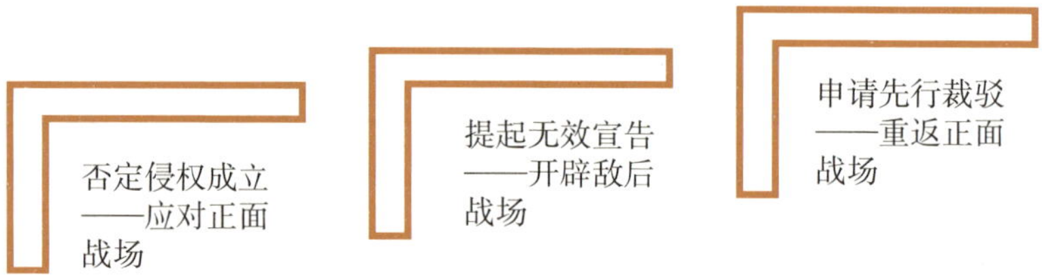

图2 “恒宝案”三大反击武器

1. 否定侵权成立——应对正面战场

专利侵权纠纷的正面战斗主要围绕专利权人的侵权指控进行,战场主要是审理专利侵权诉讼的法院。通常而言,专利权人向有管辖权的人民法院下战书(提交起诉状),即意味着打响了正面战场的第一枪,有时这一时间还可能提前到专利权人发送警告函、律师函、向行政机关申请行政查处等之时。此后,被诉侵权人将针对专利权人的侵权指控和理由,与专利权人展开正面较量。面对专利权人的攻击,被控侵权人并不当然侵犯专利权。那么,被控侵权人该如何应战,据以抗辩的武器又有哪些呢?

(1)不侵权抗辩

通过专利权人的“战书”,被控侵权人可以获知对方据以提起诉讼的专利权,并可以通过检索获得相应专利文本和相关信息。进而，通过将自己的产品/方法的技术特征与该专利进行比对，即可初步评估被控侵权产品/方法落入对方专利保护范围的可能性。

在进行这一评估时，首先，应当确定涉案专利权的保护范围。根据《专利法》第五十九条第一款的规定，发明或者实用新型专利权的保护范围以其权利要求的内容为准，说明书及附图可以用于解释权利要求的内容。① 其次，被控侵权人应结合专利权人主张侵犯的权利要求进行侵权比对。具体而言，根据最高人民法院《关于审理侵犯专利权纠纷案件应用法律若干问题的解释》第七条的规定，在进行侵权比对时，应将涉案专利权利要求记载的全部技术特征与被诉侵权技术方案进行比对（All Elements Rule），如果被诉侵权技术方案包含与权利要求记载的全部技术特征相同或者等同（Doctrine of Equivalents）的技术特征的，即构成侵权；被诉侵权技术方案的技术特征与权利要求记载的全部技术特征相比，缺少权利要求记载的一个以上的技术特征，或者有一个以上技术特征不相同也不等同的，则不构成侵权。

在"恒宝案"中，恒宝公司即主张其使用的物理认证方法和被诉 USBKey 产品与涉案专利权利要求 1、权利要求 16 记载的技术方案既不相同也不等同。以涉案专利权利要求 1 为例，②该权利要求要求保护一种物理认证方法，具体内容为：

1. 一种物理认证方法，适用于网络环境下的客户端通过电子装置执行操作命令的系统，其特征在于，设置操作命令与物理认证方式的对应关系，当进行安全运算操作时，包括以下步骤：

S1. 客户端向电子装置发送进行安全运算操作的第一操作命令；

S2. 系统查询所述的操作命令与物理认证方式的对应关系，获知所述第一操作命令对应的第一物理认证方式；

S3. 用户向设置于电子装置上的对应于所述第一物理认证方式的物理认证执行机构发起第一物理认证操作，如果第一物理认证操作通过，表明客户端发送的

---

① 因"恒宝案"不涉及外观设计专利，外观设计专利在权利范围确定、侵权判定等方面与发明和实用新型专利亦存在一定差异，故本文将主要针对发明和实用新型专利进行阐述。但是，相关抗辩理由在外观设计专利侵权案件中亦可以参考。

② 因涉案专利权利要求 16 要求保护的"电子装置"在设置原理上基于权利要求 1 要求保护的"物理认证方法"，故本文主要针对权利要求 1 进行阐述。

第一操作命令为该用户所认可的,进入步骤 S4,否则,结束流程;

S4. 电子装置执行所述第一操作命令。

恒宝公司认为,被诉侵权技术方案中未设置操作命令与物理认证方式的对应关系,也不存在对应关系列表;被诉侵权技术方案中没有 S2 步骤;USBKey 执行的不是"所述第一操作命令"等,进而不落入涉案专利权利要求 1 的保护范围。

可见,不侵权抗辩是最直接地反驳对方侵权指控的武器,往往也是在正面战场上与对方斗争最为激烈的部分。

(2)现有技术抗辩

司法实践中,被控侵权人主张现有技术抗辩较为普遍,也具备一定的成功率。所谓现有技术抗辩,根据《专利法》第六十二条的规定,是指"被控侵权人有证据证明其实施的技术或者设计属于现有技术或者现有设计的,不构成侵犯专利权"。而所谓现有技术,根据《专利法》第二十二条第五款的规定,是指"申请日以前在国内外为公众所知的技术"。

在主张现有技术抗辩时,被诉侵权人无须证明专利权利要求记载的技术方案是现有技术,而只需证明被诉落入专利权保护范围的全部技术特征,与一项现有技术方案中的相应技术特征相同或者无实质性差异。此时,被诉侵权人无须过分纠结于侵权比对的情况,而是要将被控侵权技术方案与现有技术进行比对,若被控侵权技术方案与某一现有技术相同或无实质性差异,则可以通过对此进行举证,对抗对方的专利侵权主张。需要注意的是,"无实质性差异"意味着被控侵权人无须证明所采用的技术方案与现有技术一模一样,但多大的差异可以被法院接受,则是一个棘手的问题。从司法实践的角度看,一项技术是否构成相对于涉案专利技术方案的现有技术,基本相当于该技术是否"破坏涉案专利新颖性"的判断。

在"恒宝案"中,恒宝公司向法院提交了多份现有技术证据,尤其是国际公开号为 WO00/42491A1 的 PCT 国际专利和公开号为 CN1360265A 的中国发明专利,主张并向二审法院充分阐述了被控侵权产品/方法采用的技术方案构成现有技术相关意见。最终,本案中法院指定的技术调查官出具了"关于现有技术抗辩的技术调查意见",并认为恒宝公司基于国际公开号为 WO00/42491A1 的 PCT 国际专利和公开号为 CN1360265A 的中国发明专利的现有技术抗辩成立。

可见，现有技术抗辩可以避开专利权人关于侵权指控的锋芒，尤其是在被控侵权产品/方法落入专利权保护范围可能性较大的情况下，这一武器可发挥更为有效的作用。但需要注意的是，专利技术、被控侵权技术、现有技术之间存在微妙的"三角关系"，在同时主张不侵权抗辩、现有技术抗辩、基于现有技术提起下文所述无效宣告请求的情况下，应注意避免出现逻辑矛盾。

2. 提起无效宣告——开辟敌后战场

除了正面战场上的直接对抗，被控侵权人也可以选择积极开辟敌后战场，深入敌方腹地直取敌方要害，直接对其专利权发起挑战——提起专利无效宣告程序。《专利法》第四十五条规定，自国务院专利行政部门公告授予专利权之日起，任何单位或者个人认为该专利权的授予不符合本法有关规定的，可以请求专利复审委员会宣告该专利权无效。同时，根据《专利法实施细则》第六十五条的规定，无效宣告请求书应当结合提交的所有证据，具体说明无效宣告请求的理由。在实务中，常用的无效宣告请求理由包括权利要求不具备新颖性、不具备创造性、保护范围不清楚、得不到说明书的支持、缺少必要技术特征等，还包括修改超范围、说明书公开不充分等。

如果被诉侵权人向专利复审委员会请求宣告涉案专利无效，专利复审委员经审查后最终将作出以下三类无效决定：(1)维持专利权有效；(2)宣告专利权全部无效；(3)宣告专利权部分无效。一旦专利权主张侵权的权利要求被专利复审委员会宣告无效，显然，专利权人的相关主张将失去相应的权利基础，成为"无本之木""无源之水"。

在"恒宝案"中，涉案专利被多次提起无效宣告请求，所使用的无效宣告请求理由几乎涵盖了所有常见的理由。最终，专利复审委员会认为握奇公司在专利侵权案件中主张侵犯的权利要求 1、权利要求 16 因相对于现有技术不具有突出的实质性特点和显著的进步，不具备《专利法》第二十二条第三款规定的创造性，进而宣告涉案专利权利要求 1、权利要求 16 无效。

可见，提起专利无效宣告并争取获得成功是从根本上避免承担侵权责任的方法，也是被控侵权人在专利侵权案件中常用的应对措施。在目前的司法实践中，几乎一个专利侵权案就伴随着一个专利无效案。同时，在专利无效程序中，专利权人为了避免其专利权被全部或部分宣告无效，极有可能作出限缩其专利权保护范围的陈述,而这一陈述可能将有利于无效宣告请求人作为被控侵权人在侵权案件中主张不侵权抗辩。

3. 申请先行裁驳——重返正面战场

在涉案专利被复审委宣告无效后,被控侵权人可以返回正面战场并直接迫使敌方退兵。根据最高人民法院《关于审理侵犯专利权纠纷案件应用法律若干问题的解释(二)》第二条第一款的规定,权利人在专利侵权诉讼中主张的权利要求被专利复审委员会宣告无效的,审理侵犯专利权纠纷案件的人民法院可以裁定驳回权利人基于该无效权利要求的起诉(先行裁驳)。

这一规定在司法实践中不乏适用。例如,在肖某与平阳县胜文工艺品厂、杭州阿里巴巴广告有限公司侵害实用新型专利权纠纷案中,因该案涉案专利权已于2016年8月3日被专利复审委员会第29888号无效宣告请求审查决定宣告全部无效,浙江省高级人民法院裁定撤销了一审判决,驳回了肖某的起诉。① 再如,在泉州市金善康环保科技有限公司诉杭州耐德制冷电器厂关于“清洗方便的过滤器”专利纠纷案中,上海市高级人民法院同样“先行裁驳”了杭州耐德制冷电器厂的起诉。②

在“恒宝案”中,北京市高级人民法院在裁定驳回握奇公司起诉的同时指出,在侵犯专利权诉讼中,既要依法保护专利权人的合法权利,也要避免因专利权的不稳定给当事人及社会公众造成影响,以保障正常的市场交易秩序。

至此,因据以主张侵权的专利权被宣告全部或部分无效,握奇公司和恒宝公司之间的战争也因此而告一段落。但需要提醒的是,这绝不意味着被控侵权人可以高枕无忧,因为专利权人对专利复审委员会宣告专利权无效的决定不服时,可以自收到通知之日起3个月内向人民法院起诉。最高人民法院《关于审理侵犯专利权纠纷案件应用法律若干问题的解释(二)》第二条第二款同时规定,“有证据证明宣告上述权利要求无效的决定被生效的行政判决撤销的,权利人可以另行起诉”(另行起诉)。可见,若专利复审委的无效宣告决定被生效的行政判决撤销,被控侵权人难免要与恢复权利的专利权人再次兵戎相见。

---

① 参见(2016)浙民终676号民事裁定书。

② 参见(2017)沪民终58号民事裁定书。

四、应对侵权指控的其他武器

除了上文提到的抗辩事由外,《专利法》及相关法律法规还规定了其他不构成侵权或不承担侵权赔偿责任的事由,如权利用尽抗辩[第六十九条[①]第一项]、先用权抗辩[第六十九条第二项]、科研目的例外[第六十九条第四项]、医药行政审批例外[第六十九条第五项]等。此外,根据我们的实务经验,还有如下常见的应有效对侵权指控/避免专利侵权的武器。

1. 合法来源抗辩

如果被控侵权人为单纯的使用者或者销售者,很可能在知悉专利权人的侵权指控之时一脸无辜,因为自己对所谓的"侵权"毫不知情。此时不必慌张,在符合一定条件时可以祭出合法来源抗辩这一"防御盾牌"。

根据《专利法》第七十条的规定,为生产经营目的使用或者销售不知道是未经专利权人许可而制造并售出的专利侵权产品,能证明合法来源的,不承担赔偿责任。同时,根据最高人民法院《关于审理侵犯专利权纠纷案件应用法律若干问题的解释(二)》第二十五条第一款的规定,为生产经营目的使用、许诺销售或者销售不知道是未经专利权人许可而制造并售出的专利侵权产品,且举证证明该产品合法来源的,对于权利人请求停止上述使用、许诺销售、销售行为的主张,人民法院应予支持,但被诉侵权产品的使用者举证证明其已支付该产品的合理对价的除外。也就是说,作为销售者或使用者且"不知道"是侵权产品的被控侵权人,如果可以证明"合法来源",就可以免于承担赔偿责任,而如果能在证明合法来源的基础上进一步证明已支付了合理对价,则可以不承担停止侵权的责任。

此外,有必要多说一点的是上述条款中要求的"为生产经营目的"。如果被控侵权人不是为生产经营目的实施了涉案专利,则严格按照《专利法》第十一条的规

① 《专利法》第六十九条规定:"有下列情形之一的,不视为侵犯专利权:(一)专利产品或者依照专利方法直接获得的产品,由专利权人或者经其许可的单位、个人售出后,使用、许诺销售、销售、进口该产品的;(二)在专利申请日前已经制造相同产品、使用相同方法或者已经作好制造、使用的必要准备,并且仅在原有范围内继续制造、使用的;(三)临时通过中国领陆、领水、领空的外国运输工具,依照其所属国同中国签订的协议或者共同参加的国际条约,或者依照互惠原则,为运输工具自身需要而在其装置和设备中使用有关专利的;(四)专为科学研究和实验而使用有关专利的;(五)为提供行政审批所需要的信息,制造、使用、进口专利药品或者专利医疗器械的,以及专门为其制造、进口专利药品或者专利医疗器械的。"

定,是不构成专利侵权的。当然,这一问题并不限于具有“合法来源”的情形,此处不再赘述。

2. 确认不侵权之诉——主动出击掌握战争主动权

专利侵权纠纷中,专利权人在提起诉讼之前可能会基于各种考虑向侵权嫌疑人发送警告函、律师函等。俗话说,“最好的防守就是进攻”。被控侵权人在应对专利权人的指控外,也可以在一定条件下主动提起“确认不侵权之诉”,请求人民法院确认己方不构成专利侵权。

由于提起“确认不侵权之诉”可以有效应对专利权人的“骚扰”甚至滥用知识产权、恶意发函的行为,尽早消除被控侵权人的侵权嫌疑,最大限度降低专利权人的行为对正常经营活动的干扰。近年来,确认不侵权纠纷案件量呈上升趋势。目前,“确认不侵权之诉”已经成为一个独立的案由,其受理条件主要规定于最高人民法院《关于审理侵犯专利权纠纷案件应用法律若干问题的解释》第十八条,即“权利人向他人发出侵犯专利权的警告,被警告人或者利害关系人经书面催告权利人行使诉权,自权利人收到该书面催告之日起一个月内或者自书面催告发出之日起二个月内,权利人不撤回警告也不提起诉讼,被警告人或者利害关系人向人民法院提起请求确认其行为不侵犯专利权的诉讼的,人民法院应当受理”。

根据上述条款,被控侵权人要提起确认不侵权之诉通常要满足如下条件:(1)权利人发出了侵犯专利权的警告;(2)被警告人或者利害关系人书面催告权利人行使诉权;(3)自书面催告之日起一定时间内权利人不撤回警告也不提起诉讼。

此处需要说明的是,虽然专利权人往往通过直接给被控侵权人发警告函的形式进行警告,但可以提起“确认不侵权之诉”的条件中所谓的“警告”在形式上并不限于警告函。例如,在湖南方盛制药股份有限公司与怀化正好制药有限公司确认不侵害专利权纠纷案中,湖南省高级人民法院指出,“虽然正好制药公司并未直接向方盛制药公司发出侵权警告函,但是通过向国家食品药品监督管理局药品审评中心提出异议,且国家食品药品监督管理局药品审评中心向方盛制药公司转达了正好制药公司的异议,应视为是专利人正好制药公司向方盛制药公司发出了侵犯专利权的警告”。[①]

通过提起确认不侵权之诉,被控侵权人还可以变被动为主动,在战争中占得

① 参见(2014)湘高法民三终字第50号、第51号民事判决书。

先机。根据我国目前的司法实践,确认不侵权之诉的管辖应当比照我国《民事诉讼法》及相关司法解释对侵权之诉的规定进行确定。进而,由于对应的侵权之诉的“被告所在地”在确认不侵权之诉中为原告所在地,而对应的侵权之诉的“侵权行为地”在确认不侵权之诉中可以是原告的制造地、销售地等,原告可以更灵活地选择对自己最为有利的战斗地点“主场作战”。

此外,如果权利人存在恶意警告的情形,被控侵权人可进行反击。例如,在双环诉本田案[①]中,最高人民法院指出,本田株式会社以竞争为目的,扩大警告信的发送对象和范围,疏于履行权利人行使权利的合理审慎注意义务,对被警告者自行判断是否应当停止所警告行为的重大事宜在警告信中不进行披露,致使双环股份公司利益遭受损失,存在过错。本田株式会社的行为并非《专利法》所赋予的正当的维权方式,而是有悖于鼓励和保护公平竞争的不正当竞争行为。可见,如果专利权人滥用其权利,超出了正当维权的边界,如明知权利稳定性极低甚至应被无效而恶意发函、明知不侵权而恶意发函等,损害被警告人或利害关系人的合法权益,被警告人或利害关系人还可以要求恶意发函人承担相应的赔偿责任。

五、结语

“恒宝案”因“破纪录的5000万元判赔额”,受到了行业内外的广泛关注。同时,“恒宝案”堪称北京市高级人民法院首例“先行裁驳”的专利侵权案件,在法律适用上也具有开创性的意义。该案几经波折,最终握奇公司不但进攻不成,反而被夺了兵器,而恒宝公司不但自证清白,而且捍卫了权益。在实践中,被控侵权人在收到专利权人的侵权指控时不宜自乱阵脚,而是应根据对方的“战书”,对对方的策略和战争形势进行预判,并必要时在法律专业人士的帮助下选择合适的武器见招拆招,从而有可能打一场漂亮的防守反击战。最后,需要提示的是,市场主体在将自身产品投放市场或采用相关方法之前,可以通过自由实施(Freedom to Operate或FTO)尽职调查及时排查其拟实施的技术方案侵犯他人在先专利权的风险,从而最大限度地避免相关争端的发生,最大限度地保障生产经营活动的顺利开展。毕竟,战争中没有真正的胜利者,不战才是上策。

① 参见(2014)民三终字第7号民事判决书。

基于房地产商标侵权领域首例诉中行为保全案件的思考*

项目团队主要合伙人**

* 作者简介：

张雪松 合伙人

中伦律师事务所北京办公室

赵　刚 授薪合伙人

中伦律师事务所北京办公室

zhaogang@ zhonglun. com

* 声明：本案的分析完全基于中伦律师事务所在代理金茂投资管理（上海）有限公司（以下简称金茂公司）等提起的（2018）京0105民初77565号侵害商标权及不正当竞争纠纷案件以及（2018）京0105民初77567号侵害商标权纠纷案件诉讼过程中所获取的、可以公开披露的信息。

重点综述：本案为国内首例房地产领域商标侵权获诉讼禁令的案件，也是中伦首次尝试将诉讼禁令与房地产企业商标维权相结合。本案禁令裁定作出时，最高人民法院尚未发布《关于审查知识产权纠纷行为保全案件适用法律若干问题的规定》（以下简称《保全规定》），有关诉讼禁令的审查标准及其与管辖异议程序的关系缺乏明确的法律或司法解释的规定，法院对于诉讼禁令的颁发更是采取非常谨慎的态度，申请禁令主要依靠代理律师对于司法实践和司法政策的深刻理解。

一、引言

近年来，随着中国房地产事业的蓬勃发展，房地产商标侵权案件频发①。尤其是在一些三四线城市（当然也包括个别二线城市甚至一线城市），小型房地产企业往往出于“傍名牌”“搭便车”的目的将自己开发的楼盘项目使用与国内大型知名房地产企业品牌相同或者近似的名称进行命名，进行大肆推广，导致相关公众混淆的同时，也减损了知名房地产品牌的商业价值。如何能迅速打击侵权房地产项目、避免市场份额被挤占，成为摆在大型房地产企业面前的一道“难题”。

2018 年年底，笔者所在律师团队代理知名地产企业金茂公司提起的房地产项目名称商标侵权案件诉中行为保全申请（诉中禁令）获法院支持，该案件成为“国内首例房地产领域商标侵权获诉讼禁令的案件”，也是中伦将行为保全禁令与房地产企业商标维权相结合的首次尝试，取得了较好效果。

非常巧合的是，就在上述禁令获得支持的同时，2018 年 12 月 12 日，最高人民法院发布了《保全规定》，进一步指导人民法院审查和处理知识产权纠纷行为保全案件，体现了司法者对进一步加大知识产权保护力度，打击知识产权侵权行为的决心。

下面笔者结合办理相关案件的经验以及最近出台的《保全规定》，针对房地产商标侵权案件中“行为保全”可能会遇到的共性以及特性问题分享一些个人思考，以供从业者维权参考。

---

① 这里主要涉及的是房地产项目名称商标侵权案件，此类案件数量最多且最为典型。

二、案件基本情况介绍

鉴于(2018)京0105民初77565号、77567号两案情况类似,下文仅以后者为例进行介绍。

原告金茂投资管理(上海)有限公司及北京展拓置业有限公司是第1507872号"金茂JIN MAO"商标和第4886500号"金茂"商标的商标专用权人及排他使用权人,"金茂JIN MAO"商标曾于2010年被认定为不动产领域的"驰名商标","金茂"商标连续多年被评为"中国500最具价值品牌",具有较高知名度。

被告甘肃温商控股集团有限公司、甘肃温商房地产开发有限公司从事房地产开发销售,将其在甘肃省兰州市开发的当地高端房地产项目命名为"金茂外滩"进行销售,并通过官方网站、官方微信公众号以及第三方房地产网站使用"金茂外滩"等字样进行宣传推广。

2018年8月20日,涉案房地产项目仍在销售中,原告向北京市朝阳区人民法院提起商标侵权诉讼,并同时提交了诉中行为保全申请。2018年9月9日,法院作出行为保全裁定,支持了原告的保全申请。随后,被告针对行为保全裁定申请复议,法院经审理于2018年11月30日当庭宣布驳回被告复议申请,维持原裁定。

三、案件重点问题分析

本案重点法律问题梳理如图1所示。

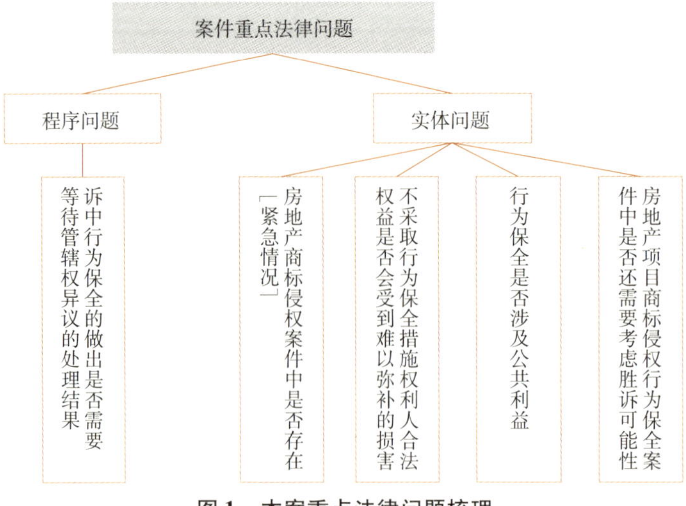

图1 本案重点法律问题梳理

（一）一个程序问题：诉中行为保全的做出是否需要等待管辖权异议的处理结果

这是诉中行为保全案件中权利人经常会遇到的一个共性程序问题，并不限于房地产商标侵权的行为保全案件。在多数涉及行为保全的案件中，被告往往希望通过管辖权异议程序拖延时间，而行为保全禁令的申请往往是基于权利人遇到了非常紧急的情况，两个程序从时间节奏上看是“对立”的。换言之，多数情况下，被告在行为保全程序听证中会发表“案件被告已经提出管辖权异议，而管辖权异议程序尚未结束，法院对案件未能明确管辖权的情况下，不能受理行为保全申请”的抗辩意见。

就此，笔者认为，虽然《保全规定》第三条第一款规定了“申请诉前行为保全，应当向被申请人住所地具有相应知识产权纠纷管辖权的人民法院或者对案件具有管辖权的人民法院提出”，但该规定确认的仅仅是法院需要根据立案标准对行为保全的管辖事宜进行形式审查，规制的是诉前行为保全的初步受理问题。而对于诉讼中行为保全，法院已经通过立案程序对案件管辖进行了初步审查，被告在后提出的管辖权异议申请与行为保全申请的处理从法律规定层面并无冲突，亦无行为保全申请必须等待管辖异议程序处理完毕的法定要求。另外，行为保全制度是以“紧迫性”为前提的，如果在法院受理案件后被告提出管辖权异议反而可以阻止行为保全的审查，诉讼中行为保全将“形同虚设”，失去其制度价值。部分理论观点或者司法判例也支持了笔者的这一观点，[①]至少在唐德公司与灿星公司等“中国好声音”诉前禁令案以及笔者团队代理的上述案件中，被告提出的管辖权异议程序并未阻止法院对行为保全申请的审查和认定。所以，笔者认为，至少目前司法实践更倾向于诉中行为保全的做出并不必然需要等待管辖权异议程序的处理结果。

（二）四个实体问题：紧急情况、难以弥补的损害、公共利益及胜诉可能性

1. 房地产商标侵权案件中是否存在“紧急情况”

《保全规定》第六条规定了六种属于需要采取行为保全措施的紧急情况，包括

① 北京市高级人民法院知识产权庭蒋强法官在《蒋强谈禁令|管辖权异议不能阻止诉讼禁令（一）》一文中指出，因管辖权异议中止审理保全相当于废除行为保全制度，受诉法院可以先审理保全问题、后审理管辖问题，也可以同时审理保全问题和管辖问题，但不必也不应该先审理管辖问题、后审理保全问题。如果受诉法院失去管辖权，行为保全应当随案移转。

(1)申请人的商业秘密即将被非法披露;(2)申请人的发表权、隐私权等人身权利即将受到侵害;(3)诉争的知识产权即将被非法处分;(4)申请人的知识产权在展销会等时效性较强的场合正在或者即将受到侵害;(5)时效性较强的热播节目正在或者即将受到侵害;(6)其他需要立即采取行为保全措施的情况。对于房地产商标侵权案件,似乎前五项列举式的规定并不搭界,那么是否意味着此类案件就不会存在"情况紧急"的情形呢?

答案显然是否定的。《保全规定》针对的是全部知识产权案件,对涉及的行业领域并没有进行排除列举,更不会对个别行业领域予以"歧视"。笔者认为,答案只能从第六项兜底条款即"其他需要立即采取行为保全措施的情况"中进行寻找。根据笔者的代理经验,房地产商标侵权案件中,确实存在一些需要采取保全措施的紧急情况。比如,被控侵权项目先于或者同时于权利人开发的当地"正牌"项目开盘,权利人正牌项目的宣传、推广力度会在开盘期间大大加强,同时,其品牌效应也会被控侵权项目所更大程度的利用、"搭便车",相关公众的混淆程度也会随之加深。尤其是当侵权项目本身存在诸如质量缺陷、资质不全等情况时,还会进一步导致权利人品牌商誉的下降,甚至发生部分消费者向有关部门"错误投诉"的情况。该种情形下,权利人迫切需要阻止被控侵权项目持续使用侵权名称的宣传,以向公众做出澄清,减少财产和商誉的损失。该种情况,不可谓不紧急。

2. 不采取行为保全措施权利人合法权益是否会受到难以弥补的损害

在房地产商标侵权行为保全案件中,被告实体层面往往会抗辩"房地产属于不动产,房地产项目名称侵权最多导致权利人的经济损失,通过赔偿可以弥补,因此不存在难以弥补的损害"。

对此,笔者认为,恰恰因为房地产项目的大件不动产属性,"傍名牌"的商标侵权反而更容易给权利人造成难以弥补的损害。近几年,经过国家层面对"炒房"行为的遏制,"房住不炒"已经成为房地产销售的核心理念。尤其是在三四线城市的商品房市场,房地产商面对的更多是群众住房的"刚性需求"。无论是商用抑或民用,房地产项目毕竟属于标的非常大的商品,一定时期、一定范围内的需求是相对稳定的。一旦相关公众被误导而购买了侵权项目房产,极大的可能性是购房主体并不会单纯因为后续了解到项目名称侵权而要求退房(除非房屋质量存在隐患等)。其购房需求被侵权项目"满足",直接导致了权利人在当地的市场份额被强行挤占，而该种损害显然是金钱无法弥补的。

针对该问题，笔者团队代理的首例禁令案件受理法院也持相同观点，法院综合考虑了涉案房地产项目属于标的额较大商品、涉案房地产项目正处于推广销售中、双方经营范围服务极为近似、权利人品牌知名度影响力等因素后综合认定了该种商标侵权行为的持续将会导致权利人市场份额被严重挤占，商业信誉品牌价值被损害，进而确认了“如不采取行为保全措施权利人的合法权益将会受到难以弥补的损害”。

3. 行为保全会否涉及公共利益

《保全规定》第七条第四项规定了人民法院审查行为保全申请应当考察采取行为保全措施是否损害社会公共利益。该规定的初衷在于平衡权利人正当权益保护与公共利益保护的关系。比如，涉及惠民工程的大型项目涉嫌使用了侵害他人专利权的建筑材料，如果判令停止侵权会导致工程项目的重大损失，在该种情况下，法院往往考虑到公共利益不会判令停止侵权，行为保全就更加无从谈起。

但是，在房地产商标侵权领域，笔者认为，被控侵权房地产项目名称因侵权而变更，只是对房地产项目指向性称谓的改变，除了可以起到正向引导相关公众对项目来源的认知外，并不会涉及任何房屋功能性减损。因此，即便是涉案房地产项目属于公租房、限价房等民生项目，针对其实施行为保全亦不会造成公共利益的减损，这一点应该是可以肯定的。

4. 房地产项目商标侵权行为保全案件中是否还需要考虑胜诉可能性

该问题同样是行为保全案件中权利人会遇到的一个共性实体问题，并不限于房地产商标侵权行为保全案件。《保全规定》第七条列举了人民法院审查行为保全申请应当综合考量的因素，该条款并未明确规定需要考虑权利人胜诉的可能性，这似乎给人一种未来行为保全的审查无须考虑权利人胜诉可能性的错觉。

但是，基于目前已经生效的司法实践判例，笔者发现，几乎没有一个支持行为保全申请的受案法院在认定理由中不对权利人胜诉可能性予以充分论述的，如在唐德公司与灿星公司等“中国好声音”诉前禁令案中法院花费了非常多的笔墨来论述胜诉可能性。

究其原因，笔者认为，行为保全是对潜在侵权行为最强有效的制止方式，而一旦错误实施，对“无辜者”的损害也是最大的。因此，胜诉可能性判断是最大可能避免“错误保全”的“安全阀”。换言之,只有法院经过初步实体审查判断,确认权利人基于通常的、同类案件的司法裁决标准具有较大胜诉可能性,才能发挥“安全阀”的功能,实现行为保全制度的真正目的,将保全错误的风险降到最小。因此,尽管《保全规定》第七条并未明确规定需要考虑胜诉可能性,但笔者认为,该规定生效后法院在审查行为保全申请时大概率依然会将胜诉可能性作为重要考量因素之一,而法律依据层面可能需要援引《保全规定》第七条第五项的兜底条款,即“其他应当考量的因素”。

四、结语

房地产领域的商标侵权与普通的商标侵权案件相比,在实体侵权构成的认定思路上其实并没有太大的区别,但当案件涉及采取行为保全这种强力“维权手段”时司法机关的态度又是更加审慎的。通过上面的分析可以看出,在行为保全案件中,仅房地产一个行业领域值得思考的问题已然非常多,作为律师行业从业者,只有能够真正立足于行业特点、多角度思考,使相关保全申请符合我国行为保全法律及司法解释规定的同时更加契合个案的需求,方能用好“行为保全”这一维权利器,最大程度上对恶意侵害知识产权的行为给予强力、有效的打击。

滴滴出行APP专利侵权及无效纠纷案：互联网行业典型案例分析*

项目团队主要合伙人**

** 作者简介：
石必胜 合伙人
中伦律师事务所北京办公室
shibisheng@ zhonglun. com

* 声明：本案的分析基于谭某、何某鸿、赖某诉北京小桔科技有限公司、广东太平洋互联网信息服务有限公司、滴滴出行科技有限公司专利侵权纠纷案、惠州市安德玛实业有限公司针对涉案专利提起的无效宣告请求案相关事实和裁判情况。

一、引言

网约车软件的出现深刻地改变了人们的出行模式。随着网约车技术飞速发展,很多相关专利得到授权,网约车互联网产品或服务也容易卷入专利侵权纠纷中。例如,在美国,Uber 公司和 Lyft 公司与 Hailo 公司在 2017 年就存在专利侵权诉讼纠纷。2017 年年底,中国也出现了一例网约车专利侵权案件。在该案中,某一网约车发明专利的专利权人谭某、何某鸿、赖某在广州知识产权法院起诉了北京小桔科技有限公司(以下简称小桔科技公司)、广东太平洋互联网信息服务有限公司(以下简称广东太平洋公司)和滴滴出行科技有限公司(以下简称滴滴出行公司),主张侵害其专利权。本团队代理了被告,并同时代理了惠州市安德玛实业有限公司(以下简称安德玛公司)针对该发明专利提起的无效宣告请求。

> 本案受到了互联网行业和知识产权行业的广泛关注。由于涉案专利的权利要求采用了软硬结合的撰写方式,且无效和侵权案件均涉及复杂的技术和法律问题,该案的处理对审理互联网行业的其他专利案件具有示范意义,在软硬结合的互联网行业专利权利要求的处理方面,提供了一些经验和启示。

下文笔者将就该案与大家探讨发明专利创造性判断中的一些法律和实践问题。

二、滴滴出行 APP 专利侵权及无效纠纷案基本案情简介

滴滴出行 APP 专利侵权及无效纠纷案的重要时间节点和基本案情如下:

2017 年 12 月,谭某、何某鸿、赖某在广州知识产权法院起诉小桔科技公司、广东太平洋公司和滴滴出行公司,主张滴滴出行 APP 侵害其第 ZL200810198154.0 号发明名称为“基于移动终端的拼车服务方法”的发明专利权,请求判令三被告立即停止制造、销售、许诺销售、使用侵犯涉案发明专利权的产品的行为。

2018 年 2 月 28 日,安德玛公司就该发明专利向国家知识产权局专利复审委员会(以下简称专利复审委员会)提交专利权无效宣告请求书。

2018 年 3 月 20 日,该无效宣告请求被专利复审委员会受理。

2018 年 8 月 23 日,专利复审委员会作出无效决定,以涉案专利权利要求不具

备创造性为由,宣告涉案专利权全部无效。

2018 年 9 月 28 日,广州知识产权法院因涉案专利权已被宣告无效而裁定驳回了原告谭某、何某鸿、赖某的起诉。

三、发明专利创造性判断规则

专利复审委员会引用对比文件 1 作为与涉案专利权利要求最接近的现有技术进行了创造性评述。专利复审委员会在将涉案专利权利要求与对比文件 1 的技术方案进行对比时,强调了专利创造性判断应当关注技术实质的原则。虽然涉案专利权利要求的撰写异常复杂,但是专利复审委员会仅考虑了对权利要求保护范围有实质性限定作用的特征,强调了涉案专利与对比文件 1 之间的本质共同性和显而易见性。另外,专利复审委员会在进行技术特征对比时进行了实质对比,并基于作为最接近现有技术的对比文件 1 重新确定了涉案专利权利要求所实际解决的客观技术问题。

(一)技术特征的实质对比规则[①]

关注技术实质则需要对技术特征进行实质对比,这是专利行政诉讼和民事诉讼都应遵守的规则,体现了创造性判断应当与权利救济相互协调的原则。最高人民法院《关于审理侵犯专利权纠纷案件应用法律若干问题的解释》第十四条第一款规定,被诉落入专利权保护范围的全部技术特征,与一项现有技术方案中的相应技术特征相同或者无实质性差异的,人民法院应当认定被诉侵权人实施的技术属于《专利法》第六十二条规定的现有技术。这表明在现有技术抗辩的评判中要进行技术特征的实质对比。

在创造性判断中,技术特征的对比也不受文字表述的限制,应当考虑其实质。如果本专利的某一技术特征与对比文件的相应技术特征的名称不同,在判断创造性时需要考虑本专利的该项技术特征与对比文件的相应技术特征在各自的技术方案中的功能、效果和目的,从而进一步判断该技术特征是否被对比文件所公开或本领域技术人员是否可以从对比文件中得到技术启示。[②]

---

① 参见石必胜:《专利创造性判断研究》,知识产权出版社 2012 年版。

② 参见北京市第一中级人民法院(2005)一中行初字第 836 号行政判决书、北京市高级人民法院(2006)高行终字第 84 号行政判决书。

“相当于”在认定区别特征时经常出现,体现了技术特征的实质对比。最接近现有技术的技术特征与本专利的相应技术特征的名称不相同但实质上等同的情况下,在审查实践和司法实践中经常用“相当于”表示二者的等同。实质对比和体现实质对比的“相当于”在专利无效和专利行政案件中大量使用。

本团队在将采用了软硬结合撰写方式的涉案专利权利要求与对比文件1进行对比时,也对技术特征进行了实质对比。涉案专利权利要求涉及一种基于移动终端的拼车服务方法,其中包括移动终端、应用服务器、数据库服务器等多个硬件特征,还包括角色选择模块、地址输入模块、信息发布模块等多个软件特征,均涉及复杂的文字描述,在将涉案专利权利要求与对比文件的技术特征进行对应时,难度较高。本团队充分考虑了对比文件1中相应技术特征的功能、效果和目的,将涉案专利与对比文件1进行了实质对比,成功化解了互联网专利技术特征对应困难的问题。图1从硬件特征方面列示了涉案专利与对比文件1的实质对比。

(二)客观技术问题的认定规则①

在一些案件中,认定客观技术问题是创造性判断的必要条件,正确地认定所解决的客观技术问题是正确判断创造性的基础。

1.客观技术问题的客观性

中国关于认定客观技术问题的规定,最初来自欧洲专利局的相关案例法。《欧洲专利公约》第27(1)(c)条规定,申请人的说明书必须充分公开发明,技术问题和解决方案要能够使人理解,并说明相对于背景技术具有的有益效果。欧洲专利局对如何客观地确定技术问题还有更为细致的规定。根据欧洲专利局上诉委员会的案例法,在没有提供足够证据支持其是与最接近现有技术的对比结果的情况下,在确定发明解决的技术问题进而判断创造性时,不能考虑专利申请人或专利权人所声称的技术进步。

认定客观技术问题的基本原因在于,创造性判断的主体是本领域技术人员而非发明人,发明人对技术问题的理解和选择与本领域技术人员可能并不相同,而且,发明人与本领域技术人员检索得到的最接近现有技术可能并不相同,因此出发点可能不相同。为了客观地判断创造性,应当客观地认定技术问题,而不应局

① 参见石必胜:《专利创造性判断研究》,知识产权出版社2012年版。

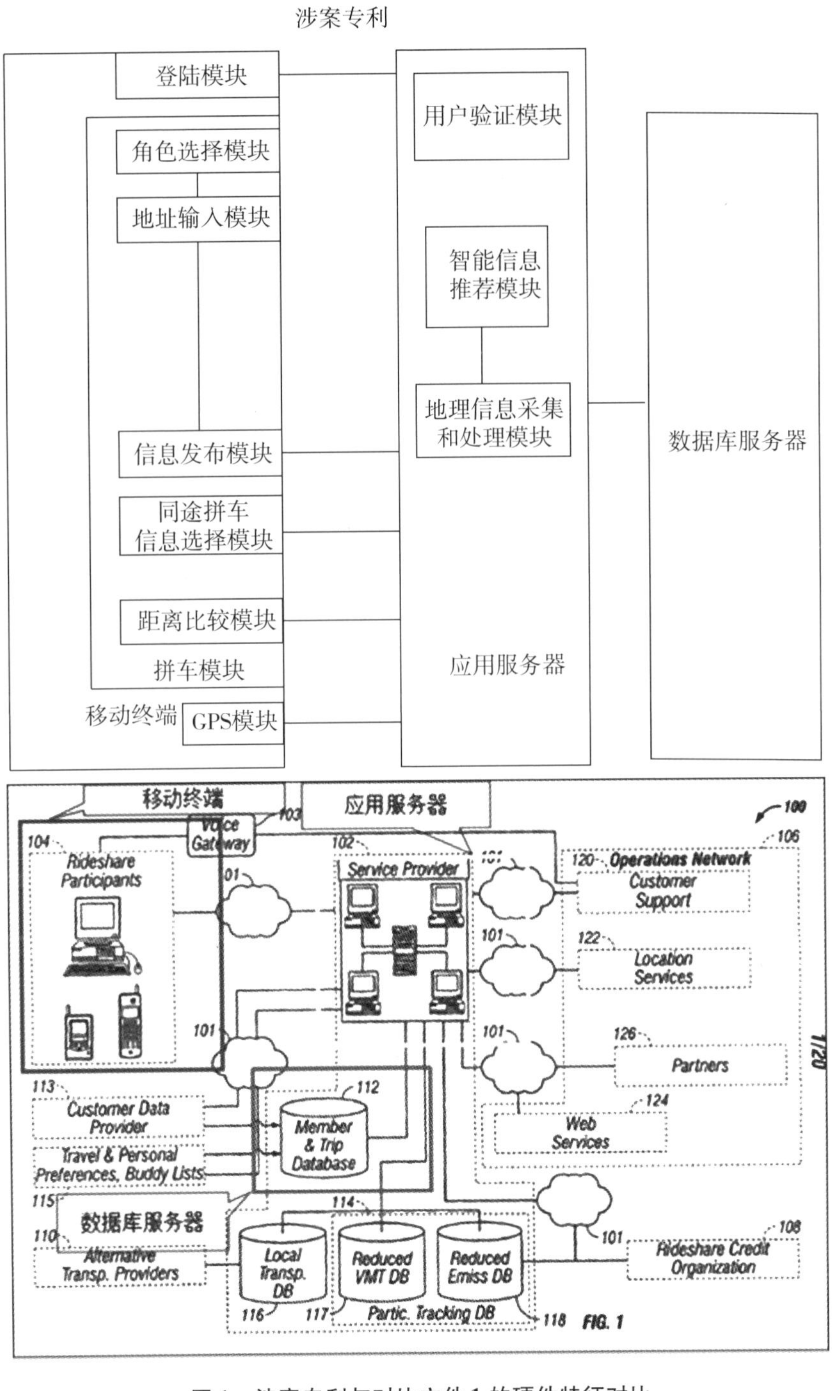

图1　涉案专利与对比文件1的硬件特征对比

限于发明人对技术问题的认识。

2. 客观技术问题的技术属性

中国《专利审查指南》规定,发明实际解决的技术问题,是指为获得更好的技术效果而需对最接近的现有技术进行改进的技术任务。[①]

欧洲专利局上诉委员会也强调了客观技术问题的技术属性。欧洲专利局上诉委员会使用"问题—解决"方法判断是否具备创造性,就会对发明中解决技术问题的技术方案进行分析。既然技术问题和技术方案都必须具有技术属性,当发明包括非技术特征时适用"问题—解决"方法就可能产生问题。这种问题的解决依靠恰当地界定发明所属的技术领域、技术专家的范围和技术人员在那种具体技术领域中预期采用的技术手段以及客观解决的技术问题的准确认定。

3. 客观技术问题的选择

中国《专利审查指南》规定,重新确定的技术问题可能要依据每项发明的具体情况而定。作为一个原则,发明的任何技术效果都可以作为重新确定技术问题的基础,只要本领域的技术人员从该申请说明书中所记载的内容能够得知该技术效果即可。

虽然任何效果都可以作为重新确定技术问题的基础,但在司法实践中,客观技术问题的可选择性也有限制,即需要从说明书记载的内容能够得知该技术效果。[②]

中国和欧洲的相关规定和案例表明,到达发明专利的路径有多种,只要其中一种路径对于本领域技术人员是显而易见的,就可以认定发明专利不具备创造性。日本《审查指南》规定,即使是发明申请与引证发明要解决的技术问题不相同,如果本领域技术人员能够容易地以一种不同于发明申请的问题解决思路得出发明申请的技术方案,发明申请就不具备创造性。[③] 同样的道理,由于作为出发点的现有技术不同,同一个发明相对于不同出发点能够解决的技术问题也不相同,但只要是其中任何一条道路相对于本领域技术人员是显而易见的,发明就不具备

① 参见2010年《专利审查指南》第二部分第四章第3.2.1.1节。

② 参见北京市第一中级人民法院(2009)一中行初字第1666号行政判决书、北京市高级人民法院(2010)高行终字第285号行政判决书。

③ 参见日本《审查指南》第二部分第二章第2.5节。

创造性。

4. 涉案专利所解决的客观技术问题

具体到本案，专利复审委员会在认定涉案专利相对于对比文件1所解决的客观技术问题时，充分考虑了技术问题的客观性、技术属性和说明书记载的内容。发明人声称涉案专利解决了以下技术问题：利用移动终端便携的特点，提供一种能充分利用移动终端资源、信息发布合理性强、实时性高、个性化体验足、拼车成功率高的基于移动终端的拼车服务方法。专利复审委员会在将对比文件1作为涉案专利的发明起点之后，基于涉案专利相对于对比文件1的区别特征以及说明书中体现的相关技术效果，重新确定了涉案专利实际解决的技术问题，进而正确地评述了涉案专利的创造性。

四、结语

> 在互联网发明专利创造性判断中，运用技术特征的实质对比可以化解复杂技术特征对比困难的问题。同时，在确定发明专利所解决的技术问题时，需关注技术问题的客观性、技术属性，并同时考虑说明书中体现的相关技术效果。

专利复审委员会对该案的处理结果显示出对于互联网相关专利有深入了解，并且对于互联网相关专利的创造性判断确立了非常具有典型意义的认定规则。

10

争端解决与合规

- ⊙ 湖北新冶钢诉欧盟理事会案胜诉分析
- ⊙ 竞业限制典型案例分析：实务中如何认定竞争关系？
- ⊙ 多元用工模式下的法律风险及防范
- ⊙ 未能有效履行资管计划管理人职责？
  ——证监会行政调查与听证的应对
- ⊙ 资本市场中交易结构创新的合同效力
  ——国电英力特联合转让交易案分析
- ⊙ 跨境股权交易：多法域仲裁争议如何准确适用法律？
- ⊙ 如何有效运用投资仲裁机制保护投资权益？
  ——简评韩国安城公司诉中国政府投资仲裁案
- ⊙ 融资性贸易案件处理中的疑难问题解析
  ——以苏美达公司诉中航油公司买卖合同纠纷一案为例
- ⊙ 民事合同 or 行政合同？
  ——论矿业权出让合同的法律性质

10.1 国际贸易

湖北新冶钢诉欧盟理事会案胜诉分析*

项目团队主要合伙人**

** 作者简介：
蒲凌尘　合伙人
中伦律师事务所北京办公室
pulingchen@ zhonglun. com

* 声明：本文的分析是基于笔者代理的湖北新冶钢诉欧盟理事会案。参考的信息包括案件材料，以及在公开渠道披露的与本案相关的信息。所有非公开信息均已作相应保密处理。

2014 年 1 月 29 日欧盟普通法院(General Court)作出判决,裁定湖北新冶钢诉欧盟理事会采取的反倾销措施,违反欧盟反倾销法规。此后,欧盟产业、理事会、欧委会上诉欧盟高等法院,经审理,欧盟高等法院(European Court of Justice)于 2016 年 4 月 7 日裁定,维持普通法院判决,湖北新冶钢赢得全面胜诉。

一、上诉欧盟法院

在应诉反倾销调查程序中,欧盟调查机关——欧盟委员会认为,在反倾销调查期,欧盟产业虽然呈现较好的经营状态,未受到法律规定的实质性损害,但是认定了中国出口的产品,对欧盟产业构成了实质性损害威胁。尽管湖北新冶钢在整个调查程序中,依据事实证据,分析欧盟反倾销法规关于损害威胁的法律条款含义,结合欧盟法院的判例,提出了几轮的法律抗辩,并要求听证会,明确指出欧委会的裁定不符合欧盟反倾销法规的法律规定,尤其是欧委会在调查裁定中,引入了所谓的“欧盟产业处在脆弱状态”的概念,超出了欧盟反倾销法规关于损害威胁认定的标准。但是,欧委会彻底否决了湖北新冶钢在调查程序中提出的法律抗辩,采取了反倾销措施。

湖北新冶钢根据欧盟法律规定,向欧盟普通法院(European General Court)提起了上诉,请求法院裁定欧委会采取的反倾销措施,违反了欧盟反倾销法规相关的法律规定。经过各方的论辩,欧盟普通法院裁定欧盟理事会、欧委会违反欧盟反倾销法规,以及欧盟相关的法律规定。此后,欧盟理事会、欧委会、欧盟原起诉方产业、意大利政府,向欧盟高等法院提起上诉,寻求推翻欧盟普通法院作出的判决。

二、事实背景介绍

2009 年 9 月 24 日,欧盟正式向原产于中国的无缝钢管征收反倾销税,湖北新冶钢有限公司作为被抽样调查的 4 家应诉企业之一,经历了 15 个月的反倾销调查应诉,被征收高达 27% 的反倾销税。

2009 年 12 月 30 日,新冶钢正式向欧盟普通法院提起诉讼,要求欧盟普通法院审核欧盟理事会(Council of the European Union)的调查裁定,撤销针对新冶钢生产出口的涉案产品所征收的反倾销税措施。

随后欧盟委员会(European Commission)作为本案的利益方介入本程序,支持欧盟理事会的法律抗辩；同时，反倾销申诉方，欧盟产业也作为本案的利益方，联合了分布在欧盟不同成员国的 14 家公司介入本程序，支持欧盟委员会的调查裁定和欧盟理事会的法律抗辩。

2014 年 1 月 29 日，欧盟普通法院判定欧盟理事会针对新冶钢生产出口的无缝钢管实施的反倾销措施以及征收反倾销税，第(EC) No. 926/2009 号法规无效。在法院诉讼阶段，新冶钢提出了三点法律诉求，其中第三点指控欧盟委员会违反了欧盟反倾销法规(basic regulation)的第 3(9)条、第 9(4)条和第 10(2)条，原因是，在实质性损害威胁(threat of material injury)的认定上，存在明显的瑕疵和错误。欧盟普通法院分析并支持了新冶钢提出的第三点诉求，裁定欧盟理事会在以下两点的认定上存在明显违反欧盟反倾销法规：(1)欧盟产业在调查期末并未处于脆弱的状态；(2)本案中不存在实质性损害威胁。

2014 年 4 月 14 日和 2014 年 4 月 15 日，欧盟产业(AcerlorMittal and Others)和欧盟理事会分别向欧盟高等法院提起上诉。2016 年 4 月 7 日，欧盟高等法院就湖北新冶钢公司无缝钢管反倾销案上诉案作出终审判决，驳回欧盟理事会等相关利益方的上诉请求，维持普通法院的判决结果，撤销欧盟第(EC) No. 926/2009 号针对湖北新冶钢出口的无缝钢管所征收反倾销税的法规。

三、争议的法律点

本案上诉争议的法律点集中在欧盟反倾销法规第 3(5)条、第 3(7)条、第 3(9)条和第 6(1)条，以及“司法审核”原则，如图 1 所示。

图 1　本案主要法律争议点梳理

欧盟反倾销法规第3(5)条,是关于认定进口产品是否构成损害。第3(7)条是关于损害是否归因于倾销进口产品。第3(9)条关于实质性损害威胁的认定。第6(1)条是关于调查期的时间截点规定,即“通常,调查期之后的数据,不予考虑”。

欧盟反倾销法规第3(9)条涉及实质性损害威胁的确定标准,该条规定,“应依据事实,而不是仅依据指控、推测或极小的可能性。(并且)倾销将造成的损害必须是能够明显预见且迫近的”。

确定损害威胁是否存在时,应考虑以下因素:(1)进口的倾销产品以极大的增长速度进入欧盟市场,显示进口数量具有大幅增加的可能性;(2)(涉案国)出口商有可充分自由使用的或大幅增加出口的能力,表明倾销产品进入欧盟市场存在大幅增加的可能性,在评估这一指标时,调查机构还应考虑其他出口市场是否能够吸收任何剩余产品的出口;(3)进口的倾销产品是否在价格上对欧盟的产业引发大幅度抑制或压低影响;(4)被调查产品(出口国)的库存情况。

上述列明的任何一个因素,都不能单独导致决定性的认定,必须是作为整体予以考量从而得出结论,即大量增加的倾销产品是迫近的,采取保护措施是非常必要的,如果不及时采取措施,实质性损害威胁将即刻演化成实质性损害。

本案中,欧盟理事会、欧委会、欧盟产业提出的四条上诉理由:第一,普通法院违反了欧盟反倾销法规第3(5)条,扭曲了相关事实证据。对欧盟产业在调查期末仍处于脆弱状态,没有按法律要求进行完整的考量,而只是选择性地、不完整地评估了部分因素。第二,普通法院对欧盟反倾销法规第3(7)条的解读和适用是错误的。第三,在损害威胁的分析上,普通法院对欧盟反倾销法规第3(9)条的解读存在错误。第四,普通法院超越了司法审核的界限,法院作出的审核与评估替代了调查机构对于经济性因素的调查和审核职能,由此取代了法律赋予调查机构的裁量权。

四、欧盟高等法院对相关法律条款的解读

欧盟理事会认为,普通法院没有按欧盟反倾销法规第3(5)条的要求评估所有的证据,而是选择性地审核了一些证据来确定欧盟产业是否处于脆弱的状态,如库存、销售数量、欧盟产业的市场份额、劳工雇佣情况、销售价格、投资收益率、

行业的生产率。在确定损害威胁和产业脆弱性是否存在时，普通法院未对所有因素进行完整的考虑与审核。

欧盟高等法院驳回了这一上诉理由。根据判例（Council and Commission v. Interpipe Niko Tube and Interpipe NTRP, C0191/09 P and C－200/09 P, EU：C：2012：78, paragraph 161），法院认为，除了欧盟产业的市场份额呈减少情势外，其他12个关于确立损害是否存在的经济指标都呈现出积极的、正面的趋势，欧盟产业处于有活力的状态，并非欧委会所称，欧盟产业处在脆弱的状态。

欧盟调查机构以及欧盟产业起诉方认为普通法院适用的判例法是不正确的［Comission v. NTN and Koyo Seiko（C－245/95 P EU：C：1998：46）］。欧盟委员会认为，普通审法院混淆了"损害威胁"和"因果关系"的分析，这是两个不同的概念。欧盟高等法院认为，普通法院适用的判例法［Commission v. NTN and Koyo Seiko（C－245/95 P EU：C：1998：46）］是正确的，完全符合争议中的案件，并同时认定，普通法院没有混淆"损害威胁"和"因果关系"的分析，欧盟理事会、欧委会、欧盟产业对普通法院的判决存在误读。

在普通法院关于欧盟反倾销法规第3(9)条实质性损害威胁认定的解读过程中，法院首先指出了确定实质性损害威胁的存在所需要满足的条件：第一，调查机构形成的裁定和作出的结论应依据"事实，而不是仅依据指控、推测或可能性"；第二，倾销将导致的损害威胁必须是能够"明显预见且迫近的"；第三，从案件的事实来分析，损害威胁的存在必须是清晰明确的；第四，处于威胁下的损害必须是迫近的。

法院针对第3(9)条的四项标准（考虑因素）逐一作了分析：

1. 倾销进口产品的发展趋势——进口数量应是"大幅"增长

在反倾销调查形成的裁定中，欧委会认为，损害威胁不仅要考虑进口的绝对数量的变化，更要考虑市场情况和进口产品的市场份额的变化。其结论是，中国进口产品的市场份额是在增加并极有可能导致实质性的大量（substantial）增加。

但是，根据调查期后的数据，中国进口产品的绝对数字事实上下降了24%，市场份额的增长比例则仅为0.7%，在欧委会的反倾销措施终裁裁定中的措辞也是相对数量"轻微增长（slightly increased）"。

法院指出，判断实质性损害威胁是否存在的标准之一是"进口的倾销产品是以极大增长速度进入欧盟市场，或进口的数量具有大幅增加的可能性"。但是，欧委会调查形成的初裁裁定中的预测趋势和调查期后的实际数据是矛盾的。从严格的法律条款规定分析,中国进口产品相对数量的"轻微增长"和绝对数量的显著下降,并没有满足法律条款的标准。

2. 过剩产能可能导致出口转移——应分析其他市场和出口国吸收额外出口数量的能力

法院认为,调查机关在审查是否构成出口转移风险时,在评估出口国生产和出口能力的增长方面,不仅应考虑其他出口市场的存在,还必须考虑出口国国内消费的发展趋势。

在本案中,欧委会作出的结论是,中国有显著的可用产能(free production capacity)并且出口具有增长趋势。欧委会认定,中国出口到欧盟市场的比例有所增加,同时出口到美国、阿尔及利亚、韩国的比例也在增加,并认为新增的产能可能被转移到欧盟市场,而其他市场(特别是美国市场)的出口比例会显著缩减。

法院认为,欧盟反倾销法规第3(9)条要求调查机关必须分析"其他出口市场是否能容纳多余产能所生产的产品出口"能力。但是,欧委会只是提及了中国产品在美国、阿尔及利亚和韩国市场的进口比例,没有分析这些市场的发展情况和吸收容纳额外进口的潜在能力。此外,欧委会称,多余的产品可能会被转移到欧盟市场,但是,欧委会裁定中提及的欧盟市场需求量的缩减会引发什么样的市场状况,没有提供任何合理的分析,因此,反倾销措施的裁定所依据的事实证据不充分。

法院进一步强调,对于欧委会得出的,自中国进口至欧盟的产品在调查期内显著增长的结论缺乏足够的论证和依据,法院认为这一结论应与2006年对俄罗斯和乌克兰进口产品采取的反倾销措施结合起来分析评估。正如欧委会指出的,来源于中国的进口,是取代了俄罗斯和乌克兰的进口。然而,在分析倾销出口产品是否转移到欧盟市场,欧委会没有作出翔实的分析和论证。

3. 倾销产品的价格——必须构成对欧盟产品价格产生大幅度抑制或压低的影响

欧盟反倾销法规第3(9)条的另一个标准是进口产品对欧盟同类产品在价格上构成大幅度抑制或压低。

欧委会在初裁裁定中认定,在市场需求显著缩减的情况下,进口产品的价格不可能提高。但是,从调查期后的数据来分析,中国进口的产品价格显著提高了,并没有构成压制价格的回升。此外,当市场需求出现缩减的情况时,欧盟产业一方面可能降低价格;另一方面采取减少销售数量,以回应市场的需求缩减。

欧盟理事会(欧委会)并没有对这一矛盾点作出合理的、有依据的解释,而是简单地认为价格上涨是因原材料和能源的价格上涨导致的。因此,论证与证据不充分,导致裁定和结论偏颇。

从调查期后一阶段的实际价格来分析,中国进口产品的价格上升幅度显著高于欧盟产业的同类产品,价格差额也在缩小,二者之间的发展趋势,不是初裁裁定中所说的"平行"关系,而是进口的价格呈现上升趋势。

法院认为,即使价格上涨是因原材料和能源的价格上涨导致的,欧盟调查机构的裁定与结论也没有能够满足法律条款第3(9)条的价格压制、减低的标准。

4. 被调查产品的库存情况

欧盟理事会认为这一因素和损害威胁的分析是无关的而未作分析。

综上,法院的结论为:根据欧盟反倾销法规第3(9)条规定的几项考虑因素:(1)在库存方面,调查机关不认为这是一个考虑的因素;(2)关于可用产能导致出口转移的分析不全面,缺乏证据;(3)另两项因素,即进口的倾销产品的数量和价格分析与调查期之后的实际数据事实不符,推理与分析出现前后矛盾。这些不一致和分析的空白,使调查机构所作出的裁定,以及由此而采取的反倾销措施,没有符合实质性损害威胁的要件,即调查的结论必须依据"事实,而不是仅依据指控、推测或极小的可能性",同时,必须满足倾销将造成的损害必须是能够"明显预见且迫近的"标准。

在上诉欧盟高等法院诉讼阶段,欧盟委员会认为,虽然损害威胁的分析必须基于事实和即刻发生的迫近情势,但这一分析是预测性的。调查机关在这个复杂的,涉及经济因素的评估上,享有广泛的裁量权,有权综合考量第3(9)条的四个因素,从而得出结论。在本案中,调查机关使用了调查期之后一个阶段的数据,是为了避免出现错误。这一陈述与调查的事实不符,因为数据的本身出现了前后矛盾,证据难以支撑欧委会的结论。

所以,欧盟高等法院认为,在本案中,调查机关在初裁和终裁中都考虑了调查期后的一段数据,因此普通法院有权利审核调查期之后所依据的数据作出的结论,普通法院并没有扭曲这些数据,或超出了法律规定的司法审核范围,只是审核了调查机关在初裁和终裁中所依据的证据是否充分,是否支持调查机构作出的结论,因此,这不属于对调查机关裁量权的侵犯。

欧盟高等法院最终裁定:驳回上诉方的所有上诉理由;上诉方欧盟产业和欧盟理事会支付新冶钢诉讼费用;欧委会和意大利自担诉讼费用。

五、结语

本案案情复杂,从新冶钢提起法院诉讼之日起,历时逾六年之久,历经欧盟的普通法院与高等法院诉讼程序。因为涉及的法律条款非常新颖,以往没有涉及这一特殊条款,也没有相关的案例作为参考,针对的是在反倾销调查中,各相关利益方如何适用解读"损害威胁"法律条款。

按照欧盟法院的审理原则,法院不对纠纷的案件做重新调查(de novo),完全依据双方在反倾销调查程序中提交的事实证据、法律抗辩、条款的解释与运用,作为司法审核(judicial review)的基础。如果代理律师在调查程序中没有抓住法律的核心点,不掌握条款的含义,脱离事实证据与法律条款之间的关系,未能准确地梳理上诉的诉求点,很难在司法审核程序中得到法院的支持。

本案中伦的代理律师在贸易法领域具有丰富的办案经验,在倾销与损害应诉方面有着扎实的法律功底,熟知欧盟法律与司法审核要点,这与赢得欧盟法院诉讼密不可分。

10.2 劳动争议与合规

竞业限制典型案例分析：实务中如何认定竞争关系？*

项目团队主要合伙人**

** 作者简介：

段海燕　合伙人

中伦律师事务所北京办公室

duanhaiyan@ zhonglun. com

* 声明：本文的分析是基于由笔者团队代理的最终入选朝阳法院《2011 ~ 2015 劳动争议审判白皮书》的十大典型案例之一。参考的信息包括公开的案件材料，以及在公开渠道披露的与本案相关的信息。所有非公开信息均已作相应保密处理。

一、引言

随着互联网行业的高速发展,一方面,企业对于高级管理人才及高级技术人才的争夺日趋激烈,争抢竞争对手的员工的情形屡见不鲜;另一方面,企业保护自身商业秘密的法律意识也逐渐提高,对于违反竞业限制义务的员工,越来越多的企业通过司法途径保护自己的权利,同时也通过胜诉案件以达到警示其他员工的效果。基于此,因竞业限制引发的劳动争议案件数量逐年增长,竞业限制争议已成为企业重点关注的劳动争议类型之一。而在竞业限制争议中,如何证明员工的新雇主与原雇主之间的竞争关系是决定争议结果的重点也是难点问题。

近期,笔者作为某知名互联网企业的代理人,参加了该客户诉某高管的违反竞业限制义务的劳动争议案件的仲裁及诉讼案件,并均取得胜诉。该案作为朝阳法院"2011~2015 劳动争议审判白皮书暨典型案例发布"新闻通报会上发布的十大典型案例之一,也是近年来在互联网行业争夺人才的竞争激烈、原雇主调查取证难的普遍情形下,原雇主追究员工违约及赔偿责任并最终胜诉的最具代表性的案例。

笔者希望借本文以这一案例与大家分享在竞业限制争议中证明"竞争关系"的技巧和启示。

二、案件事实

2012 年 3 月 1 日,高级软件开发工程师王某某与天津××科技有限公司(以下简称 A 公司)签订了劳动合同及《保密协议》。依据上述劳动合同及协议的约定,王某某的竞业限制期限为离职后 1 年,竞业限制补偿金标准为离职前 12 个月平均工资的 50%;违反竞业限制义务的违约责任为收入所得归 A 公司所有,并支付 20 万元的违约金;保密协议约定的竞业限制的单位范围为包括 C 公司(另一家互联网知名企业)及其下属公司在内的六家公司及其下属公司。A 公司的实际控制人是××科技有限公司(以下简称 B 公司,某知名互联网企业)。

2013 年 5 月 20 日,王某某向 A 公司提出辞职,双方确认劳动关系于 2013 年 6 月 17 日解除。王某某于劳动合同解除前 12 个月的平均工资为人民币 30,139 元/月。A 公司在王某某的《离职申请及审批表》中注明王某某的竞业限制期限

12 个月(自 2013 年 6 月 17 日起至 2014 年 6 月 17 日止),也标注了竞业限制的范围为六家公司及其下属公司,其中包括 C 公司及其下属公司。

2013 年 6 月 8 日,A 公司向王某某发出《关于要求履行竞业禁止的通知》,通知王某某自劳动关系解除之日起 1 年内不得进入与 A 公司从事任何同类业务的公司,包括但不限于构成竞争关系以及尚未构成竞争关系的公司及其有投资关系或关联关系的公司。构成竞争关系的公司包括但不限于 C 公司及其下属公司。王某某在该通知上签字确认“已经收到通知,并阅读知晓上述内容”。

劳动合同解除后,A 公司以 15,069.5 元/月的标准按月向王某某支付了 2013 年 6 月至 2014 年 2 月的竞业限制经济补偿共计人民币 127,484.51 元。同时,A 公司发现王某某在 C 公司工作,且供职单位为 C 公司的关联公司——YY 科技有限公司(以下简称 D 公司,C 公司为其实际控制人)。2013 年 12 月 27 日,A 公司以王某某违反了竞业限制义务为由向北京市朝阳区劳动争议仲裁委员会(以下简称仲裁委)申请仲裁,仲裁请求为:一是请求裁决王某某继续履行约定的竞业限制义务;二是请求裁决王某某向 A 公司返还已支付的竞业限制补偿金 127,484.51 元;三是请求裁决王某某向 A 公司支付违反竞业限制义务的违约金 20 万元。本劳动争议案件发展时间如图 1 所示。

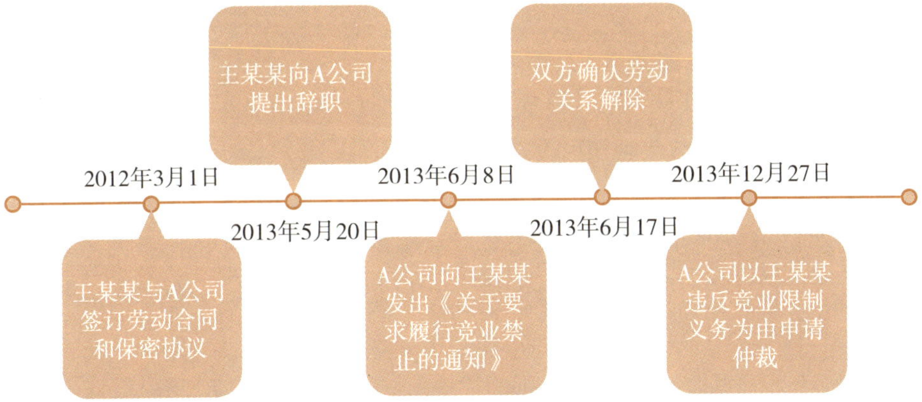

图 1 本劳动争议案件发展时间

三、审理结果

仲裁委裁决:(1)王某某继续履行与 A 公司所约定的竞业限制义务;(2)王某

某自本裁决书生效之日起5日内,向A公司支付违反竞业限制义务的违约金20万元;(3)王某某自裁决书生效之日起5日内,向A公司返还竞业限制补偿金127,484.51元。王某某不服上述仲裁裁决,于2014年6月11日向北京市朝阳区人民法院(以下简称一审法院)起诉。

一审法院判决:(1)王某某向A公司返还已经支付的竞业限制经济补偿金127,484.51元;(2)王某某支付A公司违约金20万元。王某某不服一审判决,于2015年11月2日向北京市第三中级人民法院上诉。

二审法院判决:驳回上诉,维持原判。

四、案件评析

(一)关于举证责任及分配

众所周知,在竞业限制劳动争议中,由于原用人单位收集证据能力的有限性、员工违约行为的隐蔽性,加之,作为竞争对手的新的用人单位对员工的刻意袒护,原用人单位普遍面临着“举证难”的问题,由此,也常常导致劳动争议仲裁委及法院对相关事实的调查认定陷入僵局。本案中,A公司如何举证、仲裁委及法院如何分配举证责任、化解僵局,直至查明事实,是本案的最大特色。下面,围绕上述争议焦点问题,笔者对各方举证以及举证责任的分配情况进行介绍:

1. 关于王某某与D公司之间有无劳动关系的问题

(1)从社会保险关系的角度举证和调查

为了证明王某某与D公司之间存在劳动关系,A公司向仲裁委提交了调取王某某的2013年6月至2013年12月的社会保险缴费记录的申请。仲裁委调取的该记录显示,D公司于2013年6月至2013年12月为王某某缴纳了社会保险。

对于上述社保缴费记录,王某某的代理人(王某某本人从未出庭)承认了该证据的真实性,但不认可相关性,并主张“D公司是朋友找的,仅仅是为了代缴社保,不能证明王某某与D公司之间有用工关系”。仲裁委要求王某某的代理律师当庭电话询问王某某,说明其朋友的姓名及联系方式。由于王某某未能说明,据此,仲裁委基于王某某与D公司之间的社保关系支持了A公司的主张。

(2)从个人所得税的代扣代缴主体的角度举证和调查

考虑到我国目前存在劳动关系与社保关系分离的现象,且并不少见,仅依据社保关系不足以认定劳动关系。因此,A公司又向一审法院提交了调查取证申请,调取王某某自2013年6月以来的个人所得税缴税记录。一审法院向相关税务机关调取了王某某的缴税记录,该记录不仅显示自2013年7月至向税务机关出具缴税记录当月,D公司每月为王某某代扣代缴个人所得税,而且,还显示2014年7月由C公司的一家全资子公司(以下简称E公司)为王某某代扣代缴了一笔收入金额为118万元的个人所得税。

王某某的代理人认可一审法院调取的缴税记录的真实性,但是,否认该证据的相关性,主张"上述劳务费是其王某某以个人名义为D公司承揽项目的报酬,双方之间没有劳动关系"。一审法院一方面要求王某某于庭后书面说明其承揽项目的名称、工作内容、期限;另一方面要求王某某的代理人当庭致电王某某本人对118万元收入给予说明,王某某也未能合理说明。因此,一审法院基于社会保险关系及劳动报酬支付关系,认定王某某与D公司之间存在劳动关系,支持了A公司的主张。

2. 关于A公司与D公司之间有无竞争关系的问题

为了证明A公司与D公司之间存在竞争关系,A公司从以下角度进行了举证:

(1)从工商登记的经营范围上证明A公司与D公司经营的业务具有一定程度的相似性。依据A公司及D公司的营业执照上记载的经营范围,两家公司均从事"技术开发""技术咨询""技术服务""软件服务"等业务。

(2)从D公司的实际控制人的角度证明D公司从事与B公司竞争的业务。A公司调取了D公司设立及增资的工商档案发现,D公司的两名自然人股东(合计持股100%)的出资均来源于C公司投资设立的E公司及另一家全资子公司(以下简称F公司),且该两名股东将各自持有的全部股权质押给了E公司。依据该股权质押协议,D公司的资金、经营、管理、决策及业务均需E公司批准。据此,A公司主张,D公司在经济上已经丧失了其自主性,沦落为B公司为实现其商业利益的资源和工具,只不过是B公司经营计划或产品生产线中的一个部分或者一个环节而已。C公司通过E公司享有的质押权全面且绝对控制D公司的事实无法辩驳,因此,D公司属"C公司的下属公司",为王某某签订的竞业限制协议中约定的"有竞争关系"的单位。

3. 关于竞业限制违约金是否过高的问题

在本案的一裁两审过程中,王某某的代理人主张保密协议中约定的违约金为20万元的标准过高,不应当得到支持。对此,A公司认为:

(1)违约责任的约定是王某某与A公司真实意思表示,具有法律效力。王某某作为一名具有完全民事行为能力的自然人,应当对自己的行为承担法律责任。鉴于王某某在订立劳动合同及保密协议的过程中既未对此约定提出异议,也未在法定的期限内申请撤销,上述约定已经生效。

(2)违约金标准未超出合理标准,也未超出王某某的偿付能力。20万元违约金相当于王某某离职前6个月的工资,且与协议约定的竞业限制补偿总额相当,符合公平原则。另外,王某某入职D公司后,除了每月获得D公司支付的高于原工资标准的劳动报酬之外,还于入职满一年时获得了118万元的期权收入,由此可见,王某某因违约的获利远远高于双方约定的违约金。

(3)违约金应当具有惩罚的性质。王某某的行为侵犯的是A公司的商业秘密,损害的是A公司对商业秘密享有的权利,将A公司,乃至B公司置于了巨大的竞争风险中。

(二)关于竞争关系的认定

1. 关于本案中竞争关系的认定

在本案的诉讼过程中,尽管A公司按照上述理由主张了D公司为"有竞争关系的单位",但是,A公司与D公司之间有无直接的竞争关系成为当事人双方争议的焦点,也是本案涉及的难点问题。对此,笔者认为,应当认定两者之间存在直接的竞争关系。主要理由如图2所示。

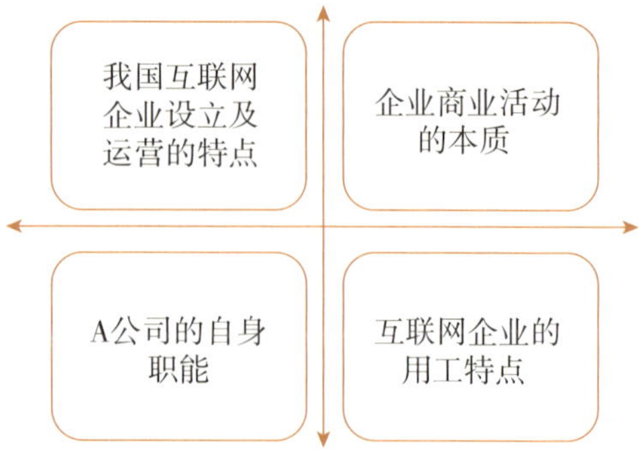

图2 认定直接竞争关系的四大理由

(1)从我国互联网企业设立及运营的特点上看:由于国家法律政策限制外资企业在境内从事互联网业务,无论是B公司还是C公司,均是由境外公司出资在境内设立外商投资企业或该企业投资的内资企业,通过这些企业获得经营许可,从事互联网业务。对于他们在境内设立的子公司及其他关联公司,都以境外企业为实际控制人。这些境内企业实质上是境外企业在中国境内从事相关业务的完整经营链条中的一部分,执行境外企业为其分配的职能(或功能),并非完全独立。本案中,无论是A公司还是D公司,尽管在法律上均是独立法人,但是,它们客观上分别受B公司、C公司的绝对控制,分别是B公司、C公司完整的经营链条中不可或缺的部分,因此,B公司与C公司之间存在竞争关系应当视为A公司与D公司之间也存在竞争关系。

(2)从企业商业活动的本质上看:由于在资本角逐层面,对于已上市的互联网企业(本案中的B公司及C公司),任何能够影响企业估值和投资人对企业评价的参数和企业信息,都可以成为企业管理层追逐的对象。不具有独立性的关联企业(如本案中的A公司、D公司)为实现实际控制企业管理层目标而进行的所有商业活动都是实际控制企业参与市场竞争的一部分。在此行业背景下,本案中的D公司与A公司、B公司均存在竞争关系。

(3)从A公司的自身职能上看:A公司的业务范围包括W业务、V1业务以及V2业务。在B公司体系内,担负着B公司在这一领域与C公司竞争的功能。由此可见,A公司与C公司(主要从事W业务)、E公司(主要从事V1业务)、D公司(依据股权质押协议,为E公司的独家服务商)之间均存在直接的竞争关系。

(4)从互联网企业的用工特点上看:在当前互联网行业中,人才的竞争最为激烈。企业为了争抢竞争对手的员工并帮助相关员工规避竞业限制义务、规避自身因招用其他单位在职员工可能承担的连带赔偿责任,通过另一家经营范围完全不同的关联企业(或非关联企业)聘用员工的现象并不少见。这种明显规避法律进行不正当竞争的行为,不应当是现行劳动法以及诚信原则所提倡的。因此,不应当仅仅依据原用人单位及现用人单位的经营范围的相似度大小认定有无竞争关系,而应当结合员工在新单位中从事的业务以及新单位在其控股股东(或实际控制人)组织架构中的功能及角色进行认定。

2. 关于认定竞争关系的考量因素

在竞业限制争议中,员工入职的新单位与原用人单位之间有无竞争关系是争议各方无法回避的难点问题。即使相关的竞业限制协议中约定了新单位为"有竞争关系的单位",但是,仍然不能排除劳动争议委员会及法院审查两者之间直接、真实的竞争关系的可能。然而,目前我国现行法律、行政法规、司法解释对企业之间的"竞争关系"的认定标准无明确规定,相关的行业数据也无公开、权威的查询渠道,以致相关的认定几乎完全依赖仲裁员和法官的自由裁量。

在代理本案的仲裁与诉讼过程中,笔者感受到了当事人双方在这一问题上争辩的激烈,也感受到了劳动争议仲裁委员会及法院对"竞争关系"的真实性审查的严格,感受到了仲裁员及法官在"侧重保护员工利益"与"倡导诚信、维护公平"等价值选择上的谨慎与创新。结合本案员工一方的答辩及主张、仲裁员及法官的调查方向及思路,笔者初步总结出证明存在"竞争关系"的考量因素有(因篇幅有限,故仅在此作简单列示):(1)新单位是否是员工与原用人单位约定的"有竞争关系的单位";(2)新单位与原用人单位之间的经营范围是否相同或相似;(3)新单位的控股股东(或实际控制人)与原用人单位或原用人单位的控股股东(或实际控制人)是否经营相同或相似的业务,且是否有公认的竞争关系(按普通人认知的标准);(4)新单位及原用人单位在各自的控股股东(或实际控制人)的组织架构中的职能(或功能);(5)新单位及原用人单位是否在同一区域经营相同或相似业务;(6)新单位及原用人单位的客户群的重合程度;(7)相关行业的设立、运行特点以及劳动用工特点。

五、结语

实践中,对于员工违反竞业限制义务的关键环节——员工的新雇主与原雇主竞争关系的确定,用人单位除了应当在《竞业限制协议》中与员工就"竞争关系"进行明确约定外,在争议发生后,应当提供足够的证据证明该竞争关系。对于存在竞争关系的,用人单位可以从竞业限制协议的约定、两企业的经营范围和主营业务、公众的认知、两企业的市场排名和市场占有率、行业特点等多角度进行论证;而对于取证的方式,则可采内部举证与外部取证相结合的方式，充分利用网络资源和政府公开信息渠道，必要时也可申请法院依职权调查及借助第三方力量取证，以达到举证的确凿、充分。

多元用工模式下的法律风险及防范*

项目团队主要合伙人**

** 作者简介：
段海燕　合伙人
中伦律师事务所北京办公室
duanhaiyan@ zhonglun. com

* 声明：本文的分析是基于由笔者团队代理的中国联合网络通信集团有限公司混改项目。本文着重混改中劳动法相关法律法规及司法实践方面的共性问题研究，未牵涉相关保密信息。所披露的信息全部来源于在公开渠道披露的与本案相关的信息。

一、引言

中国联合网络通信集团有限公司(以下简称中国联通或联通)作为中国第一家整体混合所有制改革的央企,其人事制度改革不仅涉及用工方式的改变,也涉及组织机构的调整及薪酬待遇的变化,各项改革方案无论从变革的深度、影响的广度还是各方利益博弈程度,均前所未有。其中,中国联通针对全国范围内的营业厅进行的“全场景划小承包”,是其系列人事改革中最具创新性的改革措施之一。中伦律师参与了该项改革方案的制定和实施,克服了立法空白且无案例可循的挑战,解决了多个技术难题,为改革目标的平稳实现提供了法律保障。

本文基于中国联合在混改过程中进行的“全场景划小承包”改革,并结合目前劳动法相关法律法规及司法实践展开分析研究。

二、基础事实介绍

为了在中国联通内部搭建“双创”平台,建立并实施“从大公司回归到创业公司”的理念,调动基层员工的积极性,激发一线活力,中国联通在基础业务领域重点推进“全生产场景划小承包”。“全生产场景划小承包”是指将营业厅的基础业务对外发包,承包人可以是内部员工、内部员工辞职后成立的公司或外部公司。与此同时,不同承包方式下,营业厅仍然保留原有的劳动合同制、劳务派遣制、业务外包等多元用工方式。

三、难点问题及分析

(一)关于“假外包、真派遣”的风险防范问题

1. 法律风险

对于单个营业厅内同时存在劳动合同制、劳务派遣制以及业务外包用工的多元用工模式,由于承包单位的员工(包括直接与承包单位建立劳动关系的员工、与承包单位建立劳务派遣用工关系的员工,下同)与发包单位(联通及其关联公司,下同)的员工在工作职责、工作场所、工作内容上具有明显的相同或相似性,因此,在一定程度上,这种多元用工模式存在被认定为“假外包、真派遣”的风险。如果被认定为假外包、真派遣,发包单位将面临如下法律风险:

(1)劳动行政部门的处罚。如果上述多元用工模式被认定为“假外包、真派遣”,承包单位的员工将被视为发包单位的劳务派遣员工。由此导致发包单位的劳务派遣用工比例超过用工总量的10%的,将由劳动行政部门责令限期改正;逾期不改正的,以每人五千元以上一万元以下的标准处以罚款。

(2)支付工资差额赔偿。承包单位的员工有权以“同工同酬”的原则,要求发包单位支付与发包单位同类岗位的劳动合同制员工之间的工资差额。发包单位没有同类岗位的劳动合同制员工的,参照发包单位所在地相同或者相近岗位劳动者的劳动报酬确定工资差额。

2. 防范风险措施

我们认为,“假外包、真派遣”的认定,取决于如下六项因素的相似度。换言之,针对向三类主体的发包(或承包),对于下列六项因素,如果与劳务派遣用工模式相似的因素数量多于存在差异的因素数量,则被认定为“假外包、真派遣”的风险较大;如果相似的因素数量少于存在差异的因素数量,则被认定为“假外包、真派遣”的风险较小:

(1)承包单位(包括外部公司或离职员工成立的公司,下同)的经营资质:如果发包单位将业务外包给劳务派遣单位(承包单位具有劳务派遣资质),在此情形下,业务外包协议的承包方与劳务派遣协议的劳务派遣单位具有相似性(均具有劳务派遣资质);如果承包单位不具有劳务派遣资质,也就意味着其不具有“真派遣”的主体资格,则承包单位与劳务派遣单位不具有相似性。

(2)发包的标的:如果发包单位将业务外包给承包单位,并且业务外包协议约定的标的是业务(而非岗位),则劳务派遣协议和业务外包协议的标的不具有相似性;如果业务外包协议约定的标的是岗位,则业务外包协议及劳务派遣协议的标的均为岗位,具有相似性。

(3)收费方式:在业务外包模式下,承包费一般采用的是“固定费用+浮动费用”的方式,并且,承包费的支付方式一般是按照工作进度而非“按月支付”。在劳务派遣模式下,劳务派遣费是按人头计费且“按月支付”。因此,在发包单位的多元用工模式下,如果发包单位支付承包费是按人头计费、“按月支付”,则与劳务派遣相似度较大;如果发包单位采用的是“固定费用+浮动费用”、按照工作进度支付,则与劳务派遣不具有相似性。

(4)工资支付主体:如果发包单位将业务外包给承包单位,并且直接向员工支付工资,则与劳务派遣模式下的工资支付主体存在相似性;如果工资由承包单位直接向员工支付,则与劳务派遣模式下的工资支付主体不具有相似性。

(5)承包单位的员工的直接管理:如果发包单位将业务外包给承包单位,并对其员工直接管理,则与劳务派遣模式下的直接管理主体具有相似性;如果承包单位的员工直接由承包单位管理,而非发包单位直接管理,则不具有相似性。

(6)生产资料的提供:如果发包单位将业务外包给承包单位,且向承包单位的员工提供生产资料(包括生产工具等),则在生产资料的提供主体上,与劳务派遣具有相似性;如果生产资料(包括生产工具等)由承包方自行提供,则与劳务派遣的生产资料提供主体不具有相似性。

基于上述分析,我们认为,防范被认定为“假外包、真派遣”的主要措施如图1所示。

图1 防范被认定为“假外包、真派遣”的六大主要措施

(二)关于承包经营期间的工伤处理问题

1. 内部员工承包模式下的工伤问题的处理

无论是针对劳动合同正常履行情况下、内部承包模式下的员工,还是针对与公司中止履行劳动合同、个人承包模式下的员工,由于其与联通的劳动关系仍然存在,一旦发生工伤,应当由其用人单位向工伤鉴定部门申请工伤鉴定,并向社会保险部门申请相关工伤保险待遇(如有),具体的赔付标准、申请流程应当按照《工伤保险条例》以及当地相关规定执行。

2. 创业员工不同模式下的工伤处理问题

(1)注册公司法人、成立个体工商户承包模式下的工伤处理

如果创业员工与联通解除劳动关系后,自行注册了公司法人或成立了个体工商户(承包单位)承包联通的业务,且员工与该公司法人或个体工商户建立了劳动关系、该公司法人或个体工商户依法为其缴纳了社会保险(包括工伤保险)的情形下,如果员工发生工伤,处理方式同内部承包模式下的处理方式,即依法享受工伤待遇(如有)。

(2)劳动合同解除后的个人承包模式下的工伤处理

如果员工在劳动合同解除后,以个人身份承包联通业务的,其受工伤的主要处理方式如下:

方式一:如果创业员工以灵活就业人员身份参加社会保险的,在履行工作职责过程中受到人身损害的且仲裁委或者法院未认定发包单位与员工存在事实劳动关系的,且员工参保了人身意外伤害商业保险,则其可向相关商业保险机构要求理赔(被认定为与发包单位存在事实劳动关系的除外)。

方式二:如果创业员工委托人力资源服务机构代缴社会保险的,其在履行承包业务工作内容时受到人身损害的,该人力资源服务机构可以依据《工伤保险条例》的相关规定为其申请工伤鉴定及工伤保险待遇。但是,实践中,工伤保险机构"以员工不是在履行缴费单位(人力资源服务机构)工作职责过程中受损害"为由不予批准的除外。

另外,在发包单位代缴社会保险的情况下,由于员工在承包期间与发包单位之间的关系具有事实劳动关系的特征,且社会保险是认定劳动关系的重要标志之一。一旦该员工发生工伤,且发生争议,在员工无其他就业单位、工伤赔偿责任无承担主体的情况下,本着侧重保护员工的利益的原则,仲裁委或法院可能认定双方存在事实劳动关系,一旦认定发包单位与员工存在事实劳动关系,发包单位应当按照《工伤保险条例》的相关规定承担工伤保险责任。

(3)外部公司承包下工伤问题的处理

外部公司承包的情形下,外部公司的员工(承包单位的员工,包括劳动合同制员工及劳务派遣制员工)因工受伤的,处理方式同内部承包模式下的处理方式,即员工或者员工的用人单位(外部公司或者劳务派遣公司)可以依据《工伤保险条例》及相关规定为员工申请工伤鉴定及工伤待遇(如有)。

(三)“私车公用”情形下导致的相关责任承担

1. 导致第三人的损害的责任承担

(1)有用人单位的员工“私车公用”致第三人损害的责任分担

“私车公用”是指员工将其个人所有的车辆用于履行工作职责(开展发包单位相关业务)的情形。关于其在私车公用过程中对第三人造成损害的责任分担问题,我们认为,员工的用人单位(或用工单位)应当承担相应的侵权责任,并有权向有过错的员工进行追偿。如果员工不是因为履行工作职务造成第三人损害的,应当由肇事者本人(车辆所有人或使用人,又即员工本人)承担侵权责任,与发包单位或承包单位无关。

(2)无用人单位的员工“私车公用”致第三人损害的责任分担

由于解除劳动合同后的员工的个人承包行为有被认定为与发包单位存在事实劳动关系的风险,在该模式下,我们无法排除员工“私车公用”致第三人损害时,法律要求发包单位以用人单位的身份向第三人承担侵权责任的可能性。特别是在员工个人偿付能力有限的情况下,这种可能性将进一步加大。

2. 导致机动车驾驶人的人身伤害的责任承担

(1)有用人单位的员工受损的责任承担

有用人单位的员工,包括内部承包模式下的员工(包括中止劳动关系后个人承包的员工)、成立公司法人或个体工商户承包模式下的创业员工以及外部公司承包模式下的员工在同时具备员工与发包单位或承包单位(包括员工成立的公司法人或个体工商户、承包公司,下同)之间存在劳动关系或劳务派遣用工关系且该事故系因员工执行工作任务所造成的条件时,其所受人身伤害应当按工伤处理。

如果员工的用人单位未为员工缴纳社会保险,依据《工伤保险条例》第六十二条的规定,用人单位应比照工伤待遇标准及项目向员工支付相应费用。另外,依据《侵权责任法》第二十六条的规定,如果员工对该事故的发生有过错的,可以相应地减轻用人单位的责任。

(2)无用人单位的员工受损的责任承担

如前所述,由于解除劳动合同后的员工的个人承包行为有被认定为与发包单位存在事实劳动关系的风险,在该模式下,无法排除员工"私车公用"致其自身损害被认定为工伤的风险。在此情形下,发包单位应当承担用人单位应承担的、相应的工伤保险责任。

3. 导致机动车的财产损害的责任承担

对于事故发生后的机动车损坏责任承担问题,我们认为,应当由保险公司及过错方依据交警部门认定的结果承担相应赔偿责任。

关于发包单位是否应当就机动车损失承担赔偿责任的问题,我们认为,这与肇事车辆是否属于"私车公用"无直接关系。即使员工将个人所有的机动车用于业务开展、贴有发包单位的标志,且发包单位为其报销一定的费用,但该机动车的所有权(包括占有、使用、收益、处分的权利)均未发生变化。在发包单位既不是该车辆的所有权人也非肇事者的情况下,要求发包单位对车辆的损失承担赔偿责任的主张缺乏法律依据。

四、项目特点与创新

一是变革的创新性。为了盘活基础业务单元、增加员工的工作积极性、提升公司盈利能力,联通创新性地提出在基础业务领域将联通的业务线承包给在职员工、离职员工及外部公司,这种业务承包模式在常规商业外包模式上增加了员工承包、创业承包的外衣,并依据劳动关系性质的不同而增生出多种不同的可能性,目前已有同行业的其他企业效仿。

二是工作的挑战性。在提供本项目法律服务的过程中,我们不仅面临着诸多立法及司法实践空白的挑战,还面临着因众多员工劳动关系变化以及管理模式、管理理念的变化导致劳动问题处理难度明显增加的挑战。

三是成果的指导性。在上述挑战下,我们协助公司一一处理了上述难题,不仅协助联通的人事改革项目基本平稳、有序完成,更是对国有企业在混改潮流中建立有效用人机制的一次大胆、有益尝试提供了法律支持的保障。

五、结语

近年来，在国家政策的导向下，央企混改进一步加速，人事改革进一步升温。“央企混改”不仅仅是资本市场关注的重点，与其紧密相关的人事改革也成为劳动法领域的热门词，更是劳动法律师竞相进入的新兴业务领域。正是由于该领域“无法可依”“无章可循”“无案可考”，反而为劳动法律师破解混改过程中产生的新兴劳动法技术难题留出了拓展现有司法尺度的空间，为国家机关的立法完善、实务界的尺度明晰、学术界的理论研究提供了第一手资料。

> 央企混改，既是机遇，也是挑战。在为联通混改相关的人事改革项目服务的过程中，我们有以下经验感悟：
>
> 其一，大胆创新，在不违背现行法律强制性规定的前提下，拓宽思路，着眼大局，本着立法本意、促进经济、政策导向等原则，积极创新，为各项改革措施寻找或提供法律及政策依据。
>
> 其二，全面提示法律风险，协助企业权衡利益，帮助企业在合规及效率之间寻找平衡点。
>
> 其三，任何改革的推行以相关制度的制定、完善、执行为基础。在审查制度的合法性、合理性的同时，帮助企业履行制定制度的法定程序（包括民主程序及公示程序），确保程序的正义。

10.3 行政调查应对

未能有效履行资管计划管理人职责？*

——证监会行政调查与听证的应对

项目团队主要合伙人**

** 作者简介：
傅长煜　合伙人
中伦律师事务所北京办公室
fuchangyu@ zhonglun. com

* 声明：本案分析基于笔者代理的一起证监会行政调查与听证应对项目，本文分析中披露的信息限于公开渠道已披露的案件材料，以及在公开渠道披露的与本案相关的信息。所涉相关非公开信息已全部进行相应保密处理。

一、前言

在中国有关监管机构看来，外资通过各种途径大举进入中国股市，放大了流动性，是形成始于2015年6月的股灾的重要推力之一。随即，证监会及其他监管机关展开了一系列针对资本市场违法违规行为的行政乃至刑事调查。

在这一背景下，期货公司A及其投资经理B收到了中国证监会《行政处罚事先告知书》（以下简称《告知书》），被认定就2014～2015年为某外资机构开设的资管计划（外资机构通过该计划在期货市场进行程序化交易），未能有效履行管理人的职责，拟进行行政处罚。

中伦团队介入后，通过与客户内部合规部门的密切配合，凭借缜密分析、准确判断、良好沟通和丰富经验，成功在听证程序中推翻了证监会稽查部门的拟处罚意见，为期货公司A及其投资经理B争取到证监会行政处罚委员会（以下简称处罚委）免予行政处罚的最终决定。

二、"一对一"业务与"程式化交易"

2014年，期货公司A与外资公司X签署了《资产管理计划资产管理合同》，开始通过资产管理计划交易商品期货和股指期货。

2015年中期，中国股市短期内出现暴跌，上证综指及沪深300指数于两个多月内急跌45%，被监管层认定为异常波动。随后，包括证监会在内的中国政府各部门采取了一系列相关行动，包括一系列以从严、从重、从快为原则的行政调查及处罚，乃至刑事调查。其中，外资机构通过中国金融机构的通道类业务，参与中国资本市场投资交易相关问题，是调查的重点之一。

2016年启动的调查行动中，期货公司A为外资公司X开办的资产管理计划业务也遭到证监会调查。

经过调查，证监会初步认为该业务属于"一对一"资产管理计划。资管计划设立后，资管计划账户实际由外资公司X操作使用、制定投资策略，并由外资公司X

直接发送交易指令,利用资管计划管理人期货公司 A 的交易系统进行交易。

并且,证监会注意到,外资公司 X 采用了计算机“程式化交易”,而交易期间期货公司 A 没有对资管计划做到“事前实时”交易监控,外资公司 X 的交易指令直接进入期货公司交易系统进行交易。期货公司 A 仅在每日收盘后,对资管计划进行估值,以填写风险监控日报的方式对约定的清盘线加以监控。

三、被认定未能有效履行资管计划管理人职责

2017 年年初,期货公司 A 及其投资经理 B 收到了证监会的《告知书》。

证监会稽查部门认定,就为外资公司 X 开立的资管计划,期货公司 A 作为资管计划管理人,既不参与资管计划账户操作,也未对交易进行“实时监控”,未能有效履行资产管理计划管理人职责。

同时,证监会认定,时任投资经理 B 负责该资管计划的投资决策和投资管理,为期货公司 A 涉嫌违法行为直接负责的主管人员。

证监会认为,期货公司 A 的行为符合《期货公司监督管理办法》第九十三条第一款第十二项“违反规定从事期货投资咨询或者资产管理业务,情节严重”和《期货交易管理条例》第六十七条第十六项所述情形的规定。

基于此,证监会拟给予期货公司 A 警告、没收违法所得、罚款等行政处罚,拟给予投资经理 B 警告、罚款处罚。

四、行政处罚伴随的严重负面影响

期货公司 A 和投资经理 B 面临的不仅仅是《告知书》拟给予的处罚,还将面临处罚造成的其他严重负面影响。

从证监会明确提及的违反的规定来看,稽查部门要求的管理人应尽职责,关涉公司合规风控制度的设立运行、合规部门和人员的配置与保障、合规制度的日常执行及其有效性、涉案资管计划的运行操作管理等多个方面。一旦因“未能有效履行资管计划管理人职责”受到处罚,其各方面风控合规制度的有效性都将受到质疑。

同时,2015 年“股灾”后,期货公司评级被普遍下调,最高级仅为 BBB 级。各家期货公司采取了一系列措施,期待在 2017 年重回 A 级行列。根据《期货公司分

类监管规定》,《告知书》拟进行的处罚,将会导致期货公司 A 在评级中被扣 18 分。在证监会评级体系中,获得加分十分困难。例如,期货公司在评价期内净利润位于行业前 5 名,仅加 2 分。期货公司评级结果直接关涉可开展的业务范围、新业务和新网点申请、保障基金缴纳比例等。可见,遭到证监会行政处罚,对期货公司影响重大。

此外,期货公司 A 面临的行政处罚,还将对其母公司(上市证券公司)的评级、声誉产生负面影响。

五、综合性申诉策略的制定

中伦接受期货公司 A 及其投资经理 B 的委托后,距离听证会时间已不足一月,时间十分紧张。中伦团队迅速开展工作,深入研究相关监管法规,尤其是 2017 年之前有关期货公司资管业务的监管法规和政策演变的过程。并且,与客户法务、合规、交易、风控等各部门进行了充分沟通,全面收集了相关证据材料,在此基础上正确研判了案情,结合中伦团队处理此类案件的经验,最终制定了本案中在全面抗辩违规指控的基础上,以《行政处罚法》第三十八条第二项作为底线的申辩策略。

(一)管理人职责的全面分析与抗辩

针对执法部门提出的“未能有效履行资管计划管理人职责”这一综合性指控,需要进行全方位的抗辩。期货公司作为资管计划的管理人职责,散见于《期货公司资产管理业务试点办法》(以下简称《资管业务试点办法》)各项规定(见表 1)。

基于对合规要求的全面梳理,中伦团队与期货公司 A 的业务团队、合规团队和风控团队密切配合,针对各项合规要求,收集了论证各项合规制度设置并有效实施的针对性证据,以向证监会展示期货公司 A 有效履行了管理人职责,从而为证监会决定不予处罚奠定基础。

表1 资管计划管理人职责相关规定

序号	合规要求	相关条文
1	签订书面资产管理合同,按照合同约定对客户提供资产管理服务,承担资产管理受托责任。	《资管业务试点办法》第八条第一款
2	应当勤勉、专业、合规地为客户制定和执行资产管理投资策略,按照合同约定管理委托资产,控制投资风险。	《资管业务试点办法》第八条第二款
3	期货公司应当建立健全并有效执行资产管理业务管理制度,加强对资产管理业务的交易监控,防范业务风险,确保公平交易。	《资管业务试点办法》第二十四条
4	期货公司应当对资产管理业务进行集中管理,其人员、业务、场地应当与其他业务部门相互独立,并建立业务隔离墙制度。	《资管业务试点办法》第二十五条
5	资产管理业务投资经理、交易执行、风险控制等岗位必须相互独立,并配备专职业务人员,不得相互兼任。	《资管业务试点办法》第二十七条
6	期货公司应当有效执行资产管理业务风险控制制度,对期货资产管理账户日常交易情况和非期货类投资账户进行风险识别、监测,及时执行风险控制措施。	《资管业务试点办法》第二十八条

(二)监管政策演变的梳理及相应抗辩

2016年7月,在针对"通道业务""一对一业务"展开调查之际,证监会颁布的《证券期货经营机构私募资产管理业务运作管理暂行规定》明确规定,不得委托个人或不符合条件的第三方机构提供投资建议、禁止由第三方机构直接执行投资指令,被业内理解为针对此类业务模式的禁止规定。

一项监管政策的出台,尤其是特定事件之后加强监管的政策,往往是监管部门对于特定风险的最新认识和态度。但是,法不溯及既往,新政策直接或间接的追溯性适用往往存在挑战空间。

本案中,中伦团队深入研究了2012年以来有关"通道业务""一对一业务"的监管政策,发现涉案业务开展时,并无明确的禁止性监管规定,甚至是行业内的通行模式。而在此前地方证监局现场检查过程中,期货公司A也从未对"通道业务""一对一业务"加以隐瞒。中伦团队也从这一角度准备了申辩意见,避免证监会按照最新监管思路处理"旧案"。

(三)违法严重性和可处罚性的论证

《告知书》作为处罚依据援引的《期货公司监督管理办法》第九十三条规定:

“期货公司及其分支机构有下列行为之一的，根据《期货交易管理条例》第六十七条处罚……（十二）违反规定从事期货投资咨询或者资产管理业务，情节严重的……”按照上述规定，期货公司违规从事资产管理业务，“情节严重的”才构成违法、应予行政处罚。

同时，《行政处罚法》第二十七条第二款规定：“违法行为轻微并及时纠正，没有造成危害后果的，不予行政处罚。”

从违法严重程度和可处罚性角度，中伦团队也与期货公司A密切配合，搜集了一系列论证情节轻微、及时纠正和没有危害后果的证据，并在此基础上形成了申辩意见，提示证监会考虑即便认定期货公司A存在合规瑕疵、也可不课以行政处罚的解决路径。

中伦团队通过事实梳理，发现本案中的一个具体申辩点在于，在证监会稽查部门对涉案资管计划进行调查前，期货公司A的内部合规团队已经意识到此类业务存在风险，而明确对公司管理团队发出了书面的风险提示，而公司管理团队亦已主动压缩了此类业务。证监会稽查部门着手调查前，涉案资管计划恰恰已停止运作。对此，期货公司A在中伦团队接手前，并未深入挖掘及向监管机关重点强调。

中伦团队提出，这在相当程度上反映出了期货公司A合规内控机制的有效性，避免了对证券期货市场的危害后果，应当得到监管机关的肯定。如监管机关决定免予处罚，则会产生非常积极的示范作用，期货公司A及其他金融机构的合规团队，在得到监管机关的支持后，能够更积极、有效地在金融机构内部筑起证券市场合规运行的第一道防线，做好证券市场合规“守门人”的角色，也能有效减轻监管机关的监管压力。

案件后续情况证明，这一点成为期货公司A申辩成功的重要基石。

六、申诉策略的有效实施

基于综合性申诉策略，中伦团队向证监会提交了全面的申辩意见，并出席了听证会。

在申辩意见中和听证会上，中伦团队陈述了期货公司A及其投资经理B的申诉理由，一方面深入分析了案件具体情况、相关后果以及相关监管要求的历史演变过程,说明证监会对公司予以处罚的依据并不充分,如果课以处罚亦不公平;另一方面具体说明了公司针对所涉业务及日常的合规管理与风险内控工作,说明公司已经良好完成了自身合规管理与风险监控工作,并较好实现了风控效果。

2017 年年底,正如中伦团队之预期,证监会处罚委按照《行政处罚法》第三十八条第一款第二项之规定,认定期货公司 A 及投资经理 B 虽然构成违规,但情节轻微且及时纠正、未造成危害后果,决定均免予行政处罚。而该等认定亦未从根本上否定稽查部门的调查结论,而易为稽查部门所接受,某种程度上亦是平衡的结果。

在"股灾"后证监会严厉打击资本市场违规行为、从严从重处理的背景下,特别是证监会集中处理通道类业务相关问题,并为此处罚了多家金融机构的情况下,期货公司 A 在稽查部门作出拟处罚意见后,通过申诉最终成功被免予处罚更显难能可贵。

得益于本案有效申辩,期货公司 A 在 2017 年评级中不仅没有降级,还从 BBB 级一跃升为 AA 级,为此次评级中的最高级别,还为期货公司 A 的 2018 年评级工作奠定了良好的基础。

七、行政调查与处罚的应对提示

本案值得借鉴的应对证监会行政调查与处罚的经验包括以下四个方面。

(一)建立有效的工作机制,尽快启动应对工作

在遭到证监会调查时,金融机构或其他相关主体有必要成立以法律合规为核心的工作小组,协调公司业务、风控、财务、法律等多部门人员,迅速加以应对,在配合执法部门调查的同时,也要积极整理、提供有利于自身的相关资料,并记录、协调和汇总对监管机关的文件提供、事实陈述等情况,便于后续应对和申辩。

(二)征询专业意见,实施有效应对

行政监管、调查与处罚案件的成功应对,离不开应对证监会行政调查与处罚的专业素养和实务经验,与行政监管机关的良好沟通能力,以及对监管机关的意图与案件可能发展方向的准确判断。

执法部门调查及处罚,往往属于突发事件,大部分公司可能缺乏应对的专业能力和经验。在这种情况下,公司可以尽快征询专业律师应对执法部门调查的策

略，给予被调查人员法律支持，避免事态扩大、错误提供文件和表述意见。

（三）外部律师与内部合规管理人员密切配合，拟定有针对性的申辩策略

内部工作小组和/或外部律师开始工作后，应在协调各部门共同全面查明相关事实的基础上，尽可能收集整理有利于自身的文件资料，进行深入的法律和监管政策分析和研究，确定申辩思路和要点，进而形成申辩意见和申辩证据，争取未立案的不立案，已立案的不认定违法违规，已认定的不予处罚或减轻处罚。

由于每起案件都有其特殊性，律师或内部合规管理人员都应努力找准这一案件中的情节特点，提出最有针对性、最有可能打动监管人员的申辩意见，而不应浮于表面、泛泛而谈。

（四）充分重视听证程序

申请听证，是多数拟受处罚主体的法定权利。考虑到证监会在针对其行政处罚的行政诉讼案件中的超高胜诉率，拟受处罚主体在接到相关通知后，应充分重视听证程序，尽最大努力争取将案件消化在这一阶段。否则，一旦证监会处罚委作出处罚决定，再通过行政诉讼加以推翻，将难上加难。

10.4 诉讼仲裁

资本市场中交易结构创新的合同效力*

——国电英力特联合转让交易案分析

项目团队主要合伙人**

** 作者简介：

张学兵 合伙人

中伦律师事务所北京办公室

zhangxuebing@ zhonglun. com

刘相文 合伙人

中伦律师事务所北京办公室

liuxiangwen@ zhonglun. com

* 声明：本文分析基于笔者团队在代理国电英力特联合转让交易案中的研究与思考。信息来源包括(2017)宁民初第53号、第54号案判决书，以及在公开渠道披露的与本案相关的信息。所有非公开信息均已作相应保密处理。

一、引言

本文分析案例背景为国电英力特能源化工集团股份有限公司（以下简称国电英力特）（出让方）向宁夏天元锰业有限公司（以下简称天元锰业）（收购方），转让宁夏英力特化工股份有限公司（股票代码：000635）51.25%的股份（以下简称英力特化工）与宁夏英力特煤业有限公司100%的股权（以下简称英力特煤业）及相关债权的交易项目（以下简称联合转让项目）。

该联合转让项目的交易双方分别为宁夏回族自治区内最大规模的国有企业与最大规模的民营企业，交易金额高达80亿元，且涉及上市公司控制权变动与煤矿落后产能淘汰等国家重大产业政策。因此，无论是该项目的交易设计阶段，还是双方产生争议阶段，都引发了社会各界的广泛关注。

在合同签订后，双方就合同是否生效、应否履行、应否解除等问题产生争议，并将争议提交到宁夏回族自治区高级人民法院。中伦律师团队为国电英力特全程提供法律服务，并最终成功解决了这起标的金额高达80亿元的纠纷，维护了我方当事人的合法权益。

二、案件情况介绍

国电英力特拟通过公开征集受让方的方式，一次性整体协议转让其所持有的英力特化工51.25%的股份和英力特煤业100%的股权及58,453.58万元债权。2016年12月6日至2017年1月3日，国电英力特将该联合转让项目在上海市联合产权交易所正式挂牌。挂牌公告中对产权交易标的及所涉资产的情况、交易条件及交易风险进行了披露与揭示。经过一系列报价程序，2017年1月8日，天元锰业被确定为联合转让项目的受让人。

2017年2月17日，天元锰业与国电英力特签署《产权交易合同》，第一条“产权交易标的”1.1约定，本合同标的为国电英力特所持的英力特煤业（标的企业）100%股权（标的股权）及国电英力特对英力特煤业享有的58,453.58万元债权。1.5约定，标的股权及标的债权的转让与国电英力特持有的英力特化工股份转让联合进行，双方另行签订该股份的相关转让协议。第八条“产权交接事项”8.3约定，产权交易涉及需要向有关部门备案或审批的，双方应当共同履行向有关部门申报的义务。第十二条“本合同的生效条件”12.3 约定,国电英力特向天元锰业转让英力特化工股份事宜获得国务院国资委批准。双方应在各自能力范围内促成上述先决条件实现。此外,《产权交易合同》还就转让价款、交割日期与方式、资产估值、员工安置、债权债务承受、违约责任等问题作出了确认与安排。

2017 年 2 月 17 日,双方签订了《股份转让协议》,就国电英力特向天元锰业转让英力特化工股份的事项作出安排。该协议“鉴于”部分载明:“4. 转让方拟将其所持有英力特化工 51.25% 股份和英力特煤业 100% 股权及相关债权共同转让给受让方,受让方同意接受上述标的。”协议正文部分载明:“2.3 约定,受让方于 2017 年 1 月 18 日竞得的股权及标的债权,并与转让方于 2017 年 2 月 17 日签署《产权交易合同》,《产权交易合同》的生效是本协议生效的前提条件。”第 5.1 条约定,“本协议的生效条件是(3)转让方在本协议项下标的股份转让事宜获得国务院国资委批准。”第 8.14 条约定,受让方已通过转让方披露的信息及自身尽职调查,充分了解并接受有关交易资产的瑕疵,包括但不限于英力特煤业持续经营能力存在重大不确定性、未取得土地所有权、房屋所有权等瑕疵问题,并通过尽职调查充分了解并接受英力特化工和英力特煤业资产、业务及债权债务等现状,在本协议签订后不会以不了解该等情况为由不履行或者撤销本合同。第 12.2 条约定,本协议的修订必须有本协议各方以书面形式进行,并且各方签字或者盖章后,在满足本协议第 5.1 条约定的各项生效条件后生效。《股份转让协议》还就争议的解决、违约责任等事项作出了约定。

2017 年 2 月 17 日,国电英力特与天元锰业签订了《补充协议》,约定:“1. 在英力特煤业目前恢复生产存在较大不确定性的情况下,按照 2017 年 2 月宁夏回族自治区文件的协调意见,双方同意:1.(1)对《产权交易合同》约定的价款支付进行调整,及受让方应于《产权交易合同》生效之日起五个工作日内支付《产权交易合同》约定转让价款的 60%;(2)国电英力特确保协调英力特煤业沙巴台煤矿调出贺兰山自然保护区的相关工作,之后天元锰业支付转让价款的 40%。……7. 本补充协议仅双方签署后与《产权交易合同》同时生效,具有同等法律效力。”

上述协议签订后,国电英力特依约上报协议的批准程序。2017 年 5 月 11 日,中国国电集团公司作出国电集资函〔2017〕215 号,主要内容为国电英力特与天元锰业签署的《补充协议》违背了《企业国有资产交易监督管理办法》的有关规定,并将对《股份转让协议》的履行造成重大影响，决定在该问题彻底解决后，再依法向国务院国资委上报审批《股份转让协议》及相关事项。

国电英力特分别于2017年6月5日、6月14日、7月6日向天元锰业发送相关函件，要求解除《补充函件》，签订新的补充协议，天元锰业不同意。

后天元锰业作为原告将国电英力特起诉至宁夏高院，主要诉讼请求为：(1)判令变更双方签订的《股份转让协议》约定的生效条件及交割条件；(2)判令双方按变更后的生效条件及交割条件继续履行《股份转让协议》；(3)解除《产权交易合同》。本案交易结构如图1所示。

三、法院观点

宁夏高院认为本案的主要争议焦点如下：一为应否变更天元锰业与国电英力特签订的《股权转让协议》约定的生效条件及交割条件；二为应否解除天元锰业与国电英力特签订的《产权交易合同》。[①]

(一)应否变更天元锰业与国电英力特签订的《股权转让协议》约定的生效条件及交割条件

1. 本案《产权交易合同》《补充协议》《股份转让协议》属于法律、法规规定应当办理批准手续生效的合同，且当事人约定了需报国务院国资委批准的合同生效条件。但是，本案三份合同未能得到有权机关的批准，故应依法认定为成立但不生效的合同。

2. 应否变更《股份转让协议》约定的生效条件及交割条件。本案中，虽然巴沙台煤矿被政策性关闭，但天元锰业在签订合同前、签订时对该煤矿持续经营的不确定性是知晓的，该情况不构成情势变更。而且，涉及英力特煤业产权的《产权交易合同》《补充协议》为不生效的合同，不存在继续履行合同以及对一方当事人明显不公的法律后果。此外，英力特煤业股权情况及企业信息是对社会公开的，天元锰业也向国电英力特出具尽职调查无异议的承诺。因此，天元锰业认为国电英力特以欺诈手段使其签订系列协议，没有事实依据。

---

① 本案还涉及赔偿和退还保证金问题，但基于行文需要，本文只摘取与本文有关的最关键诉讼请求与争议焦点。案件详见宁夏回族自治区高级人民法院(2017)宁民初53号民事判决书、宁夏回族自治区高级人民法院(2017)宁民初54号民事判决书。

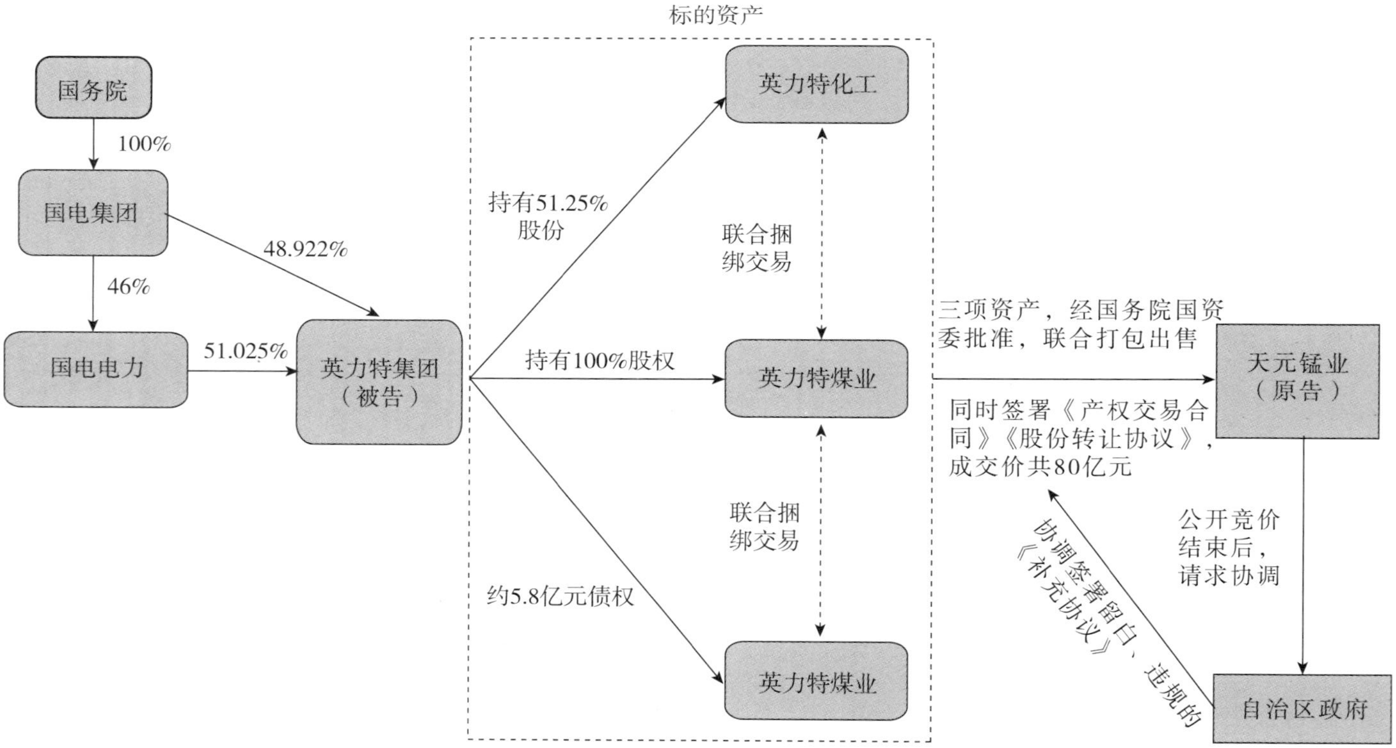
标的资产
国务院
100%
国电集团
48.922%
46%
国电电力
51.025%
英力特集团
（被告）
持有51.25%
股份
持有100%股权
约5.8亿元债权
英力特化工
联合捆
绑交易
英力特煤业
联合捆
绑交易
英力特煤业
三项资产，经国务院国资
委批准，联合打包出售
同时签署《产权交易合
同》《股份转让协议》，
成交价共80亿元
天元锰业
（原告）
公开竞价
结束后，
请求协调
自治区政府
协调签署留白、违规的
《补充协议》

图1 本案交易结构

（二）应否解除天元锰业与国电英力特签订的《产权交易合同》

英力特煤业股权情况及企业信息是对社会公开的，天元锰业也向国电英力特出具了尽职调查无异议的承诺。因此，天元锰业认为国电英力特未披露英力特煤业股权被冻结的信息，导致合同目的不能实现的理由，不能成立。

此外，对于英力特煤业沙巴台煤矿能否调出贺兰山自然保护区，是否准许开采，是否应当关闭等问题都属于国家行政管理、政策调整的范围，并非国电英力特能够控制和决定，且天元锰业对该煤矿持续经营的不确定性是明知的，因而英力特煤业沙巴台煤矿不能调出贺兰山自然保护区，无法持续经营的责任不能完全归责于国电英力特。天元锰业请求解除《产权交易合同》《补充协议》，没有事实和法律依据。

综上，天元锰业的上述诉讼请求不能成立。宁夏高院驳回了原告天元锰业请求变更合同生效条件和解除合同的诉讼请求。

四、案例评析

本诉讼案件涉及合同目的解释、合同的成立生效、情势变更原则的适用、尽职调查与信息披露、要约收购、上市公司再融资等诸多复杂、新颖的法律问题。其中，合同的成立与生效、合同解释、情势变更的适用等问题是本案双方的争议焦点所在。如图2所示。

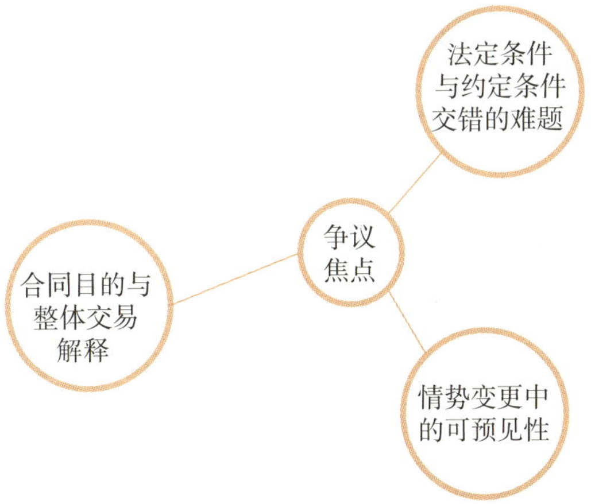

图2　本案双方争议的三大焦点

（一）法定条件与约定条件交错的难题

本案几乎体现了合同的成立与生效的所有问题。民事法律行为的成立属于客观事实要件，属于法律对以意思表示为核心的法律事实的确认。而合同即属于最典型的民事法律行为。在合同之中，合同成立即意味着双方意思表示达成合致。具体到本案之中，国电英力特与天元锰业签订的《产权交易合同》《补充协议》《股份转让协议》三份合同，存在双方的签字盖章，依法可认定合同已经成立。依据《合同法》第四十四条第一款规定，“依法成立的合同，自成立时生效”。但是，法律在特别情形下，基于不同的理由，将合同成立时点与合同生效时点分离考虑。

首先，依据《合同法》第四十四条第二款可知，法律、行政法规规定应当办理批准、登记等手续的合同，办理该等规定后方才生效。此乃公权力控制合同效力的典型规范，意在彰显在特定情形及特定行业中私法自治仍须受到国家管制之思想。就本案双方转让国有股权而签订股份转让合同而言，即须依据属于行政法规的《企业国有资产监督管理暂行条例》（涉案纠纷适用2011年版，现已修订至2019年版）第二十三条、第二十四条规定，报国有资产监督管理机构批准。本案中国电英力特在上报材料后，上级部门认为“《补充协议》违背了《企业国有资产交易监督管理办法》的有关规定，并将对《股份转让协议》的履行造成重大影响，决定在该问题彻底解决后，再依法向国务院国资委上报审批《股份转让协议》及相关事项”，而最终没有取得相关批准。此时合同即属于尚未生效状态。最高人民法院在（2015）民申字第1号裁定中即认为未经批准的国有股权转让合同虽已成立，但不生效。[①] 本案法院依据《企业国有资产交易监督管理办法》第二十三条、第二十四条作出判决，适用法律正确。

其次，当事人可以基于交易需求、行业惯例、交易习惯等原因对合同附停止条件。这种情形下，合同成立后也不能立即生效。此点不同于《合同法》第四十四条后半句之精神，《民法总则》第一百五十八条及《合同法》第四十五条所谓法律行为/合同可以附条件，旨在宣示当事人可以意思表示延缓合同生效时间，体现了私法对于意思自治的充分尊重。合同可以附停止条件当然也是私法自治应有的题

① 参见最高人民法院（2015）民申字第1号民事裁定书。

中之义。商事交易充满不确定性，商事主体或基于规避风险之考量，或出于增进利润之动机，往往对交易合同附上各样的停止条件，以期实现预定之商业目的。本案合同的生效条件设置可谓此中典范：《产权交易合同》约定生效条件为《股份转让协议》中的相关事项得到批准；《股份转让协议》的生效条件为《产权交易合同》生效。中伦律师充分发挥专业优势，设定两份收购合同互为生效条件、同时巧妙设置各项交易标的的交割顺序，最终形成了“联合转让、协同并进”的交易模式。该交易模式不仅促成了双方交易的达成，在诉讼中也为我方代理的国电英力特赢得了胜诉的最大优势。“联合转让、协同并进”在本案诉讼具有特殊含义：《股份转让协议》经过国资委批准后，仍旧不能立即生效，只有等到《产权交易合同》经过审批后，才能生效。反之亦然。如此一来，实际上综合利用《合同法》第四十五条附生效条件规则，与《合同法》第四十四条后半句的批准限制生效规则，不仅为整体交易的顺利进行保驾护航，也有利于争议的解决。

回到上文所言，法律基于特定的事由将合同的成立与生效分离开来。通过法条和案例的分析可知，这里的特定事由包括法定与约定，二者虽然都属于限制合同生效的条件却恰恰基于不同的立法考量。以《合同法》第四十四条第二款为代表的法定限制，体现了私法自治的边界——国家基于公共利益之考量，会特别审查特定主体、特定标的、特定行业的合同生效条件；以《民法总则》第一百五十八条及《合同法》第四十五条为代表的约定限制，又体现了私法自治的基本要义——当事人可通过意思表示之合致延缓合同生效时间。在商事交易中，该等意思表示集中体现了当事人对交易需求、行业惯例、交易习惯等要素的考量，具有充足的商业合理性。合同的成立是一个事实判断，而合同的生效则属于价值判断，前者取决于意思表示合致之有无，后者则系诸于《合同法》第三章等条件。

另外，需要指出的是，本案以履行报批程序为合同的生效条件的约定并不属于法定条件。法定条件属于不真正条件。不真正条件亦称假装条件、表见条件，指约定的条件徒具外观，而不具备条件实质。① 合同上附法定条件者，与无条件相同，即合同的生效依据仍由法律规定，而非从该约定。但是，本案《股份转让合同》约定的生效条件并非以该合同获得批准为前提，而是以他份合同获得批准为前

① 王泽鉴：《民法总则》（增订版），中国政法大学出版社 2001 年版，第 425 页。

提，因而该约定条件并非等同于《股份转让合同》生效的法定条件，此点不可不察。

（二）合同目的与整体交易解释

如果说《股份转让协议》《产权交易合同》中约定的生效条件只是为交易的整体进行提供了形式上的可能性，那么，通过合同条款以及合同之外其他证据材料的解释，就为发现当事人交易的真实意思表示提供了实质上的正当性。

交易的整体解释方法不同于传统的合同解释方法。传统的合同解释方法在现行法上主要体现在《合同法》第一百二十五条及《民法总则》第一百四十二条第一款。尽管晚近以来，传统的合同解释方法逐渐由主观主义向客观主义靠拢，以此尊重交易效率与维护交易安全，但是面对日益复杂的商事交易结构，此种合同解释方法在个案中可能捉襟见肘。例如，在贸易型融资中，"闭环交易"融资模式属于较为常见的一种类型，如果法院或仲裁机构仅仅对一份合同进行解释，即使穷尽文义解释、条款之间体系解释、目的解释等惯常之解释方法，也难以发现当事人真实的意思表示。

现代交易之中，交易主体与交易标的成倍增长，交易结构纷繁复杂，交易条件回环曲折。在完成合同解释作业时，势必不能只局限于单份合同"就事论事"，否则无异于"作茧自缚"。崔建远教授曾提出，解释复杂的交易关系时，"应注意这些合同、单方允诺之间的关联性，整体审视全部合同、单方允诺即完整的交易，注意每份法律文件项下的权利义务间的相互影响，以使法律人的判断和结论符合交易真实，利益衡平地解决问题。孤立地看待和处理单个的合同、单方允诺，很可能得出显失公平的结论"，可谓切中肯綮。①

具体到本案而言，若仅仅以单方合同观之，则《产权交易合同》与《股份转让合同》分别规定了天元锰业与国电英力特的权利义务。《股份转让合同》体现了双方就转让英力特化工股份的事项作出安排。《产权交易合同》则就双方转让英力特煤业债权及股份的事项作出了安排。如果依据一般的合同解释规则，那么双方仅在各合同下享有各自的权利负担各自的义务，一份合同的成立生效、履行、终止与解释与另一份合同并无干涉。但是，这种漠视交易整体背景的解释思路在个案中并不符合公平正义，也将挫败双方真实的商业目的。本案的交易背景是英力特集

① 崔建远：《先签合同与后续合同的关系及其解释》，载《法学研究》2018 年第 4 期。

团根据国务院关于化解过剩产能的意见，联合捆绑出售转让项目，因而合同虽然分别签署，但却具有共同转让英力特煤业股份及相关债权、英力特化工股份之目的，如果交易可以分割进行、其中一份合同可被独立宣告无效、撤销或解除，那么另一方合同的目的就不能达到。这意味着合同相对方将以不合理的价格、不恰当的方式获得国有资产。

因此，在对本案合同解释时应当受到交易目的检视，而非受到单份合同目的的限制。以《产权交易合同》为例，本份合同除了设置以他份合同获得审批为生效条件之外，在合同的"鉴于"部分再次明确了涉案两份股权、债权应当联合转让。此点亦应同样适用于《股份转让合同》之中，约束双方当事人。此外，在公开征集受让方及产权转让公告阶段，全部公告及竞买指引文件汇总均表明是三项资产的联合转让，不可分割，要求竞买者必须同时报价，同时受让，任何单独报价及受让均无效，各项资产的报价之和作为确定受让方的依据。天元锰业也在相应的竞买文件及尽职调查承诺中明确接受联合转让。说明该交易并非天元锰业主张的两项独立交易。因此，如果仅仅将两份合同独立考虑并不能反映每份合同准确的交易价格，也不能反映整体交易目的。

合同整体交易解释并不排斥文义解释、体系解释等传统解释方法，也与合同相对性无悖。合同的相对性是指合同权利义务承受的相对性，即主要解决由谁承担具体的权利与义务。整体交易解释方法则是帮助裁判者发现隐藏在单份合同之后的整体交易情况，对可能出现偏差的意思矫正。交易的整体解释与单个合同的体系解释之间不是否定态势，而是前者包容后者的关系。① 一般而言，解释合同时只需通过传统的解释方法，即可完成合同解释作业，无须假道整体交易解释方法。在解释合同时仍应当以《合同法》第一百二十五条及《民法总则》第一百四十二条第一款为基底，只有在一般的解释方法得出的结论明显不符合常理、有违于商事习惯时，可用合同整体交易解释方法矫正之。

（三）情势变更中的可预见性

情势变更属于公平原则和诚实信用原则的具体体现，亦在一定程度上冲击了由意思自治派生出的契约必严守原则。本案庭审中，天元锰业提出本案系列合同

① 崔建远：《先签合同与后续合同的关系及其解释》，载《法学研究》2018 年第 4 期。

的履行基础已经丧失,构成情势变更,并请求变更《股份转让协议》的生效条件,解除《产权交易合同》。由上文可知,本案虽然合同的生效条件较为复杂,但在法律定义上仍较为清晰,而本案是否适用情势变更原则在法律上却不甚明朗。这是因为情势变更原则本身的构成要件就具有一定的模糊性,在个案中情势变更原则的适用可能呈现出差异性。

我们团队在代理本案的过程中仔细分析了情势变更的构成要件,并慎重审查本案各项事实能否被涵摄入各构成要件之中,得出本案不宜也不应适用情势变更的代理思路,最终得到了法院的支持。

依据最高人民法院《关于适用〈中华人民共和国合同法〉若干问题的解释(二)》(以下简称《合同法司法解释二》)第二十六条的规定,情势变更的构成要件为:

(1)合同成立以后,合同赖以存在的客观情况确实发生不能归责于双方当事人的重大异常变化;

(2)该客观情况的变化对合同的成立和履行有重大影响;

(3)该客观情况的变化是在订立合同时不可预见的;

(4)该客观情况的变化不属于固有的商业风险;

(5)该客观情况变化后,如继续维持原合同,会导致当事人预期的权利义务严重不对等,显失公平或者致使原合同目的不能实现。

依据最高人民法院《关于当前形势下审理民商事合同纠纷案件若干问题的指导意见》(以下简称《指导意见》,法发〔2009〕40 号)第三条规定:“人民法院要合理区分情势变更与商业风险。商业风险属于从事商业活动的固有风险,诸如尚未达到异常变动程度的供求关系变化、价格涨跌等。情势变更是当事人在缔约时无法预见的非市场系统固有的风险。人民法院在判断某种重大客观变化是否属于情势变更时,应当注意衡量风险类型是否属于社会一般观念上的事先无法预见、风险程度是否远远超出正常人的合理预期、风险是否可以防范和控制、交易性质是否属于通常的‘高风险高收益’范围等因素,并结合市场的具体情况,在个案中识别情势变更和商业风险。”

从《合同法司法解释二》第二十六条归纳出的诸多要件可以看出,实际上适用情势变更原则是较为困难的,只要案件事实不符合其中一个要件,即不能构成情势变更。另外,《指导意见》也体现出从严认定情势变更的司法审判倾向。

就本案而言,天元锰业依据的主要事实是沙巴台煤矿被政策性关闭。该事件只有同时满足属于非商业风险、订立合同时天元锰业未能预见、该事件对合同的成立和履行存在重大影响导致当事人预期的权利义务严重不对等、继续履行合同显失公平或者致使原合同目的不能实现,才有可能构成情势变更。亦即,只要其中一项事实在要件之外,本案天元锰业便无权请求变更《股份转让合同》、解除《产权交易合同》。

对于可预见性而言,本案天元锰业在签订合同时是知晓沙巴台煤矿不能持续经营的风险性的。该事实由天元锰业向国电英力特出具的关于英力特煤业现状尽职调查无意义承诺、《产权交易合同》的相关约定等文件可兹佐证。此外,宁夏回族自治区高级人民法院还认为,英力特煤业股权情况及企业信息是对社会公开的,天元锰业可以通过查询调查英力特煤业股权的相关情况。通过此案可以看出,法院对商事主体之间签订的商事合同是否适用情势变更原则将适用更为严格的标准。商事主体进入市场、参与交易本就充满风险与不确定性。而风险总是与利益相伴而随,这要求商事主体在签订合同时对合同的成立与履行所可能产生的风险作出更为审慎细致的调查与防范。如果一方轻率作出无异议承诺、未合理审查可以公开获得的信息、尽职调查不彻底、反复认可所属风险在合理承受范围内,则事后不能再以不能预见相关情事为由,主张合同构成情势变更,请求变更或者解除合同。商事主体具有较完备的组织机构与决策程序、较为成熟的风险预见能力和风险承受能力,因而对此类主体课以更加严苛的可预见性要求、适用较之普通民事合同更加审慎的情势变更要件,其实也是与现代公司治理的基本精神暗合的。

跨境股权交易：多法域仲裁争议如何准确适用法律？*

项目团队主要合伙人 **

** 作者简介：

孙华伟　合伙人

中伦律师事务所北京办公室

sunh@ zhonglun. com

邱　靖　合伙人

中伦律师事务所上海办公室

jimqiu@ zhonglun. com

* 声明：本案分析基于笔者代理的一起在新加坡国际仲裁中心（以下简称新仲）仲裁的跨境股权转让交易争议的案件材料，以及该案同时涉及的境内法院程序中所披露的信息；文章同时涉及对笔者处理过的其他境外商事仲裁案件内容的讨论。前述所涉相关非公开信息已作相应保密处理。

重点综述：本案为一起典型的跨境股权转让交易引起的纠纷。争议跨约十余年且涉及在不同法域进行的数个法律程序。其中，由笔者团队代理的在新仲进行的仲裁程序，更是涉及十分复杂的跨法域法律问题。由于跨越地域和法律文化，如何厘清这些不同法律之间，针对不同事项、在同一案件下的适用关系，并据此进行答辩，是本案的一项突出重点和难点。

一、引言

在经济全球化、区域经济一体化发展的今天，资本跨境流动、企业海外并购整合已经趋于一种常态。跨境股权交易争议往往涉及错综复杂的法律问题。本案中，股权转让协议的争议实体法律约定适用卖方所在地法律——马来西亚法律。为保持利益平衡，仲裁条款约定在与交易无关联的新加坡由新仲仲裁。股权交易争议的核心主要涉及位于中国大陆地区的国有土地使用权转让、价款分配及国有企业改制的员工安置和公司清算问题。本文希望通过对本案所涉不同地域法律问题的分析，为大家今后处理类似争议时需要注意的事项提供一些思路。

二、案件背景介绍

本案涉及一起典型的知名跨国公司之间的股权转让交易。交易可总结如图1所示。

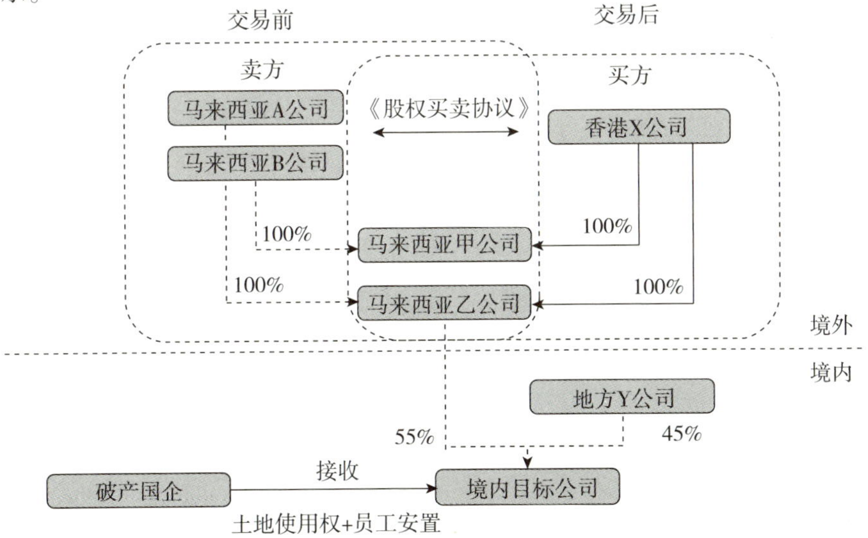

图1 跨国公司间股权转让交易图

卖方为马来西亚某零售、制造等多元跨国公司集团在当地设立的两家子公司——马来西亚A公司和马来西亚B公司,买方为总部位于欧洲的某世界知名酿酒制造商在中国香港特区设立的子公司——香港X公司。交易对象为卖方分别在另外两家马来西亚全资子公司——马来西亚甲公司和马来西亚乙公司各自100%的股权(交易分两次进行,具体见下文所述)。其中,一家目标公司——马来西亚乙公司拥有中国大陆境内一家酿酒生产企业(以下简称境内目标公司)55%的股权,另外45%的股权由一家改制后的当地地方Y企业拥有。

就该等交易,2003年,买卖双方签订《股权买卖协议》,约定转让马来西亚A公司在马来西亚乙公司50%的股权和马来西亚B公司在马来西亚甲公司50%的股权,股权交易金额逾1亿美元。其中,就马来西亚乙公司拥有55%股权的境内目标公司拥有的其厂址所在地的国有土地使用权,买卖双方同意将其约定为"除外财产",并排除在此次交易之外。该土地使用权本为当地一家国有企业拥有。在该企业破产后,经当地主管部门审批同意,该土地使用权连同该破产企业的其他经营性资产和全部人员一并交由境内目标公司接收;接收时境内目标公司本应支付地方政府的土地使用权出让金被免于收取,这部分金额用于由境内目标公司安置破产企业职工。正是出于此背景,买卖双方在《股权买卖协议》中进一步约定,卖方应尽力在《股权买卖协议》约定的日期前完成对该等除外财产的出售、并立即支付并清偿全部破产企业员工重新安置和身份置换等的全部债务(员工安置债务),否则,应由境内目标公司自行出售,买方应当或应当促使他人向卖方支付出售除外财产的实际收益扣除完成该等交易的全部费用支出后55%的收益(对应马来西亚乙公司享有的境内目标公司的股权份额)。另外,《股权买卖协议》约定,买卖双方有权在满足一定情况下分别行使各自的卖出期权和买入期权,由买方购入卖方分别在马来西亚甲公司和马来西亚乙公司余下的50%股权。在按约定经过两次交割后,马来西亚甲公司和马来西亚乙公司100%的股权完全转移到了买方名下。

与此同时,由于卖方未能按约定如期出售除外财产,2014年,买卖双方相继签订两份补充协议,就员工安置债务的内容及清偿方式等作出补充约定。其中说明,卖方已为员工安置债务向买方预付了部分职工补偿金及担保金。《股权买卖协议》及该两份补充协议均约定,协议受马来西亚法管辖;与该协议有关的任何争议应提交新仲由三人仲裁庭仲裁。

2004 年年底，买方从马来西亚乙公司和 Y 企业处分别收购境内目标公司的 55% 和 45% 股权，境内目标公司成为买方直接控股的全资子公司。

2005 年年初，境内目标公司与当地 Z 房地产公司签订《国有土地使用权转让合同》，向 Z 房地产公司出售除外财产。同年，境内目标公司与 Y 企业、卖方签订《分配协议》，就出售除外财产的价款分配作出约定。该协议另约定争议应提交中国国际经济贸易仲裁委员会上海分会（以下简称贸仲上海）仲裁。

2009 年，境内目标公司与 Y 企业签订《结算协议》，约定基于 Y 企业对 Z 房地产公司的债权，同意将 Z 房地产公司尚欠付的土地使用权转让款与除外财产出售价款应向 Y 企业分配的金额进行抵销。

2012 年年初，卖方依据《分配协议》中的仲裁条款以境内目标公司为被申请人在贸仲上海提起仲裁，要求境内目标公司按照《分配协议》约定向其分配对应的可分配收益的 55% 及迟延利息。2013 年年初，仲裁庭作出裁决，支持卖方的仲裁请求（以下简称《贸仲上海裁决》）。就该《贸仲上海裁决》，境内目标公司先后在中国境内法院提起撤销裁决和不予执行申请，均被驳回。境内目标公司被执行法院采取强制执行措施，冻结了相关账户，但鉴于其已于 2012 年 10 月至 11 月申请进入自行清算程序，未实际支付裁决金额。

在此情况下，2014 年年底，卖方作为申请人，依据《股权买卖协议》和两份补充协议中约定的仲裁条款，以买方作为被申请人，向新仲提起仲裁，追索相关款项，包括：其可享有的出售除外财产后的可分配收益的 55%，其垫付的部分职工补偿金及用于员工安置债务的担保金，金额总计逾人民币 3000 万元。

三、跨法域法律问题的处理

本案中，我们代表买方参与仲裁，在完成所有的法律实体陈述（包括答辩书和对回复的答复）后，对方主动与我方客户协商和解。本案最终以由仲裁庭出具《和解裁决》的方式结案。答辩中我们面临最大的挑战是，该案涵盖多个法律关系、涉及十分复杂的跨法域法律问题。厘清这些法律之间的适用关系，对于本案争议顺利解决影响重大，同时对于大家尤其是中国企业日后处理类似的跨境争议也具有充分的借鉴意义。

1. 仲裁地与仲裁程序适用法律

在适用具体法律解决争议问题前,需要首先确定案件仲裁地(seat of arbitration, place of arbitration)。因为一般情况下,在当事人无另外约定的情况下,国际公认的原则是,仲裁进行的程序问题应适用的法律为仲裁地法(lex arbitri)。同时,仲裁地一般也决定了仲裁裁决的国籍,这涉及仲裁地法院对仲裁的监督和介入的范围,以及仲裁裁决日后的承认与执行。

本案仲裁约定在新仲适用其仲裁规则仲裁。根据本案提起仲裁时适用的新仲《2013 年仲裁规则》,对于仲裁地,当事人可以约定,约定不成的,应为新加坡,除非仲裁庭经考虑全部案情后,认为其他地点更合适作为仲裁地。鉴于本案中双方当事人没有约定,经仲裁庭与双方确认,仲裁地为新加坡。这意味着:第一,本案仲裁进行需要适用新加坡《国际仲裁法》及其他仲裁相关法律,例如,新加坡《国际仲裁法》规定,除受限于《国际仲裁法》的规定及第八章本身不适用外,联合国国际贸易法委员会《国际商事仲裁示范法》在新加坡同样具有法律效力。第二,新加坡法院对本案仲裁具有一定的监督和介入权限,主要表现在:仲裁庭就管辖权作出的决定,允许当事人向新加坡最高法院之高等法院提出异议,并在符合条件的情况下就高等法院的决定上诉至上诉法院;新加坡法院可以为支持仲裁程序作出临时措施,如签发冻结财产令等;高等法院有权审查当事人撤销仲裁裁决的申请,但是就仲裁裁决,不允许当事人向新加坡法院提起上诉。

相较之下,中国法律中并无明确的“仲裁地”的概念,而是创设了“仲裁委员会所在地”(place of arbitration commission)的概念。不过,中国的司法实践对于境外国际仲裁正越来越接受和认可仲裁地的概念。例如,《中华人民共和国涉外民事关系法律适用法》(以下简称《涉外民事关系法律适用法》)第十八条关于当事人协议约定仲裁协议适用的法律时,明确提及可以约定仲裁地的法律。另外,在承认和执行境外仲裁时,中国法院也始终践行 1958 年《承认及执行外国仲裁裁决公约》(《纽约公约》)的规定,根据公约条款在某些情况下适用仲裁地法决定是否给予承认与执行。

2. 实体问题适用法律

(1)合同争议准据法

本案争议的《股权买卖协议》及其两份补充协议均约定,协议受马来西亚法管辖。对于合同争议的准据法,各国冲突法规范一般均首先尊重当事人的自由选择。本案中依照仲裁地新加坡法律认定,也是如此。

整体而言,新加坡遵循的是普通法的法律选择规则。首先,除非当事人的选择系非善意为之,均会尊重当事人明示选择的法律。当事人选择与争议没有联系的法律本身不构成对其法律选择的反对事由。其次,如果当事人没有作出明示选择,法院会根据合同和签订合同时的相关情况推断当事人的选择。最后,如果法院通过以上方法仍无法确定当事人的选择,则争议应适用与交易和双方当事人有最密切且最真实联系的法域的法律。根据新加坡司法实践,在当事人没有明示选择准据法的情况下,如果适用上述第二步规则得出的结论具有推测性质,新加坡法院倾向于直接跳过第二步适用第三步。需要说明的是,在最后一种情况下,法院所确定争议应适用的准据法不必然为仲裁地法。以本案为例,如果当事人没有约定适用的法律,仲裁庭根据新加坡的上述冲突法规范确定的准据法并不会是新加坡法,因为新加坡与本案交易和争议并无任何实际和密切联系。

相对来说,在中国法下,根据《涉外民事关系法律适用法》第四十一条,也是首先尊重当事人的意思自治;在当事人没有选择的情况下,适用履行义务最能体现该合同特征的一方当事人经常居所地法律或者其他与该合同有最密切联系的法律。

(2)诉讼时效争议准据法

仲裁请求是否已超过诉讼时效往往是仲裁案件中被申请人首先考虑反驳的焦点之一。本案中,如前介绍,双方争议持续数年,尤其是卖方作为申请人于2014年提起仲裁时距离争议协议签订已有10年时间,距离2005年境内目标公司出售除外财产也已超过9年。为此,能否从诉讼时效上抗辩对方的仲裁请求成为本团队在处理本案时的重点之一。

同样,以何种法律判断申请人的仲裁请求是否已超过诉讼时效是首先需要解决的问题。根据上文所述,这一问题也需要适用新加坡关于诉讼时效的冲突规范确定。就此,《新加坡国际仲裁法》规定,新加坡2012年《外国时效法》适用于在新加坡进行的国际仲裁程序。根据《外国时效法》,诉讼时效问题的准据法为合同争议的准据法,在本案中,即为马来西亚法。就这一点,与中国法规定也相同,《涉外民事关系法律适用法》第七条规定:“诉讼时效,适用相关涉外民事关系应当适用的法律。”

申请人在本案中同时提出基于合同和侵权的主张,根据马来西亚法,二者的诉讼时效均为6年(这一点与中国法关于诉讼时效的规定差别较大——在《民法总则》颁布前,一般情形下为2年,颁布后改为3年)。据此,我们向仲裁庭提出时效抗辩。申请人对于法律适用问题没有异议,其与我方的争议主要在于该等诉讼时效应从何时开始起算。

3. 准据法以外的外国法问题

本案合同的准据法虽然为马来西亚法,但是争议主要围绕在中国大陆境内的国有土地使用权的转让、国有企业改制遗留的员工安置问题及企业清算与其之间的关系。对于申请人的索赔请求,我方抗辩的其中一项理由即为,境内目标公司目前已进入清算程序,在遗留的社保费用和税费处理完毕前,无法向申请人清偿,否则被申请人作为境内目标公司的股东需要承担相应的赔偿责任。此等抗辩的依据为中国公司法和税法的相关规定。然而,与马来西亚法作为实体问题准据法用于裁判当事人是否存在违约或侵权行为不同,中国法在本案中的作用仅为用于证明当事人的某项抗辩能否成立的事实问题。

与本案类似,在笔者处理的一起跨境股权投资争议中,准据法以外的外国法规定在对于争议合同条款的解释上,起到了关键作用。该案合同约定适用香港法在中国香港特区仲裁,笔者代表的中方投资人投资的目标公司为一家欧洲公司,合同中双方就投资人支付投资款与创始人向投资人发行股票的步骤进行了约定。双方的争议即围绕此等步骤的先后履行顺序展开。为此,双方当事人均就该欧洲公司所在国家的公司法关于增资认股法定流程的规定、认购资金来源和要求进行了阐述,以说服仲裁庭接受己方关于合同约定的义务先后顺序或前提条件的解释。仲裁庭在裁决时正是依据该等法律规定对合同进行了解释。

4. 法律内容的查明

如上所述,本案中双方关于法律的争议主要涉及马来西亚法和中国法,其中,在马来西亚法下,申请人还提出了信托法、错误及不正当陈述等英国法下的法律概念。这即引致法律内容的查明。

一般在国内诉讼中会涉及"外国法的查明"问题,即当一国法院在审理涉外民商事案件时,如果依据本国冲突规范的指引适用外国法,需通过一定的方式和途径来查明外国法的内容。通常来说,区分将外国法定性为事实问题或是法律问题,不同国家采取不同的查明方式。例如,英美等普通法系国家通常认为外国法为事实问题,其内容需要由当事人主张并举证证明,而德国等某些大陆法系国家则认为外国法为法律问题,内国法院需主动查明。

在国际仲裁中,也涉及类似的问题:根据仲裁庭成员的法律背景不同,其对于争议适用的法律可能并不了解,如本案中,只有一名边席仲裁员拥有马来西亚法律背景,且三名仲裁员均不是中国法专家。但是,不同于国内诉讼,对于国际仲裁而言,某一适用的法律是否可以称为"外国法",应适用何种查明方式,尚无统一标准。有些国家的仲裁法和国际仲裁机构的仲裁规则给予了一些指引。例如,英国1996年《仲裁法》第34条规定:"(1)受制于当事人有权就任何事宜达成一致意见,仲裁庭有权决定全部程序和证据事宜。(2)程序和证据事宜包括……(g)仲裁庭是否以及在何种程度上主动查明事实和法律。"伦敦国际仲裁院现行《2014年仲裁规则》第22.1(ⅲ)条规定:"除非当事人有相反书面约定,仲裁庭有权,经任何一方当事人申请或基于其主动,提出质询以确认问题、查明相关事实、适用于仲裁的法律……"新仲现行《2016年仲裁规则》第20条规定,当事人应证明其仲裁主张或答辩所依赖的法律依据。

实践中,国际仲裁的权威人士强烈认为,国际仲裁中涉及的域外法律问题应当被视为事实问题,[①]通常由依赖该等法律的当事人主张并举证证明。至于仲裁庭是否应当假定外国法律与仲裁地法规定一致,实践中做法不一,但持否定看法的更为常见。本案中,双方当事人为支持其观点,分别提交了普通法案例和中国公司法及税法的相关规定。

实践中,国际仲裁的当事人往往还会通过提交专家证言的方式证明相关法律,该等专家证人通常需要在庭审时接受对方律师的盘问及仲裁庭的提问,以协助仲裁庭了解法律的内容。

在外国法性质的问题上,中国法并未作区分,而是明确:(1)当事人主动选择适用外国法的,当事人负主要的查明责任;(2)根据其他冲突规范指引适用外国法的,法院负有主要的查明责任。[②] 与此同时进一步规定,在当事人负主要查明责任

---

① Emmanuel Gaillard & John Savage (eds), Fouchard, Gaillard, Goldman on International Commercial Arbitration, The Hague: Kluwer Law International, 1999, p. 692.

② 参见《涉外民事关系法律适用法》第十条。

的情形下,当事人在合理期限内无正当理由未提供;在法院负主要查明责任的情形下,通过各种合理途径仍不能获得外国法,则适用中国法。[①] 中国境内仲裁机构在处理涉外商事争议时,也通常会参照这一条查明可能适用的外国法律。在是否采纳外国法专家出具的法律意见书时,已有判例显示,中国法院倾向于采取十分严格的审查标准,包括对法律意见书的形式、出具主体的资质、是否经过公证认证手续等进行审查。鉴于此,在中国境内仲裁机构处理涉外仲裁案件时,需从形式和实体内容两方面特别关注如何证明外国法的主张。

四、建议与对策

基于以上分析,中国企业在日后参与类似的跨境股权交易时,对于涉及适用法律的选择,我们有如下建议,以供参考:

第一,关于与仲裁程序适用法律相关的仲裁地的选择,如前所述,基于交易双方的谈判抗衡,仲裁地往往为与争议无实际联系的地点。根据 2018 年伦敦大学玛丽皇后学院(Queen Mary, University of London)的一项调查,最受当事人欢迎的仲裁地前五位分别是伦敦、巴黎、新加坡、中国香港特区和日内瓦。[②] 这主要也是基于这些法域的法律对于仲裁的支持程度及其法律体系的中立性和公正性。需要说明的是,仲裁地是一个法律概念,确定仲裁地不意味着仲裁程序实际需要在仲裁地展开。例如,仲裁地在中国香港特区的国际仲裁,仲裁庭和双方当事人可以根据实际情况选择其他地点如深圳或者上海进行仲裁。同时,为了考虑便捷性,仲裁地也建议与双方选定的仲裁机构保持一致。例如,争议提交中国香港特区国际仲裁中心仲裁,则选择中国香港特区作为仲裁地。

第二,关于实体争议的法律,一般最终会适用谈判地位较强的一方或者交易目标公司所属法域的法律。对于中国企业来说,在与外方进行跨境并购交易时,客户经常向我们咨询的问题是,如果外方不同意适用中国法律,而且中国企业与外方就适用法律问题无法达成一致意见,在这种情形下,是否可以径直不约定适

① 参见最高人民法院《关于适用〈中华人民共和国涉外民事关系法律适用法〉若干问题的解释(一)》第十七条。

② 2018 International Arbitration Survey: The Evolution of International Arbitration, available at http://www.arbitration.qmul.ac.uk/research/2018/.

用法律。我们的建议是,不约定适用法律日后会造成争议发生之后,确定适用法律的不确定性;因此,我们认为交易合同应尽可能根据与合同最为相关的法域约定适用法律。根据我们的经验,约定外国法律不意味着将来中方在争议发生后会处于劣势,决定案件成败的关键更在于案件的事实和证据准备等案头工作的扎实程度。

在中方对外进行的跨境投资中,常见约定的实体争议法律包括英国法、香港法、交易目标公司设立地法律,如 BVI 法律或开曼群岛法律等。如果合同约定了该等法律,需要特别注意该等法律(常见的主要为英美法)下存在的一些特殊的、与中国《合同法》不一致或者中国合同法上不存在的法律概念。例如,赔偿条款(Indemnity),其与中国《合同法》下损害赔偿的最大区别在于,在赔偿条款下,即使是非常间接、因果关系很遥远的损失,只要属于当事人的合同约定,可直接依据合同条款进行索偿。再如,关于合同的解释,英美法管辖下的合同中通常会约定"完整合约条款(Entire Agreement Clause)"。在约定了该条款的情形下,对于合同的解释将严格遵循合同条文,不考虑合同订立前的协商文件和履行过程等内容;这一点与中国《合同法》关于合同解释的原则差别较大,根据中国《合同法》第一百二十五条,合同的解释需综合考虑合同所用词句、上下文、合同的目的、交易习惯以及诚实信用原则。

随着跨境交易的日益普遍,中国企业也面临更多的法律纠纷。首先,中国企业在谈判签约阶段,即要重视对合同条款的审查,尤其是对于外方提供的合同文本,要善于在专业律师的协助下就关键条款的措辞提出己方的意见,降低合同履行的风险。其次,在合同履行过程中,中国企业需要加强合同的管理,在与对方出现不同意见时,以书面方式记录当时双方的处理过程;如此一来,即便将来出现争议和法律程序时,也可以提供比较充足的证据。最后,一旦争议发生,需尽早聘请争议解决的律师,且最好在争议早期即制定出清晰的应对策略,这样,无论与对方和谈或是日后真正进入法律程序,采用一致的应对策略和法律主张都将增强己方观点的可信度,为将来争议的顺利和圆满解决奠定良好的基础。

如何有效运用投资仲裁机制保护投资权益？*

——简评韩国安城公司诉中国政府投资仲裁案

项目团队主要合伙人**

** 作者简介：

孙华伟　合伙人
中伦律师事务所北京办公室
sunh@zhonglun.com

曹丽军　合伙人
中伦律师事务所北京办公室
caolijun@zhonglun.com

蒲凌尘　合伙人
中伦律师事务所北京办公室
pulingchen@zhonglun.com

---

* 声明：本文的分析是基于笔者代理的一起在解决投资争端国际中心（the International Centre for Settlement of Investment Dispute, ICSID）进行的韩国安城住房株式会社（以下简称安城公司）诉中华人民共和国投资争端仲裁案（Ansung Housing Co., Ltd. v. People's Republic of China, ICSID Case No. ARB/14/25，以下简称本案）。参考的信息包括案件材料，以及在公开渠道披露的与本案相关的信息（包括ICSID网站披露的本案程序进程和最终仲裁裁决）。所有非公开信息均已作相应保密处理。

重点综述：本案是中国作为东道国被诉的第二起国际投资仲裁案件，也是其中完成仲裁庭组成、开庭和作出裁决的第一起案件。中方作为被申请人向仲裁庭提出书面异议，主张安城公司仲裁请求超出中韩BIT（见下文定义）规定的3年时效，构成ICSID仲裁规则第四十一条第五款规定的“明显缺乏法律基础”的情形，应当予以驳回。仲裁庭最终支持中方请求，裁决驳回安城公司全部仲裁请求，并不得再诉，案件即告终结。

一、引言

众所周知，国际商事仲裁是平等商事主体之间基于仲裁协议进行的仲裁，争议涉及的实体问题一般为合同权利义务纠纷；与此相对，“国际投资仲裁”是指外国投资者基于投资者母国政府和投资所在的东道国政府签订的双边或多边投资保护协定提起的、以东道国政府为被申请人的国际仲裁，争议涉及的实体问题一般是一国政府是否违反了其在双边或多边投资保护协定中所作出的对外国投资者及其投资给予保护的承诺，包括禁止非法征收、公平公正待遇、国民待遇、最惠国待遇以及禁止任意性或歧视性措施等。不同于国际商事仲裁中一般适用某一国内法，国际投资仲裁则大多适用国际法并涉及对于东道国及投资者母国国内法的理解。鉴于国际投资仲裁以东道国政府为被申请人，在很多案件中首先要解决的是东道国政府提出的管辖权异议，其案件持续时间通常也较长。就审理国际投资仲裁的机构来讲，总部位于美国华盛顿的ICSID是目前世界范围内审理国际投资仲裁案件最多的机构。

近年来，越来越多的外国投资者运用投资仲裁机制提起针对东道国政府的投资仲裁案件。仅以中国为例，目前公开的与中国（包括香港特别行政区、澳门特别行政区和台湾地区）有关的投资仲裁案件即超过10起。并且在“一带一路”国家倡议的实施下，“一带一路”沿线国家的跨境投资逐年稳步增长，而在这些国家的投资风险也不可低估。未来可期待的是，外国投资者在自身投资权益受损时，将会越来越多地考虑运用投资仲裁的机制维护自身的权益。在这种大背景下，本案即为一家韩国投资者基于其在中国江苏投资建设高尔夫球场所引发的争议而提起针对中国政府的投资仲裁。我们和外方律师受商务部聘请，与之共同代表中国政府,历时近三年,最终成功在案件早期即取得胜诉裁决。作为第一家代理投资仲裁案件的中国律师事务所,我们希望以本案为例,分享投资仲裁案件处理过程中的基本概况和可能涉及的法律问题,为中国企业和政府如何有效运用投资仲裁机制保护自身合法权益提供启示。

二、案情简介

本案是安城公司在江苏省盐城市射阳县投资建设高尔夫球场所引发的争议。自 2006 年开始,安城公司通过收购合资公司射阳海滨国际高尔夫球场有限公司(以下简称海滨高尔夫公司)股权的形式,在江苏省射阳县投资建设高尔夫球场。安城公司当时与江苏省射阳外向型农业综合开发区(以下简称管委会)签署《协议书》,约定管委会将原已批准给海滨高尔夫公司使用的 1500 亩土地租赁给海滨高尔夫公司,其中 1200 亩用于高尔夫球场开发,300 亩用于配套设施建设。同时,管委会同意将靠近球场西侧的另外 1500 亩土地作为项目扩建的预留地,优先用于项目完成后的扩建。此外,安城公司称,当地政府官员向其承诺高尔夫球场是当地唯一一家合法球场。在其投资和建设高尔夫球场过程中,安城公司称当地政府官员多次就提供土地事宜给予其口头承诺。

2014 年 10 月 7 日,安城公司向 ICSID 提交仲裁申请,主张中国政府屡次违背《协议书》以及向安城公司作出的口头承诺;中国政府一系列的作为与不作为违反了 2007 年《中华人民共和国政府和大韩民国政府关于鼓励和保护投资的协定》(以下简称中韩 BIT)中关于公平公正待遇、非歧视待遇、国民待遇和征收的规定;造成安城公司的投资目的落空,使其不得不在 2011 年 10 月将高尔夫球场项目以远低于其投资额的价格出售给一家中国公司,从而遭受了严重的经济损失。安城公司请求的损害赔偿金额超过人民币 1 亿元。

2014 年 11 月 4 日,ICSID 注册了安城公司的仲裁申请,本案仲裁程序正式启动。

中华人民共和国商务部组织了应诉工作。受商务部委托,本所律师与 Dentons Europe LLP(巴黎)律师组成法律团队,共同担任中方的仲裁代理人。

2016 年 9 月 2 日,本案仲裁庭正式组成,仲裁员分别为:首席仲裁员 Lucy Reed 教授(美国籍,ICSID 理事会主席指定)、边席仲裁员 Michael Pryles 博士(澳大利亚籍，安城公司指定）和边席仲裁员 Albert Jan van den Berg 教授（荷兰籍，中方指定，以代替中方此前指定，但之后主动请辞的加拿大籍御用大律师 Christopher Thomas）。

2016 年 9 月，中方向仲裁庭提交了书面异议，主张安城公司的仲裁请求超过了中韩 BIT 第九条第七款规定的时效（投资者应在首次知道或者应当知道其受到损失或损害之日起 3 年内提起请求的时效），因而安城公司的仲裁请求属于 ICSID 仲裁规则第四十一条第五款规定的“明显缺乏法律基础”的情形，应当根据该条款予以驳回。此后双方分别就“ICSID 仲裁规则 41(5)异议”提交观察意见。

2016 年 12 月 14 日，本案在新加坡开庭。经过一天的审理，仲裁庭当庭宣布驳回安城公司全部仲裁申请，并不得再诉。

2017 年 3 月 9 日，ICSID 公开发布本案书面裁决，依据 ICSID 仲裁规则第四十一条第五款规定，裁决驳回安城公司的全部仲裁申请，并不得再诉。

三、案件分析

1. 争议焦点

> 本案的争议焦点集中体现在管辖权异议和对中韩 BIT 条款的解读，具体表现为：安城公司的仲裁请求是否属于 ICSID 仲裁规则第四十一条第五款规定的“明显缺乏法律基础”的情形，从而使仲裁庭对其仲裁请求没有管辖权，应当予以驳回？

由于本案最终并未进入实体审理阶段，ICSID 发布的书面裁决中也并未认定本案实体相关问题。出于保密等原因考虑，此处对本案所涉实体争议焦点不作论述。

2. 代理意见

关于安城公司的仲裁请求是否属于 ICSID 仲裁规则第四十一条第五款规定的“明显缺乏法律基础”的问题，双方主要针对两点分别进行了论证，即(1)安城公司的仲裁请求是否超出中韩 BIT 第九条第七款规定的 3 年仲裁时效；(2)如果超出 3 年仲裁时效，中韩 BIT 第三条第三款最惠国待遇条款能否适用于本案，以挽救安城公司已经超出时效的仲裁请求。

关于第一点:安城公司的仲裁请求是否超出中韩 BIT 第九条第七款规定的 3 年时效?

中方主张,从安城公司首次知道其受到损失或损害之日起,至其提起 ICSID 仲裁之间已经超过 3 年,因此其仲裁请求被中韩 BIT 第九条第七款规定的 3 年时限所禁止。

中韩 BIT 第九条第七款明确规定,“如果从投资者首次知道或者应该知道其受到损失或损害之日起已经超过三年,则投资者不能根据本条第三款(本所注:该条规定投资者可将投资者与缔约一方的争议提交国际仲裁。根据投资者的选择,争议可被提交到 ICSID 仲裁,或根据联合国国际贸易法委员会仲裁规则,或者经双方同意的任何别的仲裁规则设立的专设仲裁庭)提起请求”。因此,该问题需要关注两个重要的时间点:起始时间(安城公司首次知道或应当知道其受到损失或损害之日)和结束时间(安城公司提起请求之日)。

中方认为,安城公司“首次知道或应当知道其受到损失或损害之日”发生在 2011 年 10 月之前。根据安城公司在仲裁申请书中主张的事实,在 2011 年 10 月,安城公司被迫处置其在射阳县的投资以避免进一步损失。据此,安城公司首次知道其损失之日至少在 2011 年 10 月之前。此外,安城公司在仲裁申请书中还系统性地描述了许多发生在 2011 年 10 月之前的损失行为。关于 3 年时效的结束时间,中方主张,安城公司提起仲裁申请之日应当是 2014 年 11 月 4 日,即根据 ICSID 机构规则第六条规定的 ICSID 注册仲裁请求之日。

因此,鉴于安城公司知道其遭受损失之日为 2011 年 10 月前,根据中韩 BIT 关于 3 年时效的规定,安城公司至迟应在 2014 年 10 月提起仲裁请求。安城公司于 2014 年 11 月 4 日提起的仲裁请求超出 3 年时效,属于明显缺乏法律基础,应当依据 ICSID 仲裁规则第四十一条第五款予以驳回。

安城公司主张,其仲裁请求并没有超出中韩 BIT 第九条第七款规定的三年仲裁时效。然而,对于“首次知道或应当知道其受到损失或损害之日”以及“提起仲裁申请之日”,安城公司提出的数个日期,前后矛盾,并不一致。而且,安城公司提出射阳县政府不作为和“持续不作为”的概念,试图以此将其受到损害的日期推迟。

关于第二点:中韩 BIT 第三条第三款的最惠国待遇条款能否挽救安城公司超

出三年时效的仲裁请求?

安城公司主张,由于中方与第三国已经签订其他双边投资保护协定,其中并不包含时效限制;因此,即使本案仲裁请求的提出已超过3年时效,安城公司也有权依据中韩BIT第三条第三款要求适用最惠国待遇条款,使安城公司的仲裁请求不受三年时效的限制。安城公司主张,消灭时效原则无论根据国际法还是根据包括中国和韩国在内的国内法,均是实体权利,因此可以适用最惠国待遇条款。并且,即使中韩BIT第九条第七款的3年时效为程序问题,根据许多仲裁庭和评论的意见,最惠国待遇条款也应该能够扩大解释,适用于作为程序保障的争议解决条款。

中方反对安城公司的上述观点,主张中韩BIT第三条第三款规定的最惠国待遇条款无法挽救安城公司迟到的请求。中韩BIT第三条第三款规定的最惠国待遇条款既不能普遍地适用于投资者—东道国之间的争议解决条款,也不能特别地适用于本案中韩BIT第九条第七款规定的中方同意争议提交仲裁受3年时效限制的条款。

关于最惠国待遇条款的适用,中方立足于文本解释,主张从条约文本来看,中韩BIT第三条第三款本身明确规定最惠国待遇的适用仅限于“投资和商业行为”,即该协定第三条第一款定义的“在扩张、运营、管理、维持、使用、享有、销售和其他对于投资的处理”,并不包括争议解决。并且,安城公司错误地将中韩BIT第九条第七款规定的时效与国际法下的消灭时效原则混为一谈。

3. 案件结果

2017年3月9日,ICSID仲裁庭就本案发布裁决。在裁决中,仲裁庭认定:(1)安城公司的仲裁请求超过3年时效;(2)依据中韩BIT的明确措辞,安城公司无权依据“最惠国待遇”条款挽救时效的丧失。仲裁庭支持了中方提出的异议,依据ICSID仲裁规则第四十一条第五款规定,认定安城公司的仲裁请求“明显缺乏法律基础”,并予以全部驳回。同时,仲裁庭裁决安城公司承担全部仲裁费用以及中方75%的律师费和支出。具体而言:

关于仲裁时效问题,仲裁庭认为:根据中韩BIT第九条第七款,安城公司首次知道或应当知道其受到损失或损害的时间应当是在2011年10月之前,并且合理推断应该是在2011年晚夏或初秋。关于3年期限的结束日期,仲裁庭认定应当是投资者将仲裁申请保管(deposit)在ICSID的日期,而ICSID保管(deposit)安城公司仲裁申请之日为2014年10月7日(电子版)或2014年10月8日(纸质版)。因此,仲裁庭裁定安城公司的仲裁请求已经超出了中韩BIT第九条第七款规定的“三年时限”,构成ICSID仲裁规则第四十一条第五款规定的“明显缺乏法律基础”。

关于最惠国待遇问题,仲裁庭认为:最惠国待遇条款的适用范围与该条款的字面意思直接相关。中韩BIT第三条第三款最惠国待遇条款的字面意思非常清楚,该条款的适用范围并不能延伸理解为,在中方同意投资者提起仲裁这一事项上,中方认可适用最惠国待遇条款;特别是,不能延伸理解为,在中韩BIT第九条第七款规定的投资者—东道国仲裁的三年时效问题上,中方认可适用最惠国待遇条款。而关于安城公司提出的时效问题根据国内法是实体法律问题还是程序法律问题,仲裁庭认为这与本案无关,无须考虑;因为关于中韩BIT第九条第七款的解释是一个国际法问题。仲裁庭因此裁定中韩BIT第三条第三款的最惠国待遇条款并不能拯救安城公司仲裁申请超过三年时效的事实。

四、建议和展望

如前所述,在本案历时近三年的时间中,笔者率团队作为中国政府的代理律师全程提供了法律服务,协助商务部处理了与案件有关的各项主要工作。商务部条约法律司负责人就本案发表谈话指出,“安城案是中国政府作为当事方首个进入仲裁阶段的国际投资争端,仲裁庭在投资者的诉讼时效、最惠国待遇条款的适用范围等重要法律问题上支持了中方立场。中方对仲裁庭的条约解释和最终裁定表示欢迎。中国政府将继续坚定地维护自身在国际条约项下的权利。与此同时,中国政府也致力于扩大对外开放,完善法治化、国际化、便利化的营商环境,努力保护外国投资者的合法权益”。

在ICSID投资仲裁的历史上,东道国方曾在20余起案件中依据ICSID仲裁规则第四十一条第五款提出异议申请。但已知信息显示,之前仅有3起案件的仲裁庭最终据此驳回了投资者的全部请求。本案的胜利,彰显了中国政府有能力充分运用国际法律规则和程序,在国际投资争端案件中捍卫自身权益。同时,本案也表明外国投资者在中国获得投资保护的期待必须是合理的,并应有合适的基础。

通过代理本案以及研究相关案例，对于未来处理投资仲裁案件，我们认为以下几个方面值得关注：

第一，ICSID 仲裁规则第四十一条第五款是 ICSID 在 2006 年仲裁规则下推行的在仲裁程序早期阶段快速驳回案件的制度设计，旨在给予东道国就投资者的滥诉及早提出反对的机会，保护东道国的利益。中方在本案中对 ICSID 仲裁规则第四十一条第五款的成功实践即为很好的例证，也同时表明安城公司对于提起投资仲裁的准备不足。不同于商事仲裁，投资仲裁初期即需要对于案件作出周全的考虑，案件的早期文件很可能对于案件的走向产生重大影响。因此，无论是作为申请人的投资者还是作为应诉方的东道国，对于案件作出充足的准备是奠定最终结果的基石。不进行充分论证即贸然行事不但不能达到最初的目标，而且会产生时间和成本的巨额投入。

第二，条约文本的解读对于案件成败有重要意义。虽然中国签订的几代投资协定文本的规定详尽程度不同，而投资仲裁案件的仲裁庭对于包括最惠国待遇条款适用等具有普遍意义的问题结论也不尽相同，但其他先例不能代替对于涉案条约文本的解读。以《维也纳条约法公约》为基础，熟悉并灵活运用国际法下的条约解释原则和方法，是从事投资仲裁的律师和专业人士必须修炼的基本功。

第三，重视仲裁员的选定工作。仲裁员是投资仲裁案件中各方请求的最终裁判者，选定合适的仲裁员对于案件的高效处理和案件结果均意义重大。尽管外界对于投资仲裁的仲裁员有“亲投资者”或“亲国家”的划分，但带有明显倾向的仲裁员毕竟是少数。针对外界对于投资仲裁员“小圈子化”的批评，投资仲裁正在进行轰轰烈烈的改革，其中包括仲裁员多元化的改革。因此，对于中国律师来说，关注并参与到投资仲裁的改革并了解在这一领域中活跃的仲裁员人选十分重要。如果没有实际的与候选仲裁员在案件中工作的经验，系统研读仲裁员所作出的裁决书、所撰写的学术文章以及与向有经验的同行了解是选择仲裁员阶段必须要做的功课。

可以预见的是，外国投资者提起针对中国的国际投资仲裁案件今后将持续存在。与此同时，随着中国投资者在海外、特别是“一带一路”沿线国家投资持续增加，他们也越来越关注利用投资仲裁保护其权益的重要性。鉴于国际投资仲裁案件涉及主权国家对于其“警察权力(Police Power)”的行使,对于中国律师来说,迫在眉睫的任务是加强对国际公法的学习和实践,以便可以更好地理解投资仲裁的实体和程序争议,为中国政府和企业提供专业的争议解决服务。

融资性贸易案件处理中的疑难问题解析[*]

——以苏美达公司诉中航油公司买卖合同纠纷案为例[**]

项目团队主要合伙人[***]

[***] 作者简介：

康　铧　合伙人

中伦律师事务所北京办公室

kanghua@ zhonglun. com

[*] 声明：本文的分析是基于笔者团队代理的在北京进行的中航油与苏美达买卖合同纠纷案（以下简称本案）。参考的信息包括北京市第二中级人民法院（2014）二中民初字第01162号民事判决书、北京市高级人民法院（2015）高民（商）终字第3765号民事判决书等案件材料。以及在公开渠道披露的与本案相关的信息。所有非公开信息均已作相应保密处理。

[**] 本案一审起诉的案由是买卖合同纠纷，在二审时因一审判决已经确认双方间为企业借贷关系，因此二审的案由改为企业借贷纠纷。

一、案件情况介绍[1]

原告江苏苏美达国际技术贸易有限公司(以下简称苏美达公司)诉称,其与中航油进出口有限责任公司(以下简称中航油公司)于2011年6月1日签订《石化产品销售合同》,约定中航油公司向苏美达公司销售10,900吨混合芳烃货物,结算价格为7250元/吨,交货日为2011年7月31日。苏美达公司于2011年6月3日向中航油支付货款7902.5万元,但中航油公司收款后迟迟未发货,经协商未果,苏美达公司以中航油公司为被告,向北京市第二中级人民法院提起买卖合同纠纷之诉,请求法院判令:确认双方所签《石化产品销售合同》解除;中航油公司退还货款79,025,000元及利息。

中航油公司辩称,本案是2011年苏美达公司为实现向案外人延边利安石化有限公司(以下简称延边利安公司)进行融资的目的而发起的借贷关系,表现形式是延边利安公司、大连亚德石油化工有限公司(以下简称大连亚德公司)、北京亚德世纪商贸有限公司(以下简称北京亚德公司)及苏美达公司、中航油公司分别于2011年6月1日相互依次签订了合同。苏美达公司、中航油公司之间签订的该组合同是上述合同的一个环节。苏美达公司与中航油公司之间不存在真实有效的买卖关系,且合同项下的货物混合芳烃根本不存在。因此,苏美达公司虚构合同标的物与中航油公司所签订的合同应属无效。本案真实交易是第三人延边利安公司、大连亚德公司、北京亚德公司通过签署《石化产品销售合同》的方式进行融资,因合同无效导致的货款返还责任应由上述第三人共同承担。

北京市第二中级人民法院认为,中航油公司现有证据不能证明苏美达公司知道中航油公司所称的以延边利安公司融资为目的的连环购销合同存在,故中航油公司的抗辩意见不能成立。中航油公司与苏美达公司签订的《石化产品销售合同》系双方当事人的真实意思表示,应属有效,双方当事人均应按约履行。并于2012年10月26日作出(2012)二中民初字第00846号民事判决,判令:(1)解除苏美达公司与中航油公司签订的《石化产品销售合同》;(2)中航油公司退还货款7902.5万元,并赔偿利息损失。

---

① 一审案号:北京市第二中级人民法院(2014)二中民初字第01162号民事判决书;二审案号:北京市高级人民法院(2015)高民(商)终字第3765号民事判决书。

中航油公司不服一审判决，提起上诉。北京市高级人民法院于2013年12月24日作出(2013)高民终字第62号民事裁定书，以认定事实不清为由发回重审。

在重审过程中，北京市第二中级人民法院依法追加北京亚德公司、大连亚德公司、延边利安石化公司为第三人。并于2015年5月20日作出(2014)二中民初字第01162号民事判决书。

在该判决中，法院经审理查明：2011年6月1日，本案上述五方当事人分别采用传真方式签订了5份《石化产品销售合同》，该5份合同的标的物、数量、生产厂家、交货地点、交货方式等内容均相同。交易流程为：北京亚德公司向苏美达公司购买延边利安公司生产的混合芳烃；苏美达公司向中航油公司购买同一标的物；中航油公司向大连亚德公司购买；大连亚德公司向延边利安公司购买；延边利安公司为合同标的物的实际生产厂家也是最初的出卖人。同时，延边利安公司作为买受人向北京亚德公司购买其自行生产的混合芳烃。5份合同项下的合同价款为：北京亚德公司根据其付款时间的长短，分别以每吨7380元、7427元、7475元的价格从苏美达公司购买混合芳烃；苏美达公司以每吨7250元的价格向中航油公司购买；中航油公司以每吨7240元的价格向大连亚德公司购买；大连亚德公司以每吨7220元的价格向延边利安公司购买；延边利安公司根据其付款时间的长短，分别以每吨7380元、7427元、7475元的价格从北京亚德公司购买。

法院认为，在整个交易中出现最初的出卖人与最终买受人混同即均为延边利安公司的情形，形成延边利安公司自卖自买的交易状态，不符合一般买卖的交易常理。从款项支付看，按照延边利安公司的最低买入价和实际卖出价计算，延边利安公司每吨亏损190元，延边利安公司高买低卖的行为亦有悖商业常理。根据公安局的询问笔录可以认定本案合同履行过程中，不存在真实货物，亦不存在货物的实际流转及交付。综上，本案各方当事人之间的交易不符合买卖合同的基本特征和交易习惯，系名为买卖合同实为企业间的借贷合同关系。苏美达公司为出借人，延边利安公司为实际用资人。现苏美达公司以买卖合同起诉中航油公司返还货款并支付利息的诉讼请求缺乏事实及法律依据，不予支持。因此驳回苏美达公司的诉讼请求。

苏美达公司不服一审判决，向北京市高级人民法院提起上诉，北京市高级人民法院于2015年11月19日作出(2015)高民(商)终字第3765号民事判决。

在该判决中,北京市高级人民法院对一审法院查明的事实予以确认,并认为,本案五方主体之间形成闭合性的循环买卖,延边利安公司存在低卖高买行为,有悖商业常理。五方当事人无真实买卖意图且客观上不存在货物流转,亦不存在货物。综上,本案只有资金循环,不存在货物交易,且参与交易的各方当事人均没有真实的买卖意图,系基于循环买卖合同形成的企业间融资借款关系。因此,判决驳回上诉,维持原判。

二、案件评析

近年来,由于宏观调控政策导致市场流动性收紧,社会资金呈现整体偏紧的状况,资金供求矛盾突出。因缺乏足够资信,多数中小型民营企业难以从银行获得贷款,遂希望借助国企解决这一难题。大中型国企往往可以凭借良好的信用获得银行贷款,或者自有资金充足,且具有扩大经营规模的内在冲动。因此,双方往往一拍即合,合作开展以贸易为名、融资为实的业务,此即为本文所探讨的融资性贸易。此类交易并不具备贸易的实质内容,具有很大的商业风险和法律风险。

(一)"融资性贸易"概念的界定

目前,法律实务界对于"融资性贸易"概念的理解和使用较为混乱。比较常见的是将"融资性贸易"和"贸易融资"、"贸易性(型)融资"混用。造成这一状况的原因在于,"融资性贸易"并非法定概念,我国现行法律、行政法规及部门规章均未使用"融资性贸易"这一术语。但是,鉴于许多国企为了获取手续费、扩大营收规模而积极参与融资性贸易,带来了巨大的商业风险,国务院的多个部门自 2013 年以来,不断出台文件规范融资性贸易。例如,国务院国有资产监督管理委员会《关于做好 2015 年度中央企业财务决算管理及报表编制工作的通知》即使用了"融资性贸易"这一概念。国务院国有资产监督管理委员会发布的《关于进一步排查中央企业融资性贸易业务风险的通知》(国资财管〔2017〕652 号)对"融资性贸易"的含义进行了明确规定:"融资性贸易业务是以贸易业务为名,实为出借资金、无商业实质的违规业务。"鉴于本文重在探讨融资性贸易纠纷的处理,故我们尊重国资委对“融资性贸易”的界定，并以此为基础展开后续的讨论。

根据该份文件对融资性贸易的定义，“融资性贸易”既不是一种合同类型，也不是某一特定的民事法律关系，而是一种贸易业务类型。与正规的贸易业务所不同的是，它是一种违规业务。所谓“违规”，是指此种贸易业务违反国资委或其他主管部门的规定和要求，不允许国企从事的商业活动。之所以不允许国企参与，是因为其商业风险巨大，很容易导致国企出借的资金难以回笼，从而造成国有资产的流失。早在2014年，广东省国资委就规定，禁止国企参与融资性贸易业务。[①]不过，“违规”并不等于“违法”。从事融资性贸易的国企虽然违反了相关主管部门的规定，企业的相关领导和人员可能会受到党纪、政纪处分，甚至在造成企业重大损失时承担刑事责任，但如果据以从事此类业务的合同并没有违反法律、行政法规的强制性规定，则合同效力并不因融资性贸易本身违规而受到影响。

根据国资委文件的界定，融资性贸易是以贸易业务为名，实为出借资金、无商业实质的商业活动。如果将此种商业活动转化为法律上的描述，则融资性贸易实际上是以若干买卖合同的组合为外部表现形式，从而形成贸易的外观，但合同当事人之间并没有进行实质性的交易，具体表现为没有货物的实际交付，甚至根本没有货物，只是通过名义上的支付货款而实现以借款为真实交易内容的民事法律关系。这种交易的设计是借贸易的外壳来达到融资的目的，一旦用资方无法及时偿还借款，则国企可能因此蒙受重大损失。这也是国资委为何三令五申，严禁国企从事融资性贸易的重要原因。

为了将融资性贸易与正常的贸易行为相区分，有必要探讨融资性贸易业务的交易结构和特点。融资性贸易业务主体为三方或者三方以上，但不管主体具体为几方，其中有两方一定具有国企背景，[②]一方为出资方，另一方为过桥方。用资方是民营企业。本案中，其中出资方苏美达公司、过桥方中石油公司具有国企背景，用资方延边利安公司是民营企业。其具体交易结构是，三方或三方以上主体间签订三份或三份以上的标的物、数量、质量、交货地点、交货方式等内容均相同的合

---

① 《广东出台新政：禁止国企参与融资性贸易业务》，载 http://finance.sina.com.cn/china/dfjj/20141111/040020782141.shtml，最后访问日期：2018年7月8日。

② 根据规定，无金融资质的国有企业不得变相从事金融业务。因此，国企不能直接给民营企业借款或者融资，需要引进另外一家具有国有背景的企业作为过桥方来共同完成资金和货物的循环。

同,各组合同单价呈逐步递增的情形,并在同一天或较短的时段内,用资方以低价出售给过桥方,再从出资方以高价购买的交易方式完成各方之间的交易。最终,用资方、出资方和过桥方通过闭合性循环买卖以实现资金的流转和回收,出资方和过桥方通过买卖合同差价获取固定收益。上述各方当事人之间无真实买卖意图,交易各方的真实目的是融资,而无真实的货物需求,亦不存在货物。为了更直观和清晰地表达融资性贸易业务的交易结构,以本案为例制作示意图如图1所示。

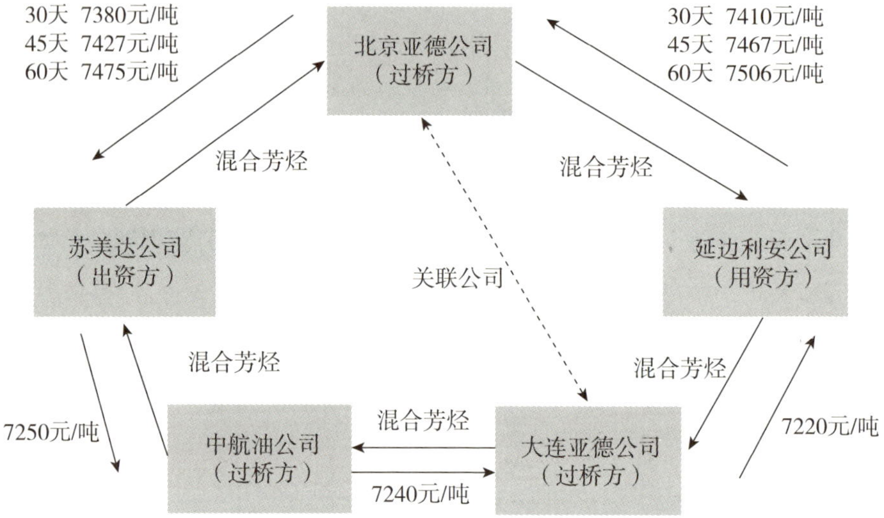

图1　中航油公司与苏美达公司融资性贸易交易流程

如图1所示,融资性贸易具有如下特征:(1)各方主体中的每一方主体均同时为买方和卖方,且各方主体的交易形成了闭合性的资金往返路径,并与货物交易呈逆向走向;(2)最初的出卖人和最终的买受人混同,并就相同的标的物存在低价出售、高价购买行为,此行为有悖商事主体理性逐利原则。比如,在(2014)浙商终字第61号判决中,法院认为:“同一批油品,如此低卖高买,东泰公司净亏110元/吨,该贸易行为完全违背商业常理。”

在探讨“融资性贸易”的概念时,应当注意将其与“贸易融资(Trade Finance)”相区分。贸易融资是商业银行提供的一类服务,主要集中于国际贸易领域,旨在促进国与国、企业与企业之间的进口和出口业务。根据《巴塞尔协议Ⅱ》的规定,贸易融资是指在商品交易中，运用结构性短期融资工具，基于商品交易（如原油、金属、谷物等）中的存货、预付款、应收账款等资产的融资。① 与融资性贸易不同的是，贸易融资的前提是存在真实的贸易。因此，政府对贸易融资是鼓励和支持的，比如，中国人民银行、商务部和财政部针对贸易融资发布了《关于进一步促进贸易融资发展的通知》。但对于融资性贸易，政府是坚决禁止的，如商务部等八部门《关于开展供应链创新与应用试点的通知》（商建函〔2018〕142号）提到，要"加强供应链金融监管，打击融资性贸易"。

此外，还应注意的是，有人将"融资性贸易"与"贸易性（型）融资"混用，认为二者含义相同。本文认为，这种理解并不妥当，理由是：国资委相关文件对"融资性贸易"有明确界定，且中央各部委以及各地方政府文件使用的概念也是"融资性贸易"。但是，这些官方文件从未出现或使用过"贸易性（型）融资"这一概念，也未见学界和实务界对这一概念的定义。因此，为严谨起见，不宜将这两个概念混为一谈，而应严格使用"融资性贸易"这一用语。

（二）法院处理融资性贸易案件时的难点

从形式要件上看，融资性贸易业务的设计完全符合一般买卖的特征，当事人之间签订的买卖合同一般都明确约定了品种、数量、价格、交货方式、结算方式、质量标准、检验标准等详细内容。因此，如何识别是真实的买卖关系还是"名为买卖、实为借贷"的法律关系，不同法院的裁判尺度和结论并不一致，具有相当大的不确定性。在本案先前被撤销的北京市第二中级人民法院（2012）二中民初字第00846号民事判决中，法院即把本案性质认定为买卖合同关系。在发回重审之后，法院把本案性质重新认定为企业间的借贷合同关系。

1. 合同性质难以分辨

商业交易中的"真"与"假"，在多方交易中不那么容易分辨，司法机关往往也会产生事实认定上的疑虑。开展融资性贸易业务的真实交易目的隐蔽、外在交易形式与内在效果意思不一致，加之交易环节众多，法院在审判实务中有时难以认定此类纠纷的性质。② 因此，如何区分融资性贸易（买卖）与真实买卖，成为司法认定中的一个难点。

① 熊劼：《巴塞尔协议Ⅲ对贸易融资的影响》，载《征信》2017年第1期。
② 王富博：《企业间融资性买卖的认定与责任裁量》，载《人民司法》2015年第13期。

根据本文对融资性贸易案例的梳理,发现法院将具有较明显的融资性贸易业务特点的案件性质认定为买卖合同,其中一个主要理由是以遵循商事外观主义原则。法院认为,从维护交易的安全和效率的角度出发,商事行为一般应遵循商事外观主义原则,即对商事行为人的行为意思应以其行为外观为准。该理由在本文作者处理的另一个案件上得到印证,在深圳市空港油料有限公司(以下简称空港公司)与广州发展碧辟油品有限公司(以下简称碧辟公司)一案中,一审法院认为案涉合同符合买卖合同的法律特征,商事行为应遵循外观主义,应认定碧辟公司与空港公司存在买卖合同关系。[①] 同样以此为理由的其他案件如江苏悦达集团有限公司与山东能源国际物流有限公司买卖合同纠纷一案,在该案中,法院认为,商事主体从事交易应遵循外观主义原则,在山能国际公司对煤炭买卖合同、发票、货权转移证明、询证函等证据的形式真实性无异议的情况下,其主张双方之间存在其他法律关系,却未能提供充分证据推翻外观上所体现的法律关系。[②]

本文认为,以遵循商事外观主义原则为主要理由,在裁判思路上存在较严重的问题。这是因为,对于当事人之间的正常市场交易,完全可以遵循商事外观主义,法院尽可能尊重当事人的意思自治,采取谦抑态度,不主动进行干预。但是,对于那些非正常的市场交易行为及不诚信的商事主体,法院如果仍然以商事外观主义为标榜,不进行主动干预,放任其进行违规资金操作,则属于未尽职守的行为,不但无助于维护正常的市场交易秩序,而且会导致国家利益遭受严重损害。

在融资性贸易案件中,交易主体至少为三方或者三方以上,其中,主体为三方的情形最为典型,即一方为出资方,另一方为用资方,还有一方为过桥方或中间方,各方主体之间通过若干买卖合同联系在一起,形成一个闭合性循环的交易结构,从而完成融资性贸易业务。本案中,融资性贸易涉及五方主体。为了完成上述交易流程,五方主体在同一天签署了五份《石化产品购销合同》,合同标的物、数量、质量、生产厂家、交货地点、交货方式等内容完全相同。如果单独考察上述每份买卖合同的内容,从合同文本本身均无法找到太多异于常理的地方。从形式要件看,合同外观完全符合买卖合同的法律特征。但是,如果将这五份买卖合同作为一个整体考虑,就会发现在整个交易中出现最初的出卖人和最终买受人同为一

① 参见广东自由贸易区南沙片区人民法院(2017)粤0191民初4号民事判决书。

② 参见(2015)苏商终字第00652号民事判决书。

人即均为延边利安公司的情形，从而形成延边利安公司自卖自买的交易状态，不符合一般买卖的交易常理。所以，类似本案这样的涉及多方主体进行的闭合性循环贸易，如果仅遵循商事外观主义的话，则不能探明其“名为买卖、实为借贷”的融资性贸易行为。

因此，本文的观点是：法院不应仅以尊重商事外观主义为由，放弃对当事人之间交易结构、交易特点、真实交易目的的审查，而是应系统总结出融资性贸易的具体表现、特征，以及其与真实买卖之间的差异，对于存在融资性贸易可能的案件进行实质性审查，以确定其准确的法律性质。

2. 对“走单、走票、不走货”的理解有失偏颇

在融资性贸易案件中，各方主体之间的交易往往具有“走单、走票、不走货”的特点。如何认定“走单、走票、不走货”对合同性质的影响，是法院审理此类案件时面临的另一难点。

法院将具有较明显的融资性贸易业务特点的案件性质认定为买卖合同，另一个主要理由是以“走单、走票、不走货”为由不能否定买卖合同关系。仍以本文作者处理的空港公司与碧辟公司一案为例，一审法院认为在商事贸易活动中，尤其是多方参与的链条式贸易或大宗贸易，往往存在“走单、走票、不走货”的交易方式，从其合同订立目的而言，仍然属于货物买卖行为，合同订立双方处于出卖人和买受人的地位。即使不存在真实的货物交付，也符合合同双方的约定，不能否认双方间的买卖合同法律关系。但这种理解显然是不恰当的，无视当事人之间的真实交易目的是融资，“走单、走票、不走货”恰恰成为其将融资行为伪装成买卖合同的重要借口。

应当承认的是，在贸易实践尤其是国际贸易中，“走单、走票、不走货”的合同履行方式是很常见的。如果当事人之间的交易是正常的买卖关系，即使存在“走单、走票、不走货”的实际履行方式，法院也应予以尊重，不能依此为由否定当事人之间存在真实的买卖合同，或者认定当事人一方违约。

但是，如果当事人之间利用买卖合同的外观，行融资性贸易之实，则“走单、走票、不走货”成为当事人必须（只能）采取的“履行”或“交付”模式。在此种情况下，就不能再像对待真实贸易那样，认为“走单、走票、不走货”是可以被接受的合同履行方式，而是应将其与当事人的交易目的、交易结构的设计等相结合，作为判

断合同性质的重要依据。

(三)对处理融资性贸易案件的若干建议

处理融资性贸易案件的建议如表1所示。

表1 处理融资性贸易案件的建议

序号	建议
1	在程序上应追加第三人
2	在实体上应证实货物是否真实存在
3	单证是否真实
4	货物是否存在被高卖低买的现象
5	过桥方或者中间方是否只享利益不担风险

1. 在程序上应追加第三人

在北京市高级人民法院民二庭发布的《关于当前商事审判中需要注意的几个法律问题》(2015年)中提到,为了保护正常的市场交易秩序,维护合同的稳定性,对于已经履行完毕的交易环节的各方,不宜追加。因此,一般情形下,法院是不倾向于在合同纠纷中追加第三人的。但在融资性贸易案件中,原告通常只将整个贸易链条的其中一个环节呈现给法院,力图证明其与被告方之间是真实的买卖合同关系,并借此掩盖他们之间真实的融资目的。法院在审查是否追加第三人时,通常会以合同相对性原则、[①]禁反言原则、[②]第三人未申请参加诉讼、不存在"必须参加诉讼的第三人"、[③]被申请人与案件无利害关系、[④]被申请人对于涉案标的没有独立请求权、被申请人与本案不属于同一法律关系,本案法律关系明确,不追加也可查清关联事实[⑤]等为由,不予追加第三人。

融资性贸易的交易结构表明,追加第三人是正确处理此类案件的关键所在。唯有如此,才有可能还原当事人之间的交易结构、弄清交易目的及澄清交易疑点。

① 参见(2016)最高法民申2815号文书、(2015)民申字第1607号文书、(2017)新民终246号民事判决书。

② 参见(2015)民申字第3089号民事判决书。

③ 参见(2014)浙商终字第68号民事判决书。

④ 参见(2015)苏商终字第00472号民事判决书。

⑤ 参见(2015)民申字第3089号民事判决书。

本文作者在梳理案例时发现,绝大多数被认定为“名为买卖、实为借贷”的融资性贸易案件,均追加了第三人。本案也可以说明这一点,在本案被发回重审的过程中,法院为了清晰地还原循环贸易链条,查清事实真相,决定追加第三人。这表明,是否追加第三人对认定该类案件的合同性质至关重要。这是由于,此类案件的客观事实和当事人呈现给法院的事实并不一致,原告并未向法院全面展现交易的全部。通常情况下,原告会根据自己想要达到的诉讼效果,裁剪掉大部分涉及循环交易的事实,仅以贸易链条的一个环节即其中的一份合同向法院起诉。实际情况是,融资性贸易是通过各方当事人签订多个合同来完成的,每一份合同仅是循环交易中的一个环节,各份合同相互关联、密不可分,只有将融资性贸易涉及的全部合同作为一个整体进行审查,才能够还原整个闭合性循环贸易链条,还原案件事实真相。

2. 在实体上应证实货物是否真实存在

在融资性贸易中,参与交易的各方当事人均没有真实的买卖意图,各方对“名为买卖、实为借贷”的交易性质心知肚明。在真实的买卖合同中,当事人往往会约定货物存放于第三方仓库中,并通过指示交付的方式履行义务。但是,在融资性贸易中,由于当事人并无真实的交易意图,合同项下的货物只是为了融资而虚构的,根本就不存在。因此,货物是否真实存在是区分合同性质为真实的买卖合同关系,还是“名为买卖,实为借贷”的融资性贸易的重要依据。在司法实务中,判断货物是否真实存在,可以结合案件的具体情况进行。在本案中,法院以最初的出卖人延边利安公司从未生产、储存过涉案合同项下的货物为主要理由,再结合其他证据事实判定该案不存在真实货物。如在空港公司与碧辟公司一案中,法院根据如下几个方面来判断:(1)货物存放的储油储罐编号和真实的储油储罐编号不符;(2)合同项下约定交付油品容积远远大于真实的储油储罐体积;(3)第三方仓库作为合同项下货物的仓储方否认涉案合同当事人是其客户。在该案中,法院正是通过如上细节,再结合其他证据,判定该案不存在真实货物。

货物是否真实存在,不同个案中的情况均不相同,需要法律实务人员在处理这类案件时要具有细心、耐心以及丰富的处理此种案件的办案经验来发现、查明和证实。

3. 其他方面的细节

第一,单证是否真实。由于参与交易的各方主体的目的是融资,因此交付无一例外地表现为货物单证的交付。法律实务人员有必要审查这些单证是否真实。本案没有涉及单证造假,但在空港公司与碧辟公司一案中,作为过桥方的空港公司基于对出资方碧辟公司的信任,全权委托给碧辟公司操作,但碧辟公司为了使交易看起来更加真实或者想给自己留有后手,通过伪造第三方仓库的印鉴和签字来伪装成有货的情况。[①] 在融资性贸易纠纷中,《货权转让证明》《收货证明》《委托付款函》[②]等单据是虚假、伪造的情形并不少见。因此,审查单据的真伪也是处理融资性贸易案件时需要注意的,可由此证明整个交易不存在真实货物交付、货物的存在,最终证明当事人之间不存在真实的买卖关系,从而说服法院将当事人之间的交易认定为融资性贸易。

第二,货物是否存在被高买低卖的现象。在融资性贸易业务中,各方主体所签订的各组合同的价款,大多显示为逐步递增的情形,即在同一天或相近的时段内,用资方以低价出售,通过过桥方或者中间方,再以高价从出资方购买的方式来完成各方之间的交易,此种交易模式显然不符合商事合同以营利为目的的交易特征,违反商事交易的基本目的。本案及空港公司与碧辟公司案均存在货物被高买低卖的现象,因此,如果存在货物被高买低卖的现象,则可以将当事人之间的交易初步判断为融资性贸易。

第三,过桥方或者中间方是否只享利润不担风险。在融资性贸易业务中,为使过桥方或者中间方加入融资性贸易业务环节中,通常会承诺过桥方或者中间方无须承担合同项下的任何责任和风险,只需要按照出资方的指示与上下游签订合同,完成形式上的货权凭证、增值税专用发票等“单”“票”的流转并通过加价行为获取固定利润即可。[③] 如果存在合同一方当事人只享受利润、不承担责任的情形会引起法院的合理怀疑,可能被认定以货物买卖形式掩盖实为借贷的企业间融资行为。

---

① 参见(2017)粤01民终15017号民事判决书。

② 参见(2015)苏商终字第00472号民事判决书。

③ 参见(2013)民再申字第15号民事判决书。

民事合同 or 行政合同？*

——论矿业权出让合同的法律性质

项目团队主要合伙人**

** 作者简介：

张学兵　合伙人
中伦律师事务所北京办公室
zhangxuebing@ zhonglun. com

郝　瀚　合伙人
中伦律师事务所北京办公室
haohan@ zhonglun. com

王振华　合伙人
中伦律师事务所北京办公室
wangzhenhua@ zhonglun. com

魏轶东　合伙人
中伦律师事务所北京办公室
weiyidong@ zhonglun. com

孟宪石　合伙人
中伦律师事务所北京办公室
mengxianshi@ zhonglun. com

李　宁　授薪合伙人
中伦律师事务所北京办公室
lining@ zhonglun. com

* 声明：本文基于以笔者团队为主的中伦律师在为自然资源部提供常年法律服务项目过程中的研究与思考。项目团队以学理讨论的思路分析矿业权出让合同的性质，对几十起涉矿行政诉讼案件的背后的共性法律问题展开探讨。本文不涉及具体案件信息与非公开信息。

一、前言

中伦在为自然资源部提供常年法律服务的过程中,已代理了几十起涉矿行政诉讼案件。其中,对于矿业权出让合同到底是属于行政合同还是民事合同的问题,无论在法院层面还是在国土行政机关内部,都是一个需要探讨并亟须解决的问题。我们现结合法学理论、司法判例及实践经验,对矿业权的性质,矿业权的出让方式、制度设计、历史沿革,以及矿业权出让合同性质等问题展开具体论述和分析,希望可以为国土行政部门及法院对于该类合同性质的认定提供思路和素材。

二、矿业权的法律性质

(一)矿业权在矿产资源法框架下的定义

矿业权是探矿权和采矿权的统称。探矿权,是指在依法取得的勘查许可证规定的范围内,勘查矿产资源的权利。采矿权,是指在依法取得的采矿许可证规定的范围内,开采矿产资源和获得所开采的矿产品的权利。我国《民法通则》规定采矿权是一种财产权,但未对探矿权作出任何规定。我国修订前的《矿产资源法》及其实施细则不但未对探矿权和采矿权的法律性质作出明确规定,反而严格禁止矿业权流转。在当时的法律框架下,矿业权处于一种暧昧和尴尬的境地:一方面,《民法通则》承认其为财产权;另一方面,《矿产资源法》及其实施细则严格禁止其流转。因此,有的论著认为,在当时的体制下,矿业权并不是一种严格意义上的财产权。

1996 年《矿产资源法》修订后,允许矿业权有条件转让,矿业权的财产权性质获得了一定程度的体现。直到 2000 年 11 月,国土资源部才在其发布实施的《矿业权出让转让管理暂行规定》中明确规定矿业权为财产权,适用不动产法律法规的调整原则,并同时放宽了矿业权的流转方式和渠道。但该暂行规定属于部门规章,层级较低,且与上位法《矿产资源法》及相关行政法规存在一定的冲突。

(二)《物权法》颁布以前法学界关于矿业权法律性质的各种代表性观点

《物权法》颁布以前,关于矿业权的法律性质,法学界主要存在以下几种代表性的观点。

(1)债权说

有学者认为,有偿探矿属承揽合同,有偿采矿为承揽加买卖的混合合同,因此矿业权属于债权。另有学者认为，矿业权是一种物权化了的债权。

(2)用益物权说

王利明教授认为，矿业权属于用益物权，但由于此种用益物权系基于行政特别许可授予，故属于用益物权中的特许物权。但我国原地质矿产部副部长张文驹则认为，矿业权的法律性质和地位与国有土地使用权一样，均属于典型的用益物权。

(3)准物权说

此说认为，矿业权是从国家矿产资源所有权中派生出来的他物权，符合物权的基本属性，具有排他性和优先效力。但同时，矿业权具有不同于普通物权的特性，其客体缺乏特定性(矿产资源具有稀缺性、耗竭性和不可再生性)，权利构成具有复合性(既包括勘探、开采的行为权利，也包括对地下土地资源和赋存其中的矿产资源所享有的权利)，且该权利的取得和行使均具有较强的公法色彩，因而不能完全适用《物权法》的一般规则。中国政法大学李显冬教授和清华大学崔建远教授均持此观点。

此外，还有的学者在承认采矿权的物权属性的同时，认为探矿权属于知识产权，不应纳入物权范畴。

(三)《物权法》对矿业权的法律定位

在已经颁布实施的《物权法》中，探矿权、采矿权被规定在“用益物权”编中。因此，《物权法》是将矿业权视为一种用益物权的。

(四)我们的观点：矿业权在实践中是行政权和用益物权的混合体

> 虽然《物权法》已明确将矿业权定性为用益物权，但在实践操作层面，由于《矿产资源法》的滞后性，其所体现的对于矿业权的行政管理属性已强于《物权法》的民事权利属性。因此，在现实中，矿业权体现出的是一种行政权和民事财产权彼此交融、共生，亦有“争吵”和矛盾的状态，这也为矿业权的行政管理和出让流转带来了困难和挑战。

三、矿业权的出让方式

我国1996年修订的《矿产资源法》第五条第一款规定，“国家实行探矿权、采矿权有偿取得的制度;但是,国家对探矿权、采矿权有偿取得的费用,可以根据不同情况规定予以减缴、免缴。具体办法和实施步骤由国务院规定”。此外,国务院颁布的相关行政法规规定,矿业权可以通过招标投标的方式有偿取得。据此,我国实行矿业权有偿取得制度。但是,长期以来,在矿业权的取得过程中,多数矿业权人(尤其是国有地勘单位)是通过“无偿划拨”(不缴纳矿业权价款)的方式取得矿业权的。在此情况下,矿业权的取得完全是矿业主管部门依照行政程序单方授予的结果,是一种典型的行政许可。

矿业权的无偿取得造成了采富弃贫等随意浪费矿产资源的不利后果,不利于国家作为矿产资源所有人利益的实现。为了有效地保护资源并维护、实现国家作为矿产资源所有权人的利益,从1998年开始,我国抓紧了矿业权有偿取得制度的改革。在目前的法律框架下,矿业权的取得有以下几种方式(见图1)。

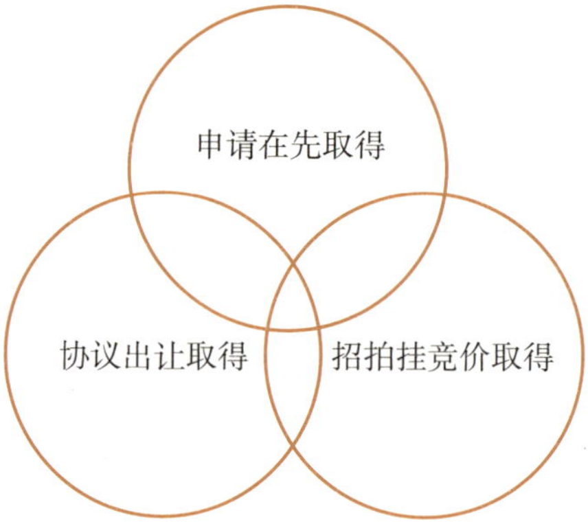

图1 矿业权取得的三种方式

(一)申请在先取得

此种方式仅适用于探矿权的取得。其适用的条件为:所申请的探矿权涉及的矿产属于《矿产勘查开采分类目录》(以下简称《分类目录》)规定的第一类矿产,并在矿产勘查工作空白区或进行过矿产勘查但未获可供进一步勘查矿产地的区域内。在此情况下,由于探矿权人拟进行工作的区域属于国家未进行过勘查工作,或虽进行过勘查工作,但未获得可供进一步勘查的区域,因此,国家在授予探矿时,不向申请人收取价款。此种方式与我国矿业权有偿取得制度并不矛盾。因为根据国务院发布实施的《矿产资源勘查区块登记管理办法》第十三条的规定,只有申请国家出资勘查并探明矿产地的区块的探矿权，申请人才需缴纳探矿权价款。探矿权价款的收取，主要是为了收回国家在形成矿产地的探矿区块进行勘查所做的投入。当国家未对所申请的探矿权区块进行过勘查投入，或进行勘查后没有成矿发现的，国家不应收取探矿权价款。换言之，只有国家出资探明矿产地并形成矿权的情况下，才存在缴纳价款的问题。尽管在申请在先取得的情况下，申请人无须向国家缴纳探矿权价款，但这并不表明申请人获得探矿权是无偿的。根据《矿产资源勘查区块登记管理办法》的规定，探矿权人在取得探矿权后，需按年度向国家缴纳探矿权使用费。而探矿权使用费的缴纳，也是探矿权有偿取得制度的一部分。因此，我们认为，申请在先取得也遵循了矿业权有偿取得的原则。

（二）协议出让取得

《矿业权出让制度改革方案》出台之前，协议出让作为矿业权出让的一种重要方式被广泛地应用于各地以及各级国土行政机关矿业权出让行为中，其最大的特点是不经过任何公开竞争方式即出让给指定对象。但随着自然资源体系改革及矿业权出让制度的改革，国家倡导并要求自然资源的出让应充分市场化，在公平竞争的大背景和前提下依法出让矿产资源。

因此，在 2017 年 6 月《矿业权出让制度改革方案》出台以后，协议出让即被严格限制在"国务院确定的特定勘查主体和批准的重点建设项目，以及大中型矿山已设采矿权深部"这两种情形的范围内。

（三）招拍挂竞价取得

2000 年 11 月，国土资源部发布实施了《矿业权出让转让管理暂行规定》（以下简称《出让转让暂行规定》）。《出让转让暂行规定》第四条规定，"矿业权的出让由县级以上人民政府地质矿产主管部门根据《矿产资源勘查区块登记管理办法》、《矿产资源开采登记管理办法》及省、自治区、直辖市人民代表大会常务委员会制定的管理办法规定的权限，采取批准申请、招标、拍卖等方式进行"。

为了完善矿业权的有偿取得制度，国土资源部于 2003 年 6 月发布实施了《探矿权采矿权招标拍卖挂牌管理办法（试行）》（以下简称《招拍挂管理办法》）。《招拍挂管理办法》规定，在新设探矿权时，符合该办法第七条规定情形的，应当通过招拍挂的方式授予探矿权；在新设采矿权时，对于符合该办法第八条规定情形的，应当通过招拍挂的方式授予采矿权；对于符合该办法第七条、第八条规定的范围，且有该办法第九条规定的情形之一的,应当通过招标的方式授予探矿权和采矿权。《招拍挂管理办法》第二十条还规定,以招标拍卖挂牌方式确定中标人、竞得人后,主管部门应当与中标人、竞得人签订成交确认书,成交确认书具有合同效力。

综上,在我国现行法律框架下,矿业权无论以何种方式取得,均为有偿取得。

四、矿业权出让制度改革的前世今生

(一)申请在先为一般原则,可以以招标、拍卖等方式出让矿业权(1986 ~ 2003 年)

1986 年《矿产资源法》第三条第三款中明确了"勘查、开采矿产资源,必须依法分别申请、经批准取得探矿权、采矿权,并办理登记";1998 年《矿产资源勘查区块登记管理办法》(以下简称第 240 号令)第八条明确了"登记机关收到探矿权申请后,按照申请在先的原则作出准予登记或者不予登记的决定",同时第十六条亦提出了"探矿权可以通过招标投标的方式有偿取得"。探矿权人在完成相应的地质勘查工作后可以优先申请采矿权,同时《矿产资源开采登记管理办法》(以下简称第 241 号令)第十三条也明确提出"采矿权可以通过招标投标的方式有偿取得"。为了加强管理,2000 年 10 月,国土资源部印发了《矿业权出让转让管理暂行规定》,明确写明矿业权出让应采取批准申请(申请在先)、招标、拍卖等方式进行,并进一步规定以批准申请方式出让经勘查形成矿产地的矿业权的,登记机关应按照评估结果收缴矿业权价款;以招标、拍卖方式出让矿业权的按照实际交易额收取矿业权价款。

(二)逐步限制申请在先方式出让,初次规定特殊情形下应当以招拍挂方式出让矿业权(2003 ~ 2006 年)

随着矿业行业的高速发展和市场活跃度的逐步提升,2003 年 6 月,国土资源部印发了《探矿权采矿权招标拍卖挂牌管理办法(试行)》(国土资发〔2003〕197 号,以下简称《办法》或者 197 号文),《办法》第七条、第八条对新设探矿权、采矿权在特殊情形下必须实施招拍挂进行了规范,同时亦对应当以招标方式出让探矿权采矿权予以明确。总体思想就是对于国家出资勘查并已探明可供进一步勘查或者开采的矿产地,以及对于其他主体探矿权、采矿权灭失的矿产地等一律施行招拍挂；对于国家出资的勘查项目、规模大型的能源、金属矿产地等对国民经济具有重要价值的矿区亦应当以招标的方式进行出让。

另外，本《办法》中同时规定了不得以招拍挂方式出让的情形，这也为之后全国各地相继开展的协议出让埋下了政策上的伏笔。

（三）以招拍挂方式为出让原则，特殊情形下采取协议和申请在先进行出让（2006～2017年6月）

随着2003年197号文的出台，全国矿业权市场建设取得了积极的进展，但部分地方也出现为了加速经济发展，违规采取申请在先方式出让矿业权的情形。2006年1月，按照2005年国务院下发的《关于全面整顿和规范矿产资源开发秩序的通知》要求，国土资源部出台了矿业权出让方式改革历史上一份重量级的规范性文件，即《关于进一步规范矿业权出让管理的通知》（国土资发〔2006〕12号），该文件非常清晰地明确了申请在先、招拍挂以及协议出让适用的具体情形，将申请在先严格限制在第一类矿产（高风险）空白区的探矿权，扩大了招拍挂出让探矿权的情形，同时亦第一次提出了应当以招拍挂方式出让矿业权存在四种特殊情形，经集体会审批准后可以协议方式进行出让。

2012年，国土资源部出台了《关于严格控制和规范矿业权协议出让管理有关问题的通知》（国土资发〔2012〕80号），将协议出让适用的情形扩展至五种。随着2011～2013年矿业市场形势的快速发展，矿业权出让市场也成了滋生大量腐败问题的温床。为此，国土资源部于2015年出台了《关于严格控制和规范矿业权协议出让管理有关问题的通知》，明确要求各级国土资源部门必须严格要求依法依规采取竞争性方式公开出让矿业权，从严控制协议出让范围及审批权限及出程序，逐渐减少协议出让数量，积极推进矿业权市场建设。

（四）全面推进矿业权竞争性出让，严格限制协议出让及禁止非财政全额出资项目的申请在先取得矿业权（2017年6月至今）

2017年6月，为贯彻落实生态文明体制改革要求，中共中央办公厅、国务院办公厅印发了《矿业权出让制度改革方案》，要求以招标拍卖挂牌方式为主，全面推进矿业权竞争出让，严格限制矿业权协议出让，下放审批权限，强化监管服务；并提出利用3年左右的时间，建成“竞争出让更加全面，有偿使用更加完善，事权划分更加合理，监管服务更加到位”的矿业权出让制度。

从《矿业权出让制度改革方案》的具体内容来看,方案要求除协议出让等特殊情形外,对其他矿业权一律以招标拍卖挂牌方式公开出让。而协议出让范围也严格限制在国务院确定的特定勘查主体和批准的重点建设项目,以及大中型矿山已设采矿权深部;特殊情形下中央或地方财政全额出资开展勘查的,可以采取申请审批方式授予探矿权,完成规定的勘查工作后注销探矿权,纳入国家出资勘查形成的成果清单管理。

自此,我国矿业出让方式进入了以竞争性出让为一般原则,以特殊情形下的协议出让为例外的市场化竞争阶段。通过此种体系的建设,旨在实现市场在矿产资源配置中的决定性作用,促进矿产资源配置的公平公正,提升配置效率。

五、矿业权出让合同的法律性质辨析

如前所述,随着矿业权出让制度的改革,目前,我国矿业权的出让形成了以招拍挂方式为主,协议出让和申请在先出让为辅的有偿出让制度。在招拍挂和协议出让中,出让方与受让方均需签订矿业权出让合同或类似性质的法律文件。如何认识矿业权出让合同的法律性质,在司法实践和矿业行政管理过程中均具有十分重要的意义。在此部分,我们将对矿业权出让合同的法律性质进行分析。

(一)实务中关于矿业权出让合同性质的几种主流观点

1. 民事合同说

此说认为,矿业权出让合同是国家以矿产资源的所有权人的民事主体与矿业权受让人订立的民事合同。在矿业权的出让中,矿业主管部门是参与市场活动的民事法律关系的主体,并基于平等自愿的原则将矿业权出让给受让人。

2. 行政合同说

此说认为,矿业权出让合同是国家行政机关行使其国家行政权力,与矿业权受让人达成的行政合同,这种合同的本质是国家许可矿业权人在特定区块进行勘查和开采的许可行为。

3. 双重性质说

此说认为,矿业权的出让,是政府主管部门与矿业权受让人在矿业权一级市场上进行的矿业权交易。在一级市场上,政府的身份具有市场主体和社会经济管理者的双重性,其行为具有民事行为和行政行为的双重性。矿业主管部门作为国有自然资源所有者的代理人,在市场交易中属于民事活动的平等一方,而作为社会经济活动的管理者,又必须负起维护市场秩序和社会公正的责任。

(二)民事合同和行政合同的区别

为了厘清矿业权出让合同的法律性质,有必要对民事合同和行政合同的概念和区别进行阐述。学界通说认为,民事合同是平等主体的自然人、法人和其他组织所实施的一种以设立、变更或终止民事权利义务关系为目的和宗旨的民事法律行为,是当事人协商一致的产物或意思表示一致的协议。此外,《民法通则》第四条规定,民事活动应当遵循自愿、公平、等价有偿、诚实信用的原则。由此可见,民事合同具有以下特征:(1)缔约双方主体地位平等;(2)缔约双方遵循自愿、平等、等价有偿、诚实信用的原则。

关于行政合同的概念和特点,学界存在各种不同的看法。但学界主流观点认为:行政合同是指行政主体以实施行政管理为目的,而与行政相对一方就有关事项协商一致而达成的协议。在行政合同关系中,行政主体享有行政优益权。某些学者将这种行政优益权称为"行政特权"。行政法学界主流观点认为,在行政合同关系中,合同双方的主体地位具有不平等性。故行政合同具有以下特征:(1)缔约双方主体地位不平等,缔约双方存在管理和被管理的关系,且行政主体一方具有行政优益权;(2)行政合同的目的是实施行政管理;(3)行政合同不适用自愿、平等、等价有偿的原则。

因此,行政合同和民事合同的本质区别在于:(1)在行政合同关系中,缔约双方主体地位不平等;(2)行政合同的目的是实施行政管理,而民事合同的目的则在于设立、变更或终止民事权利义务关系;(3)自愿、平等、等价有偿原则不适用于行政合同关系,但却适用并贯穿于整个民事合同关系中。

(三)我们的观点:矿业权出让合同属于民事合同

我们认为,矿业权出让合同属于民事合同,理由如下:

1. 矿业权的法律性质及物权的平等保护原则决定了矿业权出让合同属于民事合同

根据《物权法》的规定,建设用地使用权和探矿权、采矿权均属于用益物权。用益物权是从所有权的基础上派生出来的物权。所有权为自物权,用益物权为他物权。用益物权是所有权人让渡其对物的占有、使用、收益三项权能而形成的民事权利,是一项独立的物权。作为建设用地使用权,其产生的基础是国家对土地资源的所有权,而作为矿业权,其产生的基础则为国家对矿产资源的所有权。根据《民法总则》《民法通则》《物权法》的规定和精神,国家基于其矿产资源所有权人的地位,将其享有的矿产资源所有权这一民事权利中的部分权能,即占有、使用、收益的权利通过收取一定的对价,让渡给其他人,设立矿业权这种用益物权的行为,是国家作为民事主体与其他民事主体之间的一种等价有偿的市场交易行为。

学界认为,《物权法》的上述规定,确立了我国物权法上的平等保护原则。该原则包括以下几方面的内容:(1)法律地位的平等性。一切进入市场的主体,在法律地位上都是平等的,即使是国家所有权也不例外。(2)适用规则的平等性。除法律有特别规定者外,任何物权主体在取得、设定和移转物权时,都应当遵循共同的规则。即使是在国家所有权的基础上设定担保物权和用益物权,也应当遵循物权法的规则。(3)保护的平等性。物权归属发生争议后,针对各个主体都应当适用平等的规则解决其纠纷。在物权受到侵害后,各个物权主体都应当受到平等保护。在所有权方面,我国《物权法》采用了"区别所有,平等保护"的立法原则,即将所有权区分为国家所有权、集体所有权和私人所有权,但各类所有权的法律地位平等,国家所有权不享有特权地位。因此,在矿业权出让合同关系中,作为国有矿产资源所有人的代理人的矿业主管部门,其与受让人一样,属于民事主体,并与受让人具有平等的法律地位。

矿业权的用益物权性质及物权的平等保护原则,决定了矿业权出让合同属于平等民事主体之间,基于等价有偿的原则订立的民事合同。

2. 从司法解释的规定可以得出矿业权出让合同属于民事合同的结论

矿业权和建设用地使用权均属于用益物权,两种物权具有同源性和同质性。最高人民法院在其出版的《矿产资源案件审判思路与裁判方法》一书中也认为,矿业权与土地使用权在社会经济生活中的法律性质和地位与土地使用权相同。同理,矿业权出让合同与建设用地使用权出让合同也应属于同一法律性质。因此,在探讨矿业权出让合同的法律性质时,有必要对最高人民法院对建设用地使用权出让合同的性质的观点和态度进行总结。

最高人民法院在2004年发布的《关于规范行政案件案由的通知》中,将行政合同列为行政行为的一种。据此，因行政合同发生的纠纷，将由人民法院作为行政诉讼案件受理。但是，最高人民法院于2000年发布的《民事案件案由规定（试行）》将土地使用权出让合同纠纷列为民事案件的受案范围。该院于2008年发布实施的《民事案件案由规定》再次明确将建设用地使用权出让合同纠纷列入民事案件的受案范围。从两个民事案件案由规定及相关判例来看，最高人民法院更加倾向于将建设用地使用权出让合同视为民事合同进行审理的。

虽然最高人民法院2008年发布的《民事案件案由规定》未明确将矿业权出让合同纠纷纳入民事案由，但鉴于矿业权出让合同与建设用地使用权出让合同的同质性，我们有理由认为矿业权出让合同亦属于民事合同，因矿业权出让合同产生的纠纷属于民事案件。这是基于前述司法实践的内在逻辑所得出的必然结论。

3. 如何理解矿业权出让及矿业权行使过程中的行政许可和行政管理的性质

矿业权出让合同被不少学者认为是行政合同或具有行政性质的民事合同的主要理由在于：（1）矿业权是基于行政许可设立和产生的，作为矿业权权属凭证的证书被称为"勘查许可证"和"采矿许可证"，"许可"二字充分反映了矿业权的行政性质；（2）矿业权人在行使矿业权的过程中，承担了大量公法上的义务，需接受矿业主管部门的管理和监督，矿业权的流转受到法律的严格规制；（3）矿业权出让合同中含有大量公法上的权力、义务，而这些条款是民事合同所无法容纳的。

首先，我们认为，在我国目前的法律框架下，尽管矿业权仍是通过行政许可方式出让，但是在协议出让，特别是招拍挂竞价出让的情况下，矿业权并不是通过单方行政许可，而是通过民事合同，即双方的合意，并基于公平、平等、等价有偿的原则，以市场为主导的方式设立的。在在先申请取得的情况下，尽管探矿权是通过行政许可的方式取得，但出让和受让双方仍然依法建立了等价有偿的交易关系。因此，行政许可仅仅是催生探矿权这一物权的因素，并不能抹杀探矿权出让的民事性质。关于矿业权证分别被称为"勘查许可证"和"采矿许可证"的问题，则属于计划经济时代遗留下来的产物。对此，前地质矿产部副部长张文驹一语中的地指出："两权凭证的名称现在还叫'勘查许可证'和'采矿许可证'，是制定《矿产资源法》时理论准备不足遗留下来的问题。比照土地使用权证的用名，改称'探矿权证'和'采矿权证'，对两证体现的经济和法律关系，可能反映得更为准确。"

其次，关于矿业权人在行使矿业权的过程中承担的公法义务及受到的公法限制,并不意味着矿业权出让合同本身就是行政合同。《民法通则》第六条规定,"民事活动必须遵守法律,法律没有规定的,应当遵守国家政策"。第七条规定,"民事活动应当尊重社会公德,不得损害社会公共利益,破坏国家经济计划,扰乱社会经济秩序"。由此可见,根据具体从事的民事活动的性质和特点,民事活动中的主体或多或少都负有公法上的义务和受到公法的限制。民事主体所承担的公法义务的多寡,并不是区分民事合同和行政合同的标准。

最后,我们认为,即便矿业主管部门将公法上的权力、义务条款纳入矿业权出让合同,也不能改变合同的民事性质。

一言以蔽之,在矿业权的出让过程中,矿业主管部门是作为矿产资源所有人的代理人,代表国家,以平等的民事主体的身份出现的,而其在行使矿业法律、法规、规章授予的权力,对矿业权的受让人资格进行的审查及对矿业权人在行使矿业权的过程中所实施的管理、监督时,则是以行政管理主体的身份出现的。前者体现的是平等主体之间的民事法律关系,后者体现的是不平等主体之间的行政法律关系。这两种身份和关系是明确区分、并行不悖的。即便国土资源部门在与矿业权受让人签署矿业权出让合同时,将其在行政法上所享有的权利及矿业权人所应承担的行政法义务纳入合同,也不能改变这种权力或义务的行政性或公法性。因为行政机关在行政法上的权力以及矿业权人在行政法上的义务,是不容双方通过协议的方式予以排除、改变或贬损的。将两种不同的身份或法律关系予以交叉、混淆,势必得出矿业权出让合同属于行政合同或兼具民事合同和行政合同性质的不适当看法。

综合以上三个方面的分析,我们认为,矿业权出让合同全面体现了民事活动中自愿、公平、平等、等价有偿、诚实信用的原则,属于民事合同。